CHRISTINE LIENEMANN-PERRIN

Mission und interreligiöser Dialog

Ökumenische Studienhefte 11

V&R

VANDENHOECK & RUPRECHT
IN GÖTTINGEN

BENSHEIMER HEFTE
Herausgegeben vom Evangelischen Bund
Heft 93

Ökumenische Studienhefte 11

Im Auftrag des Konfessionskundlichen Instituts
hg. von Hans-Martin Barth und Reinhard Frieling

Die Deutsche Bibliothek – CIP-Einheitsaufnahme

Lienemann-Perrin, Christine:
Mission und interreligiöser Dialog / Christine Lienemann-Perrin – Göttingen: Vandenhoeck und Ruprecht, 1999
(Bensheimer Hefte; H. 93: Ökumenische Studienhefte; 11)
ISBN 3-525-87185-6

Göttingen · Vandenhoeck & Ruprecht · 1999
Umschlaggestaltung: Reinhart Braun, Berlin
Herstellung: Ph. Reinheimer, Darmstadt
ISSN-Nr. 0522-9014
ISBN 3-525-87185-6

INHALTSVERZEICHNIS

VORWORT DER HERAUSGEBER

Die ökumenische Situation ist gegenwärtig schwer überschaubar. Zu einer Vielzahl von Themen haben unterschiedlichste Kommissionen gearbeitet; vielfältige Papiere wurden vorgelegt; Verlautbarungen und Vereinbarungen wurden veröffentlicht und teilweise dann doch nicht rezipiert. Noch unübersichtlicher ist die Lage dadurch geworden, dass zu den klassischen konfessionellen Positionen – Orthodoxie, römischer Katholizismus, Protestantismus – neue regional oder kulturell bedingte Strömungen wie feministische und ökologische Denkansätze oder Befreiungstheologien getreten sind, die sich den überkommenen Mustern schwer zuordnen lassen. Wo steht die Ökumene heute? Was ist erreicht? Welche Aufgaben gilt es anzupacken?

Die Antworten auf diese Fragen hängen ganz von dem jeweiligen Problemfeld ab, auf das hin sie gestellt werden. Die BENSHEIMER ÖKUMENISCHEN STUDIENHEFTE möchten in dieser Situation über das bisher Erreichte informieren, indem sie wichtige Texte vorstellen und interpretieren. Sie möchten auf diese Weise zur Weiterarbeit ermutigen. Es wurden diejenigen Themen ausgewählt, die entweder zum klassischen Bestand ökumenischer Diskussion gehören oder durch jüngste Entwicklungen, insbesondere den konziliaren Prozeß, ins Zentrum ökumenischer Aufmerksamkeit geraten sind.

Die einzelnen Hefte sind jeweils so aufgebaut, daß sie in einem TEIL A konfessions- und kontextspezifische Positionen darstellen, in einem TEIL B die relevanten Dialoge würdigen und die wichtigsten ökumenischen Prozesse beschreiben und schließlich in einem TEIL C eine vorläufige Bilanz ziehen bzw. weiterführende Perspektiven aufzeigen. (Zu Abweichungen von diesem Aufriss im vorliegenden Studienheft, siehe S. 10f.). Ein ausgewogenes Verhältnis von Dokumentation und Darstellung soll ein sachgemäßes Urteil ermöglichen. Die Gewichtung der einzelnen Elemente, die in jedem Heft Berücksichtigung finden, wird freilich von Thema zu Thema variieren.

Die Bensheimer Ökumenischen Studienhefte können auf diese Weise im universitären Lehrbetrieb, aber auch im Religionsunterricht und in der Erwachsenenbildung sinnvoll verwendet werden. Sie werden darüber hinaus Pfarrerinnen und Pfarrern, Mitgliedern kirchlicher Gremien und allen ökumenisch Interessierten eine verläßliche Gesprächsgrundlage bieten.

Die Autorin und die Autoren haben es sich zur Aufgabe gemacht, die Hefte, soweit möglich, in einem doppelten Arbeitsgang gemeinsam zu beraten: Nach der Sammlung des Materials und der Präsentation einer Skizze zum Aufbau des jeweiligen Heftes wird auch die Endfassung des jeweiligen Textes gemeinsam diskutiert und verabschiedet. Die Darstellung erfolgt im Geist unseres Leitwortes: evangelisch und ökumenisch.

Marburg/Bensheim, den 1. Dezember 1992

Professor Dr. Hans-Martin Barth
Professor Dr. Reinhard Frieling

DANK

Die Entwürfe zu diesem Studienheft habe ich in der Autorenrunde der Ökumenischen Studienhefte zur Diskussion stellen dürfen, was viel zur Klärung von Disposition und Einzelfragen beigetragen hat. Weitere Hinweise verdanke ich Rudolf von Sinner, Assistent für Ökume- und Missionswissenschaft. Ihnen allen sowie den Hilfsassistentinnen Sonja Zryd Obrifor und Franziska Schär gilt mein herzlicher Dank.

Christine Lienemann-Perrin

EINLEITUNG

1. Vorblick

Das Christentum ist *eine* Religion *unter vielen.* Was dies für den christlichen Glauben bedeutet, hat die europäische Christenheit im zu Ende gehenden Jahrhundert stärker beschäftigt als jemals zuvor. Die Aufmerksamkeit für andere Religionen war zunächst eine späte Folge der Entdeckung ‚neuer' Welten im Zuge der europäischen Expansion sowie der Missionsbewegung, die damit einherging. Als Kuriositäten von fernliegenden Kontinenten haben solche Religionen die christliche Bevölkerung in Europa zunächst aber nicht sonderlich berührt. Das änderte sich erst in der zweiten Hälfte des 20. Jahrhunderts, als in Europa selbst die religiöse Landschaft allmählich vielfältiger wurde. Migrationsprozesse führen heute dazu, dass in unmittelbarer Nachbarschaft von christlichen Ortsgemeinden muslimische, seltener auch hinduistische oder buddhistische Gemeinschaften leben; in der Schule, am Arbeitsplatz und am Wohnort werden sich Menschen der Verschiedenheit religiöser Traditionen bewusst; Medien und Fernreisen ergänzen das Bild.

Im Unterschied zur Christenheit in den ehemaligen ‚Missionsgebieten' – vor allem Asiens – ist die *bewusste* Wahrnehmung anderer Religionen in der christlichen Bevölkerung Europas immer noch etwas Ungewohntes; die Nachbarschaft zu nichtchristlichen Religionen erzeugt Unsicherheit, manchmal auch Angst. Zwar hat es in der europäischen Christentumsgeschichte nie eine Zeit gegeben, in der die Nachbarschaft mit anderen Religionsgemeinschaften ganz gefehlt hätte. Inmitten des christlichen Abendlandes haben immer jüdische Gemeinden gelebt, und in den geographischen Randzonen desselben trafen Christentum und Islam aufeinander. Aber im christlichen Abendland war es üblich, dass die großen Kirchen von einer staatlich einmalig privilegierten und daher unangreifbaren Position aus auf andere Religionen und Kulturen herabsahen. Die anderen Religionen waren für das

Christentum keine Bedrohung, geschweige denn eine Anfechtung – im Gegenteil, bedroht und teilweise grausam verfolgt waren Judentum und Islam.

Die Wurzeln der weltweiten Christenheit liegen freilich in der Antike, einerseits im Volk Israel, das als Minderheit von anderen Völkern und Religionen umgeben war, andererseits in den Jesusgläubigen, die sich in Ablösung von der jüdischen Religionsgemeinschaft als Gemeinden aus Juden und Andersgläubigen (Heiden) konstituiert haben. Grund und historischer Beginn des christlichen Glaubens sind also aufs engste mit der besonderen Existenzweise als *eine* Religion *unter vielen* verknüpft. In Abgrenzung zu *und* im Austausch mit dem Judentum und den Religionen der hellenistischen Antike hat das früheste Christentum seine Identität herausgebildet. Neues Testament und ausserkanonische Schriften sind ein eindrucksvolles Vermächtnis des Prozesses, in dem der christliche Glaube inmitten einer hellenistisch geprägten Religionenvielfalt zu seiner damaligen Gestalt gefunden hat.

Gegenstand des vorliegenden Buches sind die Aussenbeziehungen der Christenheit. Es geht um die Frage, wie sie andere Religionen *wahrnimmt*, den Menschen anderen Glaubens *begegnet* und sich selbst durch den Kontakt mit ihnen *verändert.* Ein Wesenszug der Christenheit besteht darin, dass sie ihren Glauben immer auch nach aussen weitergibt, an Menschen, die – im weitesten Sinn des Wortes – nicht dazu gehören, sei es, weil sie nicht mehr Mitglieder einer christlichen Kirche sein wollen, sei es, weil sie entweder keiner oder aber einer anderen Religion angehören, sei es, weil sie noch nie mit dem christlichen Glauben in Berührung gekommen sind. Die Christenheit ist – was bei weitem nicht für alle Religionen gilt – vom Grund ihres Glaubens her in einer spezifischen und bedeutsamen Weise auf Aussenkontakte hin ausgerichtet. Die Selbstmitteilung des Glaubens nach aussen ist für sie konstitutiv, und die Art und Weise, wie sie Menschen anderen Glaubens begegnet, berührt das Herzstück ihres Glaubens; damit steht und fällt ihre eigene Glaubwürdigkeit nach innen *und* nach aussen.

An der Schnittstelle zwischen der Neuformulierung des Glaubens nach innen und der Glaubensmitteilung nach aussen siedelt sich die *Mission* an. Die Christenheit ist im Verlauf ihrer Geschichte durch die Mission immer aufs neue mit

Andersgläubigen, mit anderen Religionen und neuen Kulturen in Kontakt gebracht worden. Dadurch ist die Mission zu einer entscheidenden Antriebsfeder der Christentumsgeschichte geworden. Mit Grund, Ziel und Werk der Mission befasst sich dieses Buch in erster Linie deshalb, weil sie das Praxisfeld der Christenheit bei der Glaubensausbreitung nach aussen ist; weil hauptsächlich sie mit Situationen vertraut ist, in denen das Christentum und andere Religionen zusammentreffen; weil sie über reiche Erfahrungen mit der Übersetzung christlicher Glaubensinhalte in neue Sprachen und Kulturen verfügt; weil sie über die Konsequenzen nachdenkt, die sich aus der Begegnung des Christentums mit anderen kulturell-religiösen Traditionen für Bekenntnis und Sozialgestalt der Christenheit ergeben.

Christliche Mission hat bis in die jüngste Vergangenheit hinein Geschichte geschrieben. Sie ist selbst Geschichte geworden, und zwar auf eine Art und Weise, die sie heute selbst weitgehend als Last empfindet. Innerhalb der Kirche kann Mission nur dann eine glaubwürdige Aufgabe erfüllen, wenn sie sich der ‚Last ihrer Geschichte' (H.-W. Gensichen) stellt und sich mit ihrer eigenen Vergangenheit kritisch auseinandersetzt. Dieses Anliegen ist der ‚Sitz im Leben' des *interreligiösen Dialogs.* Ein wesentlicher Teil seiner historischen Wurzeln geht auf das Christentum zurück, das im Verlauf seiner Missionsgeschichte des öfteren versucht hat, seine Deutung anderer Religionen und seinen Umgang mit Andersgläubigen auf eine neue Grundlage zu stellen. Aus christlicher Sicht bestehen die Ziele des interreligiösen Dialogs darin, aus den Fehlern der Vergangenheit zu lernen; Andersgläubigen beziehungsweise anderen Religionen gegenüber respektvoll zu begegnen; sich um das Verstehen anderer Religionen zu bemühen; die Inhalte des christlichen Glaubens in der Begegnung mit Andersgläubigen neu zu überdenken sowie zu prüfen, was die verschiedenen Religionen miteinander verbindet, worin sie sich unterscheiden und in welcher Hinsicht Unvereinbarkeiten zwischen ihnen bestehen.

Mission und interreligiöser Dialog stehen zugleich in einem Spannungs- und einem Austauschverhältnis zueinander. Nicht selten koexistieren sie in ein und derselben Person. Aber ebenso häufig werden Mission und Dialog in einem Kontrast- oder sogar Gegensatzverhältnis gesehen. In diesem Studienheft kommen die Mission und die Beteiligung von christlicher Seite am interreligiösen Dialog als spannungsreicher, aber unauflösbarer Sachzusammenhang zur Darstellung. Das Interesse gilt also dem Wirkungs- und Reflexionsfeld, auf dem Christenheit und andere Religionsgemeinschaften bzw. Christentum und andere Religionen zusammentreffen. In der Begegnung des Christentums mit anderen Religionen bildet sich ein neues Verständnis von Glauben und Kirche heraus; so führt der Dialog über die Identitätsbildung immer wieder zur Mission zurück. Wie sich diese Wechselwirkung in verschiedenen historischen Konstellationen und im Denken der Christenheit niedergeschlagen hat, sollen im Folgenden exemplarische Beispiele zeigen.

Disposition und Durchführung des Buches richten sich hauptsächlich daran aus, wie *im Kontext von Europa* über Glaubensausbreitung und Religionsbegegnung gedacht worden ist und wird. Damit sei nicht dem Eurozentrismus Vorschub geleistet – im Gegenteil, Europa soll als eine unter vielen Provinzen erkennbar werden. Nur unter dieser Bedingung kann sich die europäische Christenheit als Teil der weltweiten Ökumene christlicher Kirchen erweisen. Eine weitere thematische Eingrenzung betrifft die *christliche* Mission und die Teilnahme *der Christenheit* am interreligiösen Dialog. Aber selbst mit dieser Begrenzung umfassen Mission und Dialog zwei Sachgebiete, die mühelos zwei Studienhefte füllen könnten. Beide Themen in einem Heft zusammenzufassen gelingt nur durch die Konzentration auf die missions- und dialogtheologische Schlüsselfrage, wie nach dem Verständnis der Kirchen beides einander zugeordnet und voneinander unterschieden werden kann. Das Werk der Mission und die Religionsbegegnungen in ihren geschichtlichen und gegenwärtigen Ausprägungen auszubreiten, muss notgedrungen anderen überlassen bleiben.

Das Studienheft folgt dem dreiteiligen Aufriss der Reihe ‚Ökumenische Studienhefte' und macht sich deren Anliegen zu eigen, repräsentative Stellungnahmen aus der Ökumene vorzustellen. Dabei ist zu berücksichtigen, dass kontextuelle Prägungen für die Mission und den interreligiösen Dialog häufig stärker ins Gewicht fallen als die Besonderheiten der Konfessionen. Selten sind Mission und Dialog Gegenstand von bilateralen Gesprächen und kontroverstheologischen Auseinandersetzungen, wogegen es quer zu den konfessionellen

Grenzen zu heissen Debatten kommen kann, wenn der Austausch beispielsweise zwischen Kirchen des Nordens und des Südens stattfindet. Innerhalb des breiten missiologischen Meinungsspektrums wird der Akzent auf Stimmen gelegt, die ein Interesse am ökumenischen Gedankenaustausch bekunden. Damit werden ein erheblicher Teil der pfingstlerisch-charismatischen Missionswerke sowie solche, die dem religiösen Fundamentalismus zuzurechnen sind, ausgeblendet, obgleich sie sich häufig durch eine umfangreiche missionarische Aktivität auszeichnen und hinsichtlich des interreligiösen Dialogs Farbe bekennen, wenn auch meistens im ablehnenden Sinn.

Nach der Einleitung, die den biblischen Voraussetzungen für Mission und Dialog nachgeht, kommen Stellungnahmen von Kirchen und ökumenischen Organisationen in Geschichte und Gegenwart zur Sprache (A). Skizziert werden Einsichten, die aus Orthodoxie, Katholizismus und Protestantismus in die heutigen Standortbestimmungen über Mission und Dialog einfliessen, um danach zu zeigen, wie sich die Christenheit seit 1961 im Zeichen vertiefter Kirchengemeinschaft geäussert hat. Ergänzend zu den Verlautbarungen aus der Ökumene werden Positionen von einzelnen Theologen und theologischen Strömungen aus Südkorea, Indien, den USA und Deutschland vorgestellt, wobei kontextspezifische Merkmale zum Zuge kommen (B). Der letzte Teil fragt nach der Bedeutung von Mission und Dialog für die Ökumene, und es werden Perspektiven für die Zukunft formuliert (C).

2. Biblische Voraussetzungen für das Verständnis von Mission und interreligiösem Dialog im Christentum

Für die Frage nach dem Verhältnis von ‚Israel' zu den ‚Völkern' bzw. Andersgläubigen ist von Bedeutung, dass Judentum und Christentum eine gemeinsame Anfangsgeschichte haben: die Periode der Bibel (aus jüdischer Sicht) oder des Alten Testaments (aus christlicher Sicht)[1]. Der gemeinsame Anfang

---

[1] In diesem Buch ist es aus sachlichen Gründen geboten, die Unterschiede zwischen Judentum und Christentum als zwei eigenständigen Religionen durch die Wortwahl kenntlich zu machen: daher wird es *Altes Testament* statt (Hebräische) Bibel heissen.

begründet zwischen Judentum und Christentum ein besonderes Verhältnis im interreligiösen Dialog, wie allein schon der dramatische Verlauf der Geschichte jüdisch-christlicher Beziehungen zeigt. Vom Auftreten Jesu und den frühesten Christengemeinden an haben beide Seiten das gemeinsame biblische Vermächtnis auf verschiedene Weisen gelesen und weitertradiert. Nicht zuletzt deshalb stehen sie sich seither als zwei eigenständige Religionen gegenüber. Die jüdisch-christliche Beziehung ist, zumindest aus christlicher Sicht, das Urparadigma der Religionsverschiedenheit *und* -begegnung, und sie ist – nach Karl Barth – die Grundgestalt von Ökumene. Auch im Blick auf die Glaubensausbreitung nach aussen, die Mission, ist diese Beziehung ein Sonderfall; denn aus christlicher Sicht kann die Unterscheidung von Drinnen und Draussen nicht in gleicher Weise auf die jüdisch-christliche Beziehung angewandt werden wie auf andere Religionen.

Der mit ‚Mission' und ‚Dialog' gemeinte Sachverhalt muss im Horizont biblischer Überlieferungen als Frage nach den Andersgläubigen, den im weitesten Sinn des Wortes ‚Fremden', und ihrer Beziehung zu den Gläubigen, den im weitesten Sinn des Wortes ‚Dazugehörenden', erörtert werden. Was das Fremdsein ausmacht, definiert sich vom Standpunkt des Dazugehörens aus. So sind im Alten Testament diejenigen, die nicht zum Hause Israel gehören, Fremde[2]. Analog dazu sind im Neuen Testament von den Christengemeinden aus betrachtet diejenigen, die draussen sind (Joh 10,16), Fremde[3]. Das Verhältnis des Gottesvolkes zu den Andersgläubigen (als Einzelne oder Kollektive) beschäftigt beide Testamente als eine wichtige Frage. Die Antworten darauf lauten allerdings verschieden, – ja, es ist nicht übertrieben, zu sagen, dass neben der Kontroverse um die heilsgeschichtliche Bedeutung Jesu das Verhältnis des Gottesvolkes zu den *gojim/ethne* eine entscheidende Weichenstellung gewesen ist, aufgrund derer Judentum und Christentum verschiedene Wege eingeschlagen

[2] *gojim* ist in diesem Zusammenhang der zentrale Begriff, aber auch andere Begriffe wie z.B. *gerim* sind einschlägig.

[3] *ethne*, verstanden als jene, die weder zur christlichen Gemeinde noch zum Hause Israel gehören. Im Sinn von ‚die Anderen', ‚Fremden', ‚Heiden' begegnet *ethne* sowohl im neutestamentlichen als auch im frühjüdischen Schrifttum.

haben und konsequent weitergegangen sind. Das Neben- und Gegeneinander von jüdischer und christlicher Glaubensausbreitung nach aussen hat den Trennungsprozess zwischen beiden in Gang gebracht und zementiert. Trotz dieser einschneidenden Zäsur darf man nicht vergessen, dass für das Judentum *wie auch das Christentum* die Wurzeln der Weitergabe des Glaubens nach aussen im Alten Testament liegen. Das Christentum ist weder die erste missionarische Religion, noch gründet das christliche Missionsverständnis ausschliesslich im Neuen Testament. Weiter ist zu beachten, dass vom Judentum ausgehend bereits in der zwischentestamentarischen Zeit und zeitgleich mit Jesus und dem frühesten Christentum eine theologisch reflektierte Glaubensausbreitung von Juden unter Nicht-Juden betrieben worden ist. Jüdische und christliche Missionsverständnisse standen sich also von Anfang an gegenüber.

2.1 Altes Testament

(1) JHWH-Bezug und Israels Abgrenzung gegenüber den *gojim*

Israel oder die ‚Stämme', aus denen ‚Israel' hervorging, haben immer wieder neu und anders ihren Ursprung, ihre Existenz und ihre Bestimmung reflektiert. Erzählungen über die Erzväter, das Volk Israel in der Wüste und seine Einwanderung ins verheissene Land geben Auskunft darüber, was aus der Sicht biblischer ‚Autoren' Israel zu dem gemacht hat, was ihm seine unverwechselbare Identität gibt und was es damit von den sonstigen Völkern unterscheidet. Abraham verlässt seine Verwandtschaft und sein Stammland, um sich von JHWH wegführen zu lassen an einen Ort, den er ihm erst später zeigen wird. Seine Gottesbindung ist das einzige, was ihm künftig den Weg weisen wird. Was seine eigene Zukunft und diejenige seiner Nachkommen betrifft, verlässt er sich auf Gottes Verheissung (Gen 12,1f). Am Sinai schliesst Gott mit dem Volk Israel einen Bund, dessen Unterpfand das Gesetz ist, auf das sich das Volk verpflichten lässt (Ex 19-24). Das Einhalten des durch Moses empfangenen Gesetzes ist fortan das zentrale Merkmal dafür, dass sich Israel an JHWH gebunden weiss. Auf dem Weg durch die Wüste führt es als sichtbares Zeichen von Gottes Gegenwart die Bundeslade mit sich, in deren Begleitung die ‚zwölf Stämme' schliesslich Kanaan, das verheissene Land, erreichen. Damit sind die wichtigsten Faktoren genannt, die aus der Sicht der zwei ersten Bücher der Bibel Israel zu dem machen, was es ist: der Bezug zu Gott, der sich ihm als JHWH zu erkennen gegeben hat, aus dessen Hand es das Gesetz empfängt und von dem es in das verheissene Land geführt wird.

Die Bibelwissenschaften versuchen, die hinter den biblischen Selbstdeutungen verborgene Geschichte Israels zu rekonstruieren. Nach dem heutigen Stand der Erkenntnisse sind über einen längeren Zeitraum hinweg Volksgruppen, aus verschiedenen Gegenden kommend, in den von Kanaanäern bewohnten Landstrich am östlichen Rand des Mittelmeers eingewandert und haben einen Zusammenschluss religiös-sittlichen Charakters gebildet[4]. Die einen kamen von Nordosten, die andern – etwas später – von der Sinaihalbinsel. Beide Einwanderungsbewegungen trafen sich in Kanaan und wuchsen dort in relativ kurzer Zeit im Zuge der Sesshaftwerdung durch gemeinsame Schicksale und Erfahrungen zu ‚Israel' zusammen. Nach der so rekonstruierten Frühgeschichte beruht das Werden Israels in erster Linie auf einem spezifischen Gottesbezug von mehreren ‚Stämmen', ferner auf einer spezifischen Handlungsorientierung sowie auf dem Lebensraum (Kanaan) des Stämmeverbandes. Aus JHWH- und Tora-Bindung sowie aus dem Umstand, dass Israel in Kanaan in enger Nachbarschaft zu anderen Völkern gelebt hat, folgt notgedrungen – wenn auch nur sekundär – ein weiterer identitätsstiftender Faktor: die Abgrenzung Israels gegenüber anderen Völkern in seiner Umgebung, eine Abgrenzung, die nötig ist aufgrund der Gottesvorstellungen, der kultischen Praxis und Rechtsnormen dieser Völker. Wie ein roter Faden zieht sich die Aussage durch das Alte Testament, dass es Unvereinbarkeiten, ja sogar Unvergleichbarkeiten gebe zwischen JHWH, dem Gott Israels, und den Göttern anderer Völker. Immer wieder wird dem Volk Israel eingeprägt, dass es sich in Bezug auf Recht und Sitte von den Völkern, mit denen es im Lauf seiner langen Geschichte in Berührung kommt, unterscheidet. Die Grenzlinien, die das

---

[4] H. Donner, Geschichte des Volkes Israel und seiner Nachbarn in Grundzügen, Bd. 1: Von den Anfängen bis zur Staatenbildungszeit, Göttingen 1984, 72ff.

Alte Testamtent zwischen Israel und den Völkern zieht, verleihen Letzteren die Konturen, die sie als das abzulehnende Fremde qualifizieren, und es kann nicht wundern, dass aufgrund des Abgrenzungsverhältnisses die Fremdheit der *gojim* häufig als das ‚Heidentum' gekennzeichnet ist. Ihre Gottesvorstellungen werden ins Lächerliche gezogen: von Menschenhand gemachte ‚Götzenbilder', die versagen, wenn man sie um Hilfe ruft (1Kö 18), Nichtse, Nebeldünste, menschliche Trugbilder (Dtn 32). Die Kultpraxis und Götterwelt der *gojim* üben zwar auf Israel immer wieder eine Faszination aus, und es ist dem JHWH-Volk nicht immer einsichtig, warum es sich ihnen nicht nähern darf. Aber gerade weil die Versuchung der religiösen Annäherung für Israel so gross ist, wird der alleinige JHWH-Bezug eindringlich eingeschärft. Die ausschliessliche JHWH-Verehrung wird vor allem im Deuteronomium angemahnt, dessen Entstehungszeit mit der Gesetzesreform des Königs Josia in Verbindung gebracht wird. Durch den direkten Kontakt mit anderen Kulten bedingt, sah das Nordreich Juda damals (7. Jh. v. Chr.) einer Zeit kultischer Anfechtung entgegen. Mit der Gesetzesreform wurden deshalb alle fremdreligiösen Gottheitsdarstellungen und Kulteinrichtungen verboten. Das ist der Hintergrund der Götzenpolemik im Deuteronomium sowie der harten Strafen bei Verstössen gegen das Gesetz (Dtn 13,1-18; 17,1-7).

(2) Das Fremde als Israels Feind

Mit der Niederlassung in Kanaan beginnt Israels Existenz als religiöses und politisches Gemeinwesen. Nach einer etwa 200jährigen vorstaatlichen Zeit folgen um 1000 vChr. die Zeit der Königreiche, das Babylonische Exil (586-538) und die Zeit wechselnder fremdherrschaftlicher Abhängigkeitsverhältnisse (seit 538). Israel steht über die ganze, rund 1000jährige Zeitspanne seiner alttestamentlichen Periode hinweg immer wieder in Konflikten oder kriegerischen Auseinandersetzungen mit fremden Mächten. Dabei erfährt es die Völker ringsum, die *gojim,* häufig als eine existenzbedrohende, politisch-militärische Gefahr. Das Buch Josua und das Richterbuch schildern die Sesshaftwerdung als ein sehr kriegerisches Geschehen (Jos 2-11), wobei JHWH und sein Volk einerseits, die Voreinwohner Kanaans andererseits sich als Feinde gegenüberstehen. Das Deboralied (Ri 5), eines der ältesten

Dokumente altisraelitischer Poesie, berichtet von einem Zusammenstoss kaananäischer Streitwagenverbände mit dem Heerbannaufgebot israelitischer Stämme. Andere Gegner sind die Moabiter, Ammoniter und Amalekiter (Ri 3; 10), Midianiter (Ri 6-8) und Philister (Ri 16-18). Israel ist in späteren Phasen seiner Geschichte häufig das Opfer von Angriffskriegen durch Grossmächte (Assyrer, Babylonier); zeitweise ist es einem beispiellosen kulturellen Entfremdungsprozess ausgesetzt (Zeit von König Josia sowie unter Antiochus IV. Epiphanes). Unter dem Eindruck der Existenzbedrohung durch fremde Herrscher und Reiche sind jene biblischen Texte abgefasst worden, die von der siegreichen Bekämpfung, ja Vernichtung der Gegner Israels durch JHWHs Hilfe sprechen. Manchmal vollzieht Israel selbst das Gericht an den Völkern (Jes 41, 14-16; Mi 4,13; Thr 3,64-66); in anderen Fällen zeigt JHWH seine Herrschaft über die Völker, indem er sie richtet (Jes 24,21ff; Joel 3,9-17; Sach 12; 14; Ez 39,21)[5]. Die Heilszusage an Israel und ihre Durchsetzung ist mitunter an die Vernichtung seiner Gegner gekoppelt (Zeph 3,19f.; Jer 46,25f.; Jes 59,15b-21; 63,1-6; 63,19-64,3). Im Danielbuch ist der Anbruch des Gottesreiches zugleich das notwendige Ende der Weltreiche, die dann vernichtet werden (Dan 2; 7). Freilich wird in nachexilischer Zeit die Heimkehr Israels in eine Beziehung zum Unheil *und* Heil der Völker gebracht, aus denen sich Menschen aufmachen werden, um nach Jerusalem bzw. zum Zion zu ziehen (Jes 11,11-16; 27,13; 60,4; 62,10-12; Sach 2,8-12; 8,23).

Einige dieser Texte haben wirkungsgeschichtlich für die Glaubensausbreitung des Christentums verheerende Folgen gehabt. So haben beispielsweise Berichte über die ‚Landnahme' als Legitimation von kriegerischen Feldzügen gegen die vermeintlichen Feinde Gottes und der Christenheit gedient[6]. Wie die neuere alttestamentliche Forschung heraus-

---

[5] Vgl. H. D. Preuss, Theologie des Alten Testaments, Bd. 2: Israels Weg mit JHWH, Stuttgart/Berlin/Köln 1992, 319f.

[6] So wurde z.B. nach der Entdeckung der Neuen Welt das Exodus- und Landnahmemotiv mit der Eroberung der Länder der Indios parallelisiert. Mit Hinweis auf Dtn 7,1ff. wurden die Kultstätten der Indios zerstört, Ex 1,13f. und Dtn 20,10-14 diente der Rechtfertigung von Kriegs- und Beutezügen, Versklavung, Vergewaltigung und Ermordung der einheimischen Bevölkerung.

gefunden hat, war die ‚Landnahme' insgesamt jedoch primär kein kriegerischer Vorgang und schon gar nicht ein Eroberungsfeldzug der Israeliten. Nach heutigen Erkenntnissen spricht vieles dafür, dass Israel in einem allmählichen Prozess von der nomadischen zur sesshaften Lebensweise übergegangen ist, wobei es sich zuerst in den weniger dicht besiedelten Gebieten des westjordanischen Gebirges niedergelassen hat. Der Alttestamentler Siegfried Herrmann kommt zum Schluss, „dass die Einwanderer die vorgefundene eingesessene Bevölkerung in der Regel und auf Dauer nicht bedrängten oder gar beseitigten, sondern es vielmehr zu einem Prozess wechselseitiger Assimilation und Abgrenzung kam"[7]. Wenn kriegerische Auseinandersetzungen stattgefunden haben, erfolgten sie nach Herrmann dort, wo Israel auf massiven Widerstand stiess bzw. von aussen angegriffen wurde. Aussagen über Völkergericht oder gar Völkervernichtung dürften wohl eher den Wünschen und Hoffnungen des bedrängten Volkes als der ‚Historie' entsprochen haben. So gesehen wären die Berichte über Israels Stärke in der Feindbekämpfung als Trostworte an ein Volk gerichtet worden, das in äusserster Not seine politisch-militärische Ohnmacht erfährt, aber gleichwohl wissen soll: So stark wie der Feind sich auch gibt, so grausam er sich gebärdet, wird er doch nicht das letzte Wort behalten; das bedrängte Volk wird am Schluss Rettung erfahren.

In der Geschichte der christlichen Mission ist das Alte Testament häufig in der Annahme gelesen worden, Israel habe seine Identität und sein Überleben als eigenständige Religion allein seiner strikten Abgrenzung gegenüber den Völkern zu verdanken[8]. Doch in der alttestamentlichen Überlieferung zeugen viele Erzählungen davon, dass bestehende Trennlinien zwischen dem Eigenen und dem Fremden gerade durchbrochen werden. Zum einen wird das Fremde nicht durchwegs als Merkmal ‚der anderen' gesehen. Israel erleidet das Fremdsein in seiner eigenen Geschichte. Zum anderen gelten JHWHs Erwählung und Heilszusage nicht ausschliesslich Israel; denn mit der Menschheit schliesst er gleichfalls einen Bund, und

---

[7] S. Herrmann, Art. Geschichte Israels, TRE 12, 1984, 698-740 (710f.).
[8] So bes. H. Kraemer, Die christliche Botschaft in einer nichtchristlichen Welt, Zollikon-Zürich 1940 (vgl. A 1.3).

seine Heilszusage erreicht auch die Völker. Schliesslich werden durch JHWH selbst unter den Völkern – den Ungläubigen bzw. Heiden aus Israels Sicht – Menschen zum Glauben erweckt. In den drei folgenden Unterabschnitten sollen diese Beobachtungen kurz beleuchtet werden.

(3) Israels eigenes Fremdsein und sein Umgang mit den Fremdlingen *(gerim)*

Israel trägt den Stempel des Fremdseins, das es am eigenen Leib erfahren hat[9]. Fremdsein ist eng mit dem Ursprung seiner Existenz als Volk verknüpft. Es war ein Volk von Fremdlingen in Ägypten, und schon die Vätergeschichte beginnt mit dem Aufbruch in die Fremde: Die Urerwählung des Stammvaters Abraham ist nicht möglich, ohne dass Abraham zum Fremden wird (Gen 12,1). Fremdwerdung, Erwählung und Identitätsbildung gehen Hand in Hand: „so will ich Dich zu einem grossen Volke machen und dich segnen" (Gen 12,2). Die Erwählung Abrahams und seiner Nachkommenschaft bedeutet alles andere als eine isolierende Absonderung gegenüber den Völkern; denn dadurch wird die Beziehung zu den Völkern sogleich auf eine neue Grundlage gestellt: „Segnen will ich, die dich segnen, und wer dir flucht, den will ich verfluchen, und in deinem Namen werden sich Segen wünschen alle Geschlechter der Erde." (Gen 12,3)[10] Fremdsein hat also eine positive Seite. Es ist Bestandteil der Glaubenserfahrung, festigt die Gottesbindung Israels und stellt zugleich ethnische, kulturell-religiöse Bindungen unter einen Vorbehalt. Der Exoduserzählung zufolge erfährt Israel das Fremdsein *als Volk* zum ersten Mal in Ägypten. Dazu gehören Sklaverei und Zwangsarbeit, Abhängigkeit und Fremdbestimmung. Die Israeliten sind in Ägypten Menschen ohne Rechte. In späteren Zeiten ruft Israel die Zeit der Knechtschaft in Ägypten immer wieder in Erinnerung (Ex 23,9; Dtn 24,19-21; Lev 19,34; Ps 105,23;

---

[9] Zum Fremdsein als theologische Metapher im Alten Testament, vgl. R. Feldmeier, Die Christen als Fremde. Die Metapher der Fremde in der antiken Welt, im Urchristentum und im 1. Petrusbrief, Tübingen 1992, 39-54.

[10] Hier ist die Zuordnung von Israel und den Völkern positiv, freilich nur bedingt; denn wer sich an Israel vergreift, wird am Segen nicht teilhaben.

Jes 52,4)[11]. Die Erinnerung an das eigene Fremdsein kommt den Fremden im Hause Israel zugute: Menschen, die aus Gründen des Krieges oder einer Hungersnot in ihrem Herkunftsland in Israel Zuflucht suchen, sind der besonderen Fürsorge Israels anvertraut. Als Schutzsuchende werden sie mit einem eigenen Ausdruck, *ger/gerim,* wörtlich ‚Schutzbefohlene', von anderen Ausländern unterschieden[12]. Sie dürfen auf den Feldern Nachlese halten, erhalten alle drei Jahre Anteil am Zehnten, haben Anteil an der Sabbathruhe und können auf Wunsch in einem bestimmten Rahmen am Kultus partizipieren[13].

Zu Israels eigener Fremdheitserfahrung gehört nicht zuletzt auch das Babylonische Exil, das die exilischen und nachexilischen Texte beschäftigt. Dabei wird die Exilserfahrung als gerechte Strafe beschrieben, die aber nicht in die Auswegslosigkeit führt, sondern als heilsgeschichtlicher Wendepunkt das Volk in der Fremde auf eine Rückkehr und zugleich auf eine neue Identität vorbereitet[14]. In der deuteronomisch-deuteronomistischen Literatur häufen sich die Ausführungen über das Fremdlingdasein, was seinen Grund in der wachsenden Zahl von Flüchtlingen in der ausgehenden Königszeit der geteilten Reiche haben dürfte, ferner in den Erfahrungen von Exil und erhoffter Heimkehr in ein nun auch von anderen besiedeltes Land. In mehreren Psalmen taucht der Gedanke vom Fremdlingdasein des Menschen schlechthin auf: des Menschen Dasein auf Erden ist das eines Fremdlings bzw. Beisassen (Ps 39,13; Ps 119,19; IChr 29,15). Auch hier wird eine menschli-

---

[11] Die Selbstbezeichnung *Habiru / Hebräer* verweist möglicherweise auf den Status der ursprünglich Unfreien, aus dem dann JHWH sein Volk herausgeführt hat; so Preuss, a.a.O. (Anm. 5), 318; ferner Herrmann, a.a.O. (Anm. 7), 701.

[12] Begriff für Ausländer: *zar* bzw. *nokri.* Ihnen gegenüber ist die Tonlage im allgemeinen eher kritisch. Zu ihnen rechnet man beispielsweise Soldaten einer Besatzungsmacht oder wohlhabende Kaufleute, die in Israel Geschäfte machen wollen und nicht die Absicht haben, sich dauerhaft niederzulassen; vgl. Preuss, a.a.O. (Anm. 5), 316.

[13] Ebd., 317, Anm. 81. Hier zeigt sich ein im Vergleich zu anderen altorientalischen Gesellschaften seltener, gesetzlich geregelter Umgang mit den Fremden. Dabei sind die Fremdlinge den Israeliten freilich nicht in jeder Beziehung rechtlich gleichgestellt: Sie dürfen z.B. kein Land erwerben.

[14] Vgl. Deuterojesaja, Ezechiel, Sacharja, Klagelieder.

che Krisenerfahrung positiv gedeutet und mit einer entsprechenden sittlichen Praxis verknüpft. Ein weiteres, für die Israel-Völker-Beziehung bedeutsames Motiv ist der Schuldzusammenhang, in dem sich Israel als Volk erkennt, das sich Gott und damit auch sich selbst gegenüber entfremdet hat. Der Ruf nach Umkehr ergeht in erster Linie an Israel, nicht an die Völker. Dieser Zusammenhang wirft nochmals ein Licht auf die Götzenpolemik im Alten Testament: Adressat solcher Polemik ist in erster Linie, wenn auch nicht ausschliesslich, Israel. Vor allem ihm wird gesagt: Haltet euch fern von fremden Göttern und kehrt um zu JHWH. Die Schulderkenntnis mündet damit in die Einsicht, dass Israel die Gottlosigkeit – das, was es von den *gojim* eigentlich unterscheidet – selbst in sich trägt.

(4) JHWH und die Völker

So sehr im alttestamentlichen Kanon das Gewicht auf Israels besonderer Erwählung und Geschichte liegt, kommt doch auch die Menschheitsgeschichte als Ganze in den Blick. Der besondere Weg Israels unter den Völkern bleibt im grossen Bogen eingebettet, der von der Schöpfungs- und Urgeschichte bis zu den Weissagungen über die Endzeit reicht. Der Mensch – geschaffen nach dem Bilde JHWHs: das gilt als Bestimmung dem ganzen Menschengeschlecht. Nach der Sintflut richtet Gott mit Noah, Urahn der nachsintflutlichen Menschheit, sowie mit allen Lebewesen einen Bund auf, mit dem er Mensch und Kreatur segnet und ihnen verheisst, sie vor dem Untergang zu bewahren (Gen 9,1-17). Dieser erste Bund JHWHs ist durch den späteren Sinaibund nicht ausser Kraft gesetzt. Er bleibt als Zusage Gottes an die Erdenbewohner, an *alle* Völker, bestehen, auch wenn den *gojim* später aufgrund ihres Verhaltens gegenüber Israel das Gericht angedroht wird. Die Völkertafel (Gen 10) zählt die Völker der Erde auf, ohne sie nach religiösen oder ethnischen Kriterien zu qualifizieren. JHWH ist nach der biblischen Überlieferung der Gott aller Menschen, ob sie dies erkennen oder nicht; der Gott Israels ist trotz seiner engen Beziehung zu *einem* Volk kein Stammes- oder Nationalgott. Anders gesagt: Der Ethnozentrismus wird im alttestamentlichen Gottesverständnis durchbrochen. In den Spätschriften des Alten Testaments, vor allem in den Endzeitweissagungen, werden die Heilszusagen an die Völker erweitert und in die an Israel ergangene Verheissung einbezogen. „Dies sind aber meist Aussagen über den erhofften und verheissenen Zustand der Vollendung, damit Teil der Eschatologie, und es bleibt stets dabei, dass Israel der eigentliche Heilsempfänger ist, während sich die Völker sozusagen als ein zweiter Kreis um Israel und seinen Zion herumlegen dürfen."[15] Gottes Heilszusage an die Völker bleibt auf Israel und seine Erwählung bezogen. Wenn Gott unter den Völkern wirkt, geschieht das nicht ohne Israel oder an ihm vorbei[16]. In den Weissagungen über die Endzeit bleiben allerdings die Gerichtsankündigungen an die Völker bestehen, manchmal sogar dicht neben den Heilsworten[17]. Es wäre darum verfehlt, zu sagen, das Völkergericht münde in der alttestamentlichen Überlieferung in eine unumkehrbare Heilsvision. „Auf den Völkern liegen – wie auf Israel selbst – nach dem AT Licht und Schatten."[18]

Die ganze Geschichte Israels mit JHWH ist von der Erfahrung begleitet, dass Gott auch unter den Völkern Glauben weckt. Die Geschichte von Hagar, der ägyptischen Sklavin im Hause Abrahams und Sarahs, ist ein Beispiel dafür. Hagar wird in der Wüste zweimal durch einen Engel Gottes vom Tod errettet (Gen 16,1-16; 21,9-21). Der Gott Abrahams offenbart sich ihr sogar auf ähnliche Weise, wie er sich Abraham offenbart hat und verheisst ihr – genau wie ihm – zahlreiche Nachkommenschaft. Hagar spricht daraufhin Gott an und nennt ihn El-Roi (Gott des Schauens); denn, sagt sie, ich habe den angeschaut, der mich anschaute (Gen 16,13). Sie überlebt zusammen mit ihrem Sohn Ismael in der Wüste und gibt ihm später eine Ägypterin zur Frau. Bemerkenswerterweise geht Hagar auch, nachdem sie Gott geschaut und zu ihm gebetet hat, ihren Weg jenseits des Volkes Israel weiter. – Im Buch Jona wenden sich die heidnischen Matrosen, nachdem sie

---

[15] Preuss, a.a.O. (Anm. 5), 321.

[16] Vgl. H.-W. Gensichen, Glaube für die Welt: Theologische Aspekte der Mission, Gütersloh 1971, 60 mit Hinweis auf G. von Rad.

[17] Vgl. die Vision des angedrohten Zerschlagens der Völker in Sach 2,6-9 neben der Ankündigung vom Kommen vieler Völker nach Jerusalem, um JHWH anzuhangen und sein Volk zu werden, Sach 2,11; auf das Wort von JHWH als das Licht der Völker, Jes 51,4-6, folgt die Androhung ihres Gefressenwerdens, V. 7f.

[18] Preuss, a.a.O. (Anm. 5), 324.

zuerst ‚ein jeder zu seinem Gott' gebetet haben, direkt an JHWH und entschuldigen sich bei ihm dafür, dass sie seinen Propheten ins Meer werfen, um die Menschen in Seenot zu retten. Die Leute von Ninive legen ein umfassendes Schuldbekenntnis gegenüber JHWH ab, um das Unheil, das Jona ihnen angekündigt hat, abzuwenden. Hier kommen ‚Heiden' zum Glauben, was für Israel eine Lehre sein soll, damit es aus seiner Erwählung keinen Vorteil gegenüber den Völkern ableitet. – Die Geschichte von Naaman handelt von einem hochrangigen Militärangehörigen aus Syrien, der durch Elisa zum JHWH-Glauben kommt (2Kö 5). Vor seiner Heimkehr bespricht er mit Elisa seinen Loyalitätskonflikt: Einerseits will er fortan keinen anderen Göttern mehr Opfer darbringen, andererseits kann er die Teilnahme am heidnischen Kult nicht ganz vermeiden, denn er muss den König beim Gebet vor der Götterstatue begleiten und mit ihm zusammen daselbst niederknien. Elisa gesteht ihm dies ausdrücklich zu und lässt ihn in Frieden ziehen[19]. – Die Beispiele von JHWH-Glauben ausserhalb Israels liessen sich fortsetzen. Solchen Erzählungen liegt gemeinsam die Überzeugung zugrunde, dass Israel keine Handhabe für die Ausgrenzung der ‚Heiden' vom Heil hat, im Gegenteil: Es hat Grund, auf die Gläubigen unter den Völkern zu schauen; denn auch dort weckt JHWH Glauben.

(5) Mission und interreligiöser Dialog im Horizont des Alten Testaments

In den alttestamentlichen Spätschriften wird Gottes Heilszusage an die Völker mit der Erwählung Israels verknüpft. Was folgt daraus für Israels Verhalten gegenüber den Völkern? Aus der Antwort darauf können Rückschlüsse auf das Verständnis von Mission im Alten Testament gezogen werden. Im Jesajabuch wird die Teilhabe der Völker an dem von JHWH kommenden Heil durch Israel und sein Geschick vermittelt. Israel ist in dem, was es ist und erfährt, sogar in dem, was es erleidet, JHWHs *Zeuge* vor der Welt: „Wie ich ihn (den Gottesknecht) für Völker zum Zeugen gemacht, ... so wirst du Völker rufen,

[19] Dazu P. Marinkovic, ‚Geh in Frieden' (IIKön 5,19). Sonderformen legitimer JHWH-Verehrung durch ‚Heiden' in ‚heidnischer' Mitwelt, in: R. Feldmeier / U. Heckel (Hg.), Die Heiden. Juden, Christen und das Problem des Fremden, Tübingen 1994, 3-21.

die du nicht kennst, und Heiden, die dich nicht kannten, werden zu dir hereilen um des Herrn, deines Gottes, um des Heiligen Israels willen, weil er dich verherrlicht" (Jes 55,4f.). Die Aussagen über die Wirkungsweisen des Erwählten unter den Völkern stehen am zahlreichsten in den deuterojesajanischen Gottesknechtsliedern (Jes 42,1-4; 49,1-6; 50,4-9; 52,13-53). Da der Knecht Gottes einerseits ein Einzelner ist, der Israel gegenübersteht, andererseits mit Israel als Ganzem identisch ist, bleibt das Subjekt des Zeuge-Seins nach beiden Seiten hin offen. An der zitierten Stelle (Jes 55,4f.) folgt aus dem Zeugenauftrag einer Einzelgestalt derjenige des Kollektivs: „Wie ich ihn ... so wirst auch du ...". Vom Knecht wird gesagt, dass er ein *Bote* sei, den Gott *sendet* (Jes 42,19), um die Wahrheit unter die Völker hinauszutragen (V. 1). Auffallend selten ist im Alten Testament ausdrücklich von einer *Sendung* zu den Völkern die Rede. Eine Ausnahme ist Jes 66,19: „Ich werde ein Zeichen an ihnen (den Völkern) tun und aus ihnen Entronnene an die Völker senden, ... die keine Kunde von mir gehört und meine Herrlichkeit niemals gesehen, und sie werden meine Herrlichkeit unter den Völkern verkünden." Zu beachten ist, dass hier bekehrte ‚Heiden' zur Völkermission ausgesandt werden, nicht Leute aus dem Hause Israel. Ausserdem handelt es sich um Aussagen über eine noch nicht angebrochene – vielleicht erst mit der Vollendung kommende – Zeit.

Vom Knecht Gottes wird schliesslich gesagt, er sei ein *Licht* für die Völker: „Ich habe dich zum Licht der Völker gemacht" (Jes 42,6; ferner 49,1ff.). Die im Dunkel lebenden Völker werden vom Licht angezogen, kommen herbei (zum Berg Zion) und treten damit in den Lichtkreis, so dass auch sie davon erleuchtet werden (Jes 60,1-3). Die Völker wallfahrten nach Zion, um sich dort von JHWHs Wort Weisung zu holen (Jes 51,4). Von Zion aus breitet sich Gottes Königsherrschaft über die ganze Welt aus. Der Tempel wird zum Bethaus für alle Völker[20]. So werden selbst die Philister, einst bedrohliche Feinde Israels, wie auch Tyrer und Afrikaner sagen, sie seien geboren, um zum Zion zu gehen (Ps 87). JHWH wird die Hülle vernichten, die über den Völkern liegt (Jes 25,7).

[20] Jes 56,6f.; ferner 45,23; 60,1-14; 66,18f.; ebenfalls Sach 14,16f.; Mi 4,1ff.; dazu Preuss, a.a.O. (Anm. 5), 322.

Das Ergebnis dieser Durchsicht fasst der Missionswissenschaftler Hans-Werner Gensichen folgendermassen zusammen: „Nur so, durch das Kommen aller Völker und ihr Teilhaben am Jahwe-Glauben, wird in dem kommenden Friedensreich der volle Segen der Erwählung Israels entfaltet werden, sowohl für die Völker als auch für Israel selbst."[21] Die Lichtmetaphorik macht deutlich, dass es im Alten Testament nicht um eine aktiv betriebene Glaubensausbreitung unter den Völkern geht. Die Wirkungsweise nach aussen beruht auf der unwiderstehlichen Ausstrahlungskraft, durch welche die Völker angezogen werden. „Denn siehe, Finsternis bedeckt die Erde und Dunkel die Völker; doch über dir (Zion) strahlt auf der Herr, und seine Herrlichkeit erscheint über dir, und Völker strömen zu deinem Lichte, und Könige zu dem Glanz, der über dir aufstrahlt" (Jes 60,2f.). Die Völker, über die eine ‚Hülle' gelegt ist, sollen durch Israel zur wahren Gotteserkenntnis und -anbetung kommen. Für Israel folgt daraus der Auftrag, Gottes Gaben so zu empfangen, dass die Völker tatsächlich ‚angelockt' werden. Die Konsequenzen dieses Auftrages betreffen Israels Lebensweise, seinen Umgang mit Mensch und Natur, seinen Gottesdienst, seine Verkündigung: Durch dieses alles kommt die Wahrheit über JHWH auch zu den Völkern.

Was ist vom Alten Testament her für die zentrale Frage des interreligiösen Dialogs, das Verhältnis zwischen einem spezifischen Gottesglauben und den Glaubensweisen in anderen Religionen, zu bemerken? Israel hat schon in seiner Frühphase eine JHWH-zentrierte Sicht anderer Gottesvorstellungen entwickelt[22]. Im Problemhorizont der heutigen religionstheologischen Debatte ausgedrückt, stellt sich die Frage, wie Israel mit der Spannung fertig geworden ist, die sich aus dem Bekenntnis zu JHWH als dem einen und einzigen Gott und den davon abweichenden Gottesvorstellungen in anderen Religionen ergibt. JHWH ist aus alttestamentlicher Sicht mit keinem ande-

---

[21] Gensichen, a.a.O. (Anm. 16), 60.

[22] Die rekonstruierbaren Vorstufen der JHWH-allein-Verehrung im Alten Israel sind religionswissenschaftlich ausführlich untersucht worden; vgl. z.B. den Sammelband: Ein Gott allein? JHWH-Verehrung und biblischer Monotheismus im Kontext der israelitischen und altorientalischen Religionsgeschichte, hg. v. W. Dietrich / M. A. Klopfenstein, Freiburg (CH)/Göttingen 1994.

ren Gott zu vergleichen. Er steht über allen und verweist alle auf die Stufe des Nichtigen. Das alttestamentliche Gotteskonzept lässt also den Gedanken nicht zu, die Götter der Menschheit seien Manifestationen des einen Gottes. Ebenso wenig kann von der alttestamentlichen Überlieferung her JHWH als *eine* Manifestation Gottes *unter vielen* begriffen werden. Anders als etwa in der hellenistischen Kultur wird im Alten Testament die Möglichkeit verworfen, die verschiedenen Gottesvorstellungen durch Gleichsetzungen miteinander zu versöhnen und in das eigene Gotteskonzept zu integrieren. JHWH ist der Gott der Völker, auch wenn sie dies verkennen und stattdessen ihren vermeintlichen Göttern anhängen. Dort, wo eine Vereinigung und Versöhnung der Völker in der Frage der Gotteserkenntnis und -anbetung angedeutet wird, kann nach alttestamentlicher Überlieferung nur der JHWH-Glaube der gemeinsame Boden sein. Für das Israel des Alten Testaments wäre es unannehmbar gewesen, diesen Grundgedanken in einem ‚Dialog' mit Andersgläubigen zur Disposition zu stellen.

2.2 Das Judentum in griechisch-römischer Zeit

(1) Das Verhältnis zu den *ethne* in Palästina und der Diaspora

Das Auftreten Jesu und die Anfänge des Christentums liegen in der Zeit des Frühjudentums, das in der alttestamentlichen Wissenschaft und Judaistik in der Regel als eine eigene Epoche betrachtet wird. In den beiden ersten nachexilischen Jahrhunderten vollzog sich der Gestaltwandel Israels zum Judentum, des Staates zur Gemeinde und der Kultreligion zur Buchreligion. Der deutlichste Einschnitt innerhalb dieser Übergangsperiode ist mit der Eroberung des Nahen Ostens durch Alexander den Grossen (333-331 vChr.) und dem Eintritt des Judentums ins hellenistische Zeitalter verbunden, was dafür spricht, die Geschichte des ‚alten' Israel hier enden zu lassen[23]. Das Frühjudentum endet mit der Zerstörung des

[23] So z.B. H. Donner, Geschichte des Volkes Israel und seiner Nachbarn in Grundzügen, Bd. 2: Von der Königszeit bis zu Alexander dem Grossen. Mit einem Ausblick auf die Geschichte des Judentums bis Bar Kochba, Göttingen 1986, 440; innerhalb des alttestamentlichen Kanons reichen freilich Teile der nachexilischen Propheten in die Zeit nach Alexander: Sach 9-14; Jes 23, Joel, Jon.

Zweiten Tempels (70 n. Chr.) bzw. mit dem gewaltsamen Auslöschen jüdischen Lebens in Jerusalem durch das römische Reich (135 n. Chr.).

Diese politisch, kulturell und religiös äusserst bewegte Zeit hat das Judentum in seinem Verhältnis zu den Völkern einer harten Bewährungsprobe ausgesetzt. Die aus dem Exil zurückgekehrte Gemeinde war nicht annähernd in der Lage gewesen, das ehedem jüdische Land wieder in Besitz zu nehmen. Es war künftig gezwungen, unter ‚heidnischer' Herrschaft, Seite an Seite mit Andersgläubigen im eigenen Land zu leben. Die Gefahr der Vermischung mit den Völkern wurde zu einem zentralen Thema der ganzen nachexilisch-frühjüdischen Zeit. Ganz gleich, in welcher Gestalt das Fremde in das Judentum einbrach, immer stand die Identität des jüdischen Glaubens und jüdischer Lebensweise auf dem Spiel: Wenn das jüdische Stammland mit Krieg überzogen wurde, war das physische Überleben der Bevölkerung gefährdet; unter den Bedingungen der Fremdherrschaft artete die Religions- und Kulturpolitik zeitweise in einen Totalangriff auf die religiös-kulturelle Identität der jüdischen Kultgemeinde aus (Antiochus IV. Epiphanes; Herodes). Beides zusammen war jedoch nur die eine Seite des unausweichlich gewordenen Kontaktes mit der nicht-jüdischen Welt. Auf der anderen Seite weckte das Zusammenleben von Juden und Andersgläubigen im weitläufigen Reich der Griechen und Römer ein Interesse füreinander, das durchaus gegenseitig war. Vor allem in gebildeten jüdischen Kreisen war man empfänglich für die hellenistische Kultur, und umgekehrt ging vom Judentum eine Ausstrahlung aus, die diese in der Antike einzigartige Religion für Andersgläubige attraktiv machte[24]. Das Interesse, welches Andersgläubige dem Judentum entgegenbrachten, und die verschiedenen Formen ihrer Hinwendung zur jüdischen Religion waren für das Frühjudentum keine geringere Herausforderung als die pagane Judenfeindlichkeit; jedenfalls musste es sich aufgrund des ihm von aussen entgegengebrachten Interesses mit der Frage befassen, ob sich durch den Zuwachs das Wesen der jüdischen Gemeinde auf unzulässige Weise verändere und wo zur Ver-

[24] Dazu M. Hengel, Judentum und Hellenismus. Studien zu ihrer Begegnung unter besonderer Berücksichtigung Palästinas bis zur Mitte des 2. Jh.s v. Chr., Tübingen, 1.Aufl. 1969.

meidung dieser Gefahr die Trennlinie zwischen dem Drinnen und Draussen zu ziehen sei.

Ausschlaggebend für die Lösungen, die das Frühjudentum für sein Verhältnis zur nicht-jüdischen Mitwelt gefunden hat, war seine hohe Mobilität innerhalb des griechisch-römischen Reiches – ja sogar weit darüber hinaus, wie Spuren jüdischen Lebens in Asien zeigen. Jüdische Niederlassungen gab es im ganzen Mittelmeerraum; dort entwickelte sich ein eigenständiges Gemeindeleben, für dessen Ausprägung die grosse Gemeinde von Alexandria das herausragende Beispiel war. Im Unterschied zu den zeitweise geschlossenen jüdischen Siedlungen in Palästina lebte die jüdische Bevölkerung ausserhalb davon ‚in der Zerstreuung' (Diaspora), meistens als kleine Minderheit in der religiös pluralen Welt der antiken Polis. Hier wurde die Existenz der *gojim* oder, nun griechisch, *ethne* als allgegenwärtig erlebt, und es ist nicht verwunderlich, dass bei aller jüdischen Erwählungsgewissheit schliesslich auch das Heil der nicht-jüdischen Mitwelt stärker ins Blickfeld des Diasporajudentums rückte.

Ein ganz anders ausgerichtetes Beispiel zeigt indessen, dass innerjüdisch die Positionen hinsichtlich des Verhältnisses zu den Völkern sehr weit auseinander lagen: die Essener in Qumran[25]. Als letzte Konsequenz eines lang dauernden innerjüdischen Konflikts um Absonderung oder Anpassung haben Essener eine Radikallösung gesucht und sich zur Vermeidung jeglicher Kontakte mit Andersgläubigen aus dem Siedlungsgebiet Palästinas in die unzugängliche Wüste am Toten Meer zurückgezogen, um dort ein Leben des reinen Glaubens zu führen. Die Qumran-Gemeinde zog die Grenze gegen alles Fremde aus der Überzeugung heraus, dass im heiligen Volk, im heiligen Land, in der heiligen Stadt und im heiligen Tempel Gottes das Fremde keinen Raum haben dürfe. „Dieser totalen Absonderung nach aussen entspricht ein Reinigungs- und Sühnungsprozess im Innern, dessen Ziel die Restauration des Bundesvolkes ist und dessen Zentrum und Mittelpunkt der erneuerte und vollkommene Tempelkult auf dem Zion unter

---

[25] Die Essener lebten als jüdische Gemeinschaft mit einer ordensähnlichen Verfassung von ca. 150 v. Chr. bis 70 n. Chr. Zu Qumran allgemein H. Stegemann, Die Essener, Qumran, Johannes der Täufer und Jesus, Freiburg i.Br. 2.Aufl. 1993.

der Leitung der legitimen Priesterschaft ist."[26] Die Texte von Qumran schildern ein Zukunftsszenario, in dem die Inbesitznahme und Reinigung von Jerusalem und Tempel mit der vollständigen Befreiung des heiligen Landes von den heidnischen Bastionen einhergeht, an die sich wiederum die endgültige Unterwerfung der *gojim* unter den Gott Israels anschliesst. Erst danach bricht auch für die Völker die Heilszeit an, während der sie zum Zion wallfahrten, um dort Belehrung und Erleuchtung zu empfangen. „Die Abwehr alles Fremden von Tempel und Land, die die erste eschatologische Phase bestimmt, ist demnach zu verstehen als eine Voraussetzung für die Ermöglichung des Heils der Völker."[27] Roland Deines kommt zum Ergebnis, dass der nationale Partikularismus der Qumran-Gemeinde nicht Ausdruck einer grundsätzlichen Fremdenfeindlichkeit sei, sondern in enger Verbindung zum Wissen um Gottes Handeln in der Geschichte stehe. „Erst wenn das Volk ... seiner Berufung gehorsam geworden ist, kann der Zion seine Tore auch für die Völker der Welt öffnen."[28]

(2) Glaubensausbreitung im Frühjudentum

Die geschichtlichen Spuren der Qumran-Gemeinde haben sich nach ihrer Vertreibung durch die Römer verloren. Bei weitem wirkungsmächtiger war das Judentum in der Diaspora und in Palästina, das sich der Hellenisierung geöffnet hat, ohne dabei seine religiös-ethnische Identität preiszugeben[29]. Überall interessierten sich Andersgläubige für die jüdische Religion und trugen zu einem bemerkenswerten Wachstum des Judentums bei. In einem Text von Philo von Alexandrien

---

[26] R. Deines, Die Abwehr der Fremden in den Texten aus Qumran. Zum Verständnis der Fremdenfeindlichkeit in der Qumrangemeinde, in: Feldmeier / Heckel, a.a.O. (Anm. 19), 59-91 (64).

[27] Ebd., 66.

[28] Ebd., 87. Deines räumt zurecht ein, wer die eigene Vollkommenheit so rigoros zur Bedingung der Möglichkeit göttlichen Handelns mache, schliesse auf Dauer alle Heiden von Gottes Nähe aus. Anders gesagt, beruht das Konzept der Qumrangemeinde auf einem strikten Dualismus.

[29] M. Hengel, Einleitung, in: Feldmeier / Heckel (Anm. 19), IX-XVIII. Wie stark selbst das griechischsprechende Judentum in Palästina zum Träger hellenistischer Kultur geworden ist, hat Hengel in seinem Werk ‚Judentum und Hellenismus' aufgezeigt, a.a.O. (Anm. 24).

vernimmt man, dass Barbaren, Hellenen, Festland- und Inselbewohner, Völker des Orients und Okzidents, Europas, Asiens und der ‚ganzen bewohnten Erde von einem Ende bis zum anderen' sich von den mosaischen Gesetzen haben überzeugen lassen[30]. Wie kam es zu der erstaunlichen Breitenwirkung des Judentums zu Beginn unserer Zeitrechnung? In der alttestamentlichen und religionsgeschichtlichen Forschung hat lange Zeit die These von den missionarisch aktiven Anstrengungen des Judentums namhafte Vertreter gefunden[31]. Der These zufolge wäre die Ausbreitung des Judentums eine Frucht werbend-aktiver Bemühungen in der andersgläubigen Bevölkerung gewesen. Dieses Bild ist freilich durch verschiedene Detailstudien korrigiert worden – in den 1930er Jahren bereits durch jüdische Forscher (Bamberger, Braude, Raisin, Rosenbloom), in jüngster Zeit vor allem durch die Untersuchung des Neutestamentlers Scot McKnight. Er kommt zum Ergebnis, dass der gezielte Versuch, Nicht-Juden zum Zeichen des Übertritts zur Beschneidung zu bewegen, nicht die Ursache, sondern die Folge eines bereits vorhandenen, grossen Interesses am Judentum gewesen sei und dass sich im übrigen das Frühjudentum gerade nicht durch eine aktiv-werbende Tätigkeit auszeichne, sondern sich damit begnüge, als ‚Licht unter den Völkern' präsent zu sein[32].

Anziehend wirkte die jüdische Religion auf Menschen in einer religiösen Umbruchzeit hauptsächlich der monotheisti-

---

[30] Mos II,20; vgl. dazu N. Umemoto, Juden, ‚Heiden' und das Menschengeschlecht in der Sicht Philons von Alexandria, in: Feldmeier / Heckel, a.a.O. (Anm. 19), 22-51, hier: 27.

[31] Zuerst A. Bertholet, Die Stellung der Israeliten und der Juden zu den Fremden, Freiburg i.Br./Leipzig 1896, danach A. von Harnack, Die Mission und Ausbreitung des Christentums in den ersten drei Jahrhunderten, Leipzig 1902, später J. Jeremias, der die These vertrat, Jesus sei mit einer beispiellosen missionarischen Aktivität des Judentums konfrontiert gewesen, vgl. J. Jeremias, Jesu Verkündigung für die Völker, Göttingen 1956; schliesslich auch F. Hahn, der von einem umfangreichen Werben des hellenistischen Judentums schreibt, vgl. Das Verständnis der Mission im Neuen Testament, Neukirchen-Vluyn 1963; zum Forschungsstand S. McKnight, A Light Among the Gentiles. Jewish Missionary Activity in the Second Temple Period, Minneapolis 1991, 1-3.

[32] McKnight, a.a.O. (Anm. 31), 7; 29; 116. Dass er das eine Verhalten ‚missionarisch', das andere dagegen ‚nicht missionarisch' bezeichnet, liegt an seinem zu eng gefassten Missionsbegriff.

schen Grundlage wegen, die überdies auch mit philosophisch überlieferten Gottesvorstellungen sowie mit der von philosophischer Seite geübten Kritik am Polytheismus vergleichbar war. Des weiteren stiess die spiritualisierende Deutung von Tempel, Opfer und Priestertum auf offene Ohren, und nicht zuletzt kamen die ethischen Grundlagen des Judentums jenen Kreisen entgegen, die mit dem Judentum in der Kritik der Lasterhaftigkeit einig waren[33]. In der Diaspora dienten die Synagogen, zu denen auch Nicht-Juden Zugang hatten, als Stätten der Begegnung mit Menschen, die dem jüdischen Glauben gegenüber aufgeschlossen waren, ohne ihm anzugehören. „Offenbar war ihr reiner Wortgottesdienst mit Schriftlesung, Auslegung, Gebet und Gesang auch für manche ‚Heiden' attraktiv."[34] Die am Judentum Interessierten waren in unterschiedlicher Intensität bereit, sich auf das Judentum als Glaubensweise und soziale Grösse einzulassen. Es kam zu punktuellen Kontakten aus Neugier ohne erkennbare Folgewirkungen; zur eklektischen Aneignung einiger Elemente des jüdischen Glaubens; zu aktiver Förderung der Sache des Judentums (finanzielle Unterstützung der Synagogen, politische Einflussnahme zugunsten der Sabbatobservanz); zur Einhaltung von Toravorschriften ohne formellen Übertritt; schliesslich gab es auch jene, die den vollen Anschluss an die jüdische Gemeinde mit allen Rechten und Pflichten suchten und bereit waren, die Eingliederung in die Kultgemeinde mit der Beschneidung zu besiegeln.

Bei allem Interesse, das dem Judentum vonseiten der *ethne* entgegengebracht wurde, stand nach Auffassung von Pharisäern die Integrität des Judentums auf dem Spiel, solange die Sympathisanten oder Gottesfürchtigen *(sebomenoi)* nicht zu einer Vollbekehrung mit dazugehörender Eingliederung in die Gemeinde bereit waren. Durch Aufweichung der Zugehörigkeitsmerkmale war nach ihrer Auffassung das Eindringen fremdreligiöser Elemente zu befürchten, welche die Reinheit des jüdischen Zeugnisses in der Welt verdunkeln können. Dies dürfte das Hauptmotiv für die werbende Tätigkeit von Pharisäern gewesen sein: Bei den Sympathisanten – nicht bei den

33 Hahn, a.a.O. (Anm. 31), 16; McKnight, a.a.O. (Anm. 31), 76.
34 Hengel, Einleitung, a.a.O. (Anm. 29), XV.

ethne allgemein – sollte auf Eindeutigkeit, auf eine vorbehaltlose Entscheidung hin gewirkt werden mit dem Ziel, ‚Hinzugetretene' *(proselytoi)* zu gewinnen, um den übrigen *ethne* dann umso klarer die Zugehörigkeit abzusprechen. Ob es rechtens oder verwerflich sei, in diesem Sinn Druck oder gar Zwang auf die ‚Gottesfürchtigen' und Freunde des Judentums auszuüben: darüber wurde in jüdischen Kreisen Palästinas lebhaft gestritten. Dies ist auch der Hintergrund des Jesuswortes in Mt 23,15, welches die ‚Proselytenmacherei' scharf verurteilt.

Nun gab es aber im Frühjudentum auch andere Entwicklungslinien, die von einer einladenden Offenheit gegenüber den Völkern zeugen. Dies dokumentiert allein schon die Übersetzung der Hebräischen Bibel in die griechische Weltsprache, laut Martin Hengel ein in der Antike einzigartiger, religionsgeschichtlicher Vorgang. Philo, der als Zeitgenosse Jesu in Alexandrien gelehrt hat, nennt als Motiv für die Erstellung der Septuaginta nicht etwa das Bedürfnis der griechischsprachigen Juden, sondern die Zugänglichkeit der Heiligen Schrift für das gesamte Menschengeschlecht[35]. In der Septuaginta fällt die Bemühung um eine inklusive Sprache auf, wenn das hebräische Wort für Fremdling *(ger)* nicht mit dem gebräuchlichen Ausdruck *xenos* übersetzt wird, sondern stattdessen ein neues Wort, nämlich *proselytos* geschaffen wird, das erstmals in Ex 12,48f. erscheint, wo die Beschneidung als Kennzeichen der Zugehörigkeit zum Gottesvolk eingeführt wird. An dieser Stelle wird ein Fremdling, der am Passah teilnehmen möchte, durch die Beschneidung zu einem ‚Herzutretenden', einem Proselyten, gemacht. Damit wird der griechischen Mitwelt die Aufnahmebereitschaft von Fremden signalisiert und zugleich dem ständig erhobenen Vorwurf der Fremdenfeindlichkeit des Judentums begegnet.

Weitere Beispiele einer inklusiven Sprache finden sich bei Philo, der auf die sprachliche Unterscheidung zwischen dem jüdischen Volk *(laos)* und den *ethne* – eine Unterscheidung,

---

[35] Mos II,27; dazu Umemoto, a.a.O. (Anm. 30), 28; desgleichen lässt ein unbekannter jüdischer Autor aus Alexandrien im sog. Aristeasbrief einen heidnischen Sympathisanten des Judentums die wunderbare Übertragung der Tora in die griechische Weltsprache preisen; vgl. Hengel, Einleitung, a.a.O. (Anm. 29), XIII.

die in der Septuaginta noch begegnet – fast vollständig verzichtet und stattdessen vom Menschengeschlecht schreibt, welches alle Völker umschliesst[36]. Auch die pseudophilonische Auslegung des Jonabuches (De Jona), die einem Autor aus Alexandrien zugeschrieben wird, verwendet den Ausdruck *ethne* wegen seines ausgrenzenden Beiklangs kein einziges Mal und schreibt stattdessen von Menschen, wenn er die Bewohner von Ninive meint[37]. Hier wie in sonstigen Texten wird der Akzent auf die die religiösen und kulturellen Unterschiede übergreifenden Gemeinsamkeiten gelegt: Der Kyrios ist der Gott aller Menschen, Abraham ist der gemeinsame Vater von Beschnittenen und Unbeschnittenen bzw. Juden und anderen Völkern, die Tora ist das menschenfreundliche Gesetz, welches seinem Anspruch nach für alle gilt und grundsätzlich von allen Menschen als gottgegebener Wille erkannt und angenommen werden kann. Umemoto fasst die Botschaft der philonischen Schriften an die Völker – die natürlich auch an die jüdischen Glaubensgenossen gerichtet ist – folgendermassen zusammen: „Ein Mensch wird sich seiner täglichen Erfahrung der Liebe und Gnade Gottes bewusst, indem er die ‚Philosophie' und Gesetze des Mose, die Wort Gottes und gleichzeitig Naturgesetz sind, befolgt und danach lebt. Gott hat das Gesetz des Mose gegeben, nicht um das unmittelbare Verhältnis Gottes zum Menschengeschlecht zu behindern, sondern um es zu verdeutlichen."[38] Gleichwohl behält auch nach Philo ‚Israel' eine Sonderstellung innerhalb des Menschengeschlechts, freilich erscheint es vom inklusiven Denkansatz her in einem neuen Licht. Israel gewinnt und bewahrt seine Identität hauptsächlich dadurch, dass das Volk sich selbst als Verkörperung der Wesensbestimmung der Menschheit versteht, die Gott für jedes Volk gelten lässt. Philon unterscheidet vom jüdischen Volk als empirische Grösse das ‚wahre' Israel, dessen Hauptmerkmal weniger die Blutsverwandtschaft mit den Urvätern des jüdischen Volkes als die Verwandtschaft mit Gott ist, die sich in einem Gott wohlgefälligen Verhalten äussert. Zu diesem ‚wahren' Israel haben auch Menschen aus anderen Völ-

[36] Vgl. Umemoto, a.a.O. (Anm. 30), 28ff.
[37] Dazu F. Siegert, Die Heiden in der pseudophilonischen Predigt *De Jona*, in: Feldmeier / Heckel, a.a.O. (Anm. 19), 52-58.
[38] Umemoto, a.a.O. (Anm. 30), 31.

kern Zugang, genauso, wie die *ethne* neben den gebürtigen Juden Zugang zur Weisheit Gottes haben können[39]. Das ‚wahre' Israel zeichnet sich nach Philo dadurch aus, dass es die Aufgabe wahrnimmt, die von Gott eigentlich dem ganzen Menschengeschlecht auferlegt ist, aber von ihm vernachlässigt wird, nämlich Gott zu dienen. Israel ist die kleine Schar der ‚wahren' Menschen, die nach diesem Ziel strebend leben[40].

In der neutestamentlichen Wissenschaft besteht weithin Einigkeit darüber, dass erst das Urchristentum die Frage nach dem eschatologischen Heil der Völker umgetrieben hat und dass hauptsächlich dieses Anliegen den Impuls zur Völkermission gab. Es hat freilich auch auf jüdischer Seite Beispiele gegeben, die ein aussergewöhnliches Interesse am Zugang der Völker zum Heil erkennen lassen. Dafür ist die antike Synagogenpredigt ‚De Jona' aufschlussreich[41]. Absicht dieser Schrift ist es, die mosaische Religion der nicht-jüdischen Mitwelt zu empfehlen und zugleich der Diasporagemeinde Mut zu machen, unvoreingenommen auf Andersgläubige zuzugehen. In der Auslegung des Jonabuches sind die Niniviten Menschen, denen Gottes Liebe gilt, welche Güte vor Strenge gelten lässt. Der Polytheismus der Niniviten wird nicht polemisch als Götzendienerei abqualifiziert und dämonisiert; vielmehr beruht die dort praktizierte religiöse Verehrung der Natur und ihrer Gaben auf Unkenntnis. Als Frucht göttlicher Gerechtigkeit – und nicht etwa aus eigenem Streben – kommen die Leute von Ninive zur wahren Erkenntnis, die sie dazu bringt, dem Schöpfer der Natur die Ehre entgegenzubringen, die ihm allein gebührt. In der Synagogenpredigt ‚De Jona' ver-

---

[39] Ebd., 41. Er kommentiert dazu: „Man darf jedoch daraus nicht die Folgerung ziehen, Philon hätte sich einen dritten Oberbegriff (sc. ‚Eingeübte in der Weisheit') geschaffen, der die ‚Heiden' und die Juden in sich einschliesst. Denn die Absicht Philons besteht eher darin, eine neue universale Identität für die Juden zu gewinnen." (ebd.)

[40] Ebd., 51. Auffallend sind die Parallelen zum Verständnis des ‚wahren' Israel im frühesten Christentum, das die Kirche als Gemeinschaft aus Juden und Nicht-Juden *(ethne)* begreift; als kleine Schar von Menschen, die das Menschsein, zu dem alle Menschen bestimmt sind, verkörpern; ferner als eine Gemeinschaft von Heiligen, welche auf die Welt hingeordnet und von ihr gleichwohl unterschieden sind.

[41] Vgl. Siegert, a.a.O. (Anm. 37); ferner B. Ego, ‚Denn die Heiden sind der Umkehr nahe'. Rabbinische Interpretationen zur Busse der Leute von Ninive, in: Feldmeier / Heckel, a.a.O. (Anm. 19), 158-176.

gleichen sich die Niniviten selbst mit Sklaven, die von Gott losgekauft und damit aus dem Tod ins Leben zurückgekauft worden sind. Gott wird der Erlöser Aller genannt. Er ist es, der den Menschen nachgeht, um sie zu retten – gleich einem ‚Menschenfischer', der selbst den abtrünnigen Jona nicht vergisst, der das unverdiente Verzeihen Gottes ebenso nötig hat wie die Niniviten, die er zur Busse aufruft. – In diesem bemerkenswerten Dokument, das die Handschrift des alexandrinischen Judentums trägt, werden die Unterschiede religiöser Herkunft stark eingeebnet; das religionsübergreifende Gemeinsame wird in einer allgemeinen Religiosität gesucht, in der sich die moralischen Pflichten des Menschen als Menschen erschöpfen. Der Gottesglaube im Sinne einer bestimmten, sich lehrmässig definierenden Religion ist dem Denkansatz von ‚De Jona' fremd.

(3) Mission und Dialog im Horizont des Frühjudentums

In hellenistischer Zeit wirkte das Judentum nach aussen anziehend; als Buchreligion mit einer überzeugenden Ethik und einer einladenden Haltung bei Gottesdienst und Unterweisung entfaltete es eine Ausstrahlung, die Andersgläubige veranlasste, sich ihm zuzuwenden. Für eine aktiv-werbende Glaubensausbreitung unter Menschen, die nicht von sich aus den Kontakt zum Judentum suchten, gibt es jedoch kaum Anzeichen. Bei Begegnungen mit Andersgläubigen in der Synagoge wurde der jüdische Glaube Aussenstehenden erläutert, und angesichts der paganen Judenfeindlichkeit war man bemüht, falschen Gerüchten entgegenzutreten. Diese Form der Glaubensmitteilung nach aussen bewegte sich allgemein auf der Linie dessen, was am besten mit dem biblischen Bild des ‚Lichtes unter den Völkern' zu umschreiben ist.

Was die Frage der Gemeinschaft mit Andersgläubigen betrifft, gab es im Frühjudentum stark von einander abweichende Auffassungen: strikte Absonderung von allem Fremden!, lautete die Forderung der Essener in Qumran; Vollbekehrung als Bedingung für die Gemeinschaft mit ‚Heiden' forderten die Pharisäer; eine Zusammenführung von gebürtigen Juden mit Sympathisanten zum ‚wahren Israel' stand Philo vor Augen. Um die Zeitenwende gab es im Judentum mithin eine deutliche, wenn auch von manchen umstrittene Bereitschaft zur Universalisierung sowohl der jüdischen Lehre als auch der Religionsgemeinschaft als einer sozialen Grösse. Zeitgleich mit dem entstehenden Christentum ist auch das Judentum als eine Religion mit einer bemerkenswerten Aussenorientierung aufgetreten. Das rechtfertigt es, von einem missionarischen Bewusstsein im Judentum zu sprechen, selbst wenn der Missionsgedanke hier gerade nicht mit einem ‚aggressive, evangelistic, missionary zeal' (S. McKnight) daherkommt. Um ‚Licht unter den Völkern' zu sein, muss das Gottesvolk das Licht der Wahrheit von Gott empfangen. Selbst im Diasporajudentum von Alexandrien war es unbestritten, dass das mosaische Gesetz das Licht der Wahrheit voll und ganz enthält. Andere Lichter brauchte es nicht, um die Wahrheit über Gott und seinen Willen für die Menschheit zu kennen. An der JHWH- und Tora-zentrierten Sicht änderte sich durch die Bereitschaft, mit Andersgläubigen offen zu kommunizieren, nichts. Die Gemeinschaft mit ihnen ereignete sich auf der Grundlage der Heiligen Schrift, der Synagoge und eines erweiterten Verständnisses von Israel.

2.3 Neues Testament

Das Matthäus-Evangelium schliesst mit einem Anspruch, der neben dem christlichen Glauben für fremde Religionen keinen Raum mehr freilässt. Da heisst es: *Alle Macht* im Himmel und auf Erden gehört dem Auferstandenen; *alle* Völker sollen seine Jünger werden; sie sollen gelehrt werden *alles*, was er geboten hat; Christi Gegenwart soll *alle Tage* bis an der Welt Ende Bestand haben. Erstmals in der Religionsgeschichte wird hier ein derart umfassender, universaler Anspruch formuliert. Kein anderes Wort des Neuen Testaments hat im Verlauf der Missionsgeschichte eine annähernd gleich starke Eigendynamik entwickelt wie Mt 28,18-20, und bis heute wird es in der Regel zum hermeneutischen Schlüssel für die Auslegung auch der übrigen missionsrelevanten Aussagen des Neuen Testaments erhoben. Durch diese Vorentscheidung hat sich in der Missionsbewegung die Überzeugung festgesetzt, die Urkirche sei durch und durch missionarisch gewesen; der missionarische Anspruch habe sich auf die gesamte Lebensführung und den Glauben zu erstrecken; der Missionsauftrag komme erst mit der Bekehrung aller Völker zum Ziel; aus christlicher Sicht müssten alle anderen Religionen verworfen werden. Wer dieses Vorverständnis teilt, geht davon aus, dass das neutestamentliche Missionsverständnis in sich homogen sei. Doch *das* Missionskonzept des Neuen Testaments gibt es nicht. In Wirklichkeit bestehen miteinander, neben- und auch gegeneinander verschiedene Auffassungen von Mission[42]. Ehe das Wort von Mt 28 dem Evangelisten als eine Weisung des Auferstandenen vor Augen stand, hat es in den christlichen Gemeinden bereits vielerlei praktische Erfahrungen mit der Ausbreitung des Christentums gegeben. In einem langwierigen Klärungsprozess haben sich Gemeinden und Gruppen um eine Konsensbildung in der Missionsfrage bemüht. Deren Ergebnis hat sich schliesslich unter anderem in der Gesamtkomposition des Matthäus-Evangeliums niedergeschlagen, wobei der Aufruf ‚Gehet hin in alle Welt' lediglich den Schlussstein des matthäischen Missionsverständnisses bildet[43].

Um sich Zugang zu den verschlungenen Wegen neutestamentlicher Missionsverständnisse zu verschaffen, empfiehlt es sich, hinter die Konsolidierungsphase am Ende des 1. Jahrhunderts zurückzugehen und sich auf die verschiedenen Stadien der urwüchsigen Ausbreitung, der konkurrierenden Modelle, des Zögerns und Vorpreschens mit der Weitergabe des Glaubens zu konzentrieren. Anhand von vier Leitfragen sollen verschiedene Aspekte der Glaubensweitergabe beleuchtet werden: Wie geht die Ausbreitung des Christentums unter den Völkern vor sich? Was soll sich nach den Vorstellungen der ersten Gemeinden im Leben von Menschen, die mit dem Evangelium in Berührung gekommen sind, verändern? Was ist aus der Sicht der Gläubigen zum eschatologischen Heil notwendig? Wie findet die Mission ihren Weg zwischen kultureller Anpassung und Unterscheidung? Diesen vier Fragen entsprechend geht es im Folgenden also um Völkermission (1),

---

[42] Zum Missionsverständnis im Neuen Testament, vgl. K. Kertelge (Hg.), Mission im Neuen Testament, Freiburg i.Br. 1982. Zu Mt 28 im Speziellen, J. LaGrand, The Earliest Christian Mission to ‚All Nations' In the Light of Matthew's Gospel, Atlanta 1995.

[43] Vgl. vorige Anmerkung; ferner Harnack, a.a.O. (Anm. 31); Jeremias, a.a.O. (Anm. 31); H. Kasting, Die Anfänge der urchristlichen Mission. Eine historische Untersuchung, München 1969; F. Hahn, Mission in neutestamentlicher Sicht. Aufsätze, Vorträge und Predigten, Erlangen 1999.

Bekehrungskonzepte (2), Heilsnotwendigkeit (3) und Inkulturation (4)[44].

(1) Völkermission

Das Bindeglied zwischen der frühchristlichen Gemeinde und den Andersgläubigen ist die Mission im Sinn der Glaubensmitteilung nach aussen. Durch sie öffnet sich die Gemeinde der ausserchristlichen Welt, und gleichzeitig drückt sie durch ihr missionarisches Verhalten ihre Selbstunterscheidung gegenüber der Welt aus. Wer aber sind diejenigen, „die draussen sind", wie Paulus schreibt (IKor 5,12f)? Im Neuen Testament sind damit hauptsächlich diejenigen gemeint, die mit dem griechischen Ausdruck *ethne* bezeichnet werden. Er bedeutet im wertneutralen Sinn: Völker, Menschheit; politisch: die Griechen und ‚Barbaren' im Unterschied zu den Juden; religiös: die Anhänger von Religionen im hellenistischen Kulturkreis; moralisch: die Menschen, die – aus christlicher Sicht – einen lasterhaften Lebenswandel führen und solche, denen götzendienerische Praktiken vorgeworfen werden[45]. Innerhalb eines Evangeliums oder Briefes können unterschiedliche Bedeutungen von *ethne* vorkommen – je nachdem, ob es in einer Aussage um die Öffnung der Gemeinde nach aussen oder um die Selbstunterscheidung im Gegenüber zur ausserchristlichen Welt geht. Der deutsche Ausdruck ‚Heiden', mit dem *ethne* meistens übersetzt wird, verdunkelt in vielen Fällen die Bedeutung des Gesagten. Soweit es notwendig und möglich ist, wird er im Folgenden durch geeignetere Ausdrücke ersetzt, wenngleich er sich in der gebräuchlichen Wortkombination *Heiden*christen kaum vermeiden lässt.

Die ersten Anhänger und Anhängerinnen Jesu verstehen sich hauptsächlich als eine innerjüdische Erneuerungsbewegung. Sie wollen keine neue Religion neben dem Judentum etablieren. Dass es dazu kommt, ist eher eine unbeabsichtigte Entwicklung als das Ergebnis einer planmässigen Ausbreitung.

---

[44] Den folgenden Ausführungen liegt hauptsächlich die Studie zugrunde von A. Feldtkeller, Identitätssuche des syrischen Urchristentums. Mission, Inkulturation und Pluralität im ältesten Heidenchristentum, Freiburg CH/Göttingen 1993.

[45] Vgl. R. Dabelstein, Die Beurteilung der ‚Heiden' bei Paulus, Frankfurt a.M./Bern 1981; U. Heckel, Das Bild der Heiden und die Identität der Christen bei Paulus, in: Feldmeier / Heckel (Anm. 19), 269-296.

Zu Anfang steht keineswegs fest, welche Identität die Gruppe der Jesusanhänger ausbilden wird, was Christsein bedeutet und worin es sich von allem Nichtchristlichen jüdischer oder heidnischer Herkunft unterscheidet. Für den ganzen, weiteren Verlauf der Christentumsgeschichte ist der Umstand wichtig, dass sich die erste Identitätssuche des Christentums zur Zeit des Hellenismus in der römischen Provinz Syrien abspielt. Die Provinz Syrien mit der Hauptstadt Antiochia umfasst zur Zeit Jesu Judäa, Phönikien (Tyrus) und Damaskus, in östlicher Richtung reicht es bis Palmyra und grenzt nordwestlich an Kilikien. In Syrien werden mehrere Sprachen gesprochen; Völker aus unterschiedlichen Kulturen leben auf engem Raum zusammen; hier begegnen sich religiöse Traditionen aus dem Erbe der aramäischen, phönikischen, arabischen, babylonisch-sumerischen, persischen, ägyptischen, israelitischen, griechischen und römischen Religionen. In der Provinz Syrien sind philosophische Schulen, so etwa Platonismus, Pythagoreismus, Stoa, Kynismus und Astrologie beheimatet; es sind religionsähnliche oder mit Religionen verbundenen Lebens- und Weltanschauungen. „Syrien gehört wegen seiner geographischen Lage zu den Ländern der Welt, die im Laufe ihrer Geschichte am meisten religiöse Pluralität zu verkraften hatten."[46] Bedeutsam ist der gesellschaftliche Kontext des frühen Christentums nicht etwa deshalb, weil es sich angeblich rein und unbefleckt aus dem ‚synkretistischen Mahlstrom' (H. Kraemer) der hellenistischen Religionen herausheben würde. Der religionsgeschichtliche Glücksfall des Christentums ist seine Geburt in eine kulturell-religiös vielfältige Welt hinein; denn nur auf dem Boden einer solchen Mischkultur und eines religiös offenen Klimas ist es ihm überhaupt möglich, den Charakter einer auf Volkszugehörigkeit basierenden Kultgemeinschaft zu überwinden und eine Glaubensgemeinschaft aus Menschen unterschiedlicher religiöser Herkunft zu werden.

Mission in dem Sinn, dass Gläubige den Kyrios Jesus unter der nicht-jüdischen Bevölkerung öffentlich verkündet hätten, ist für die erste nachösterliche Zeit nicht anzunehmen. Aller Wahrscheinlichkeit nach wird erstmals in Antiochia eine

[46] A. Feldtkeller, Im Reich der Syrischen Göttin. Eine religiös plurale Kultur als Umwelt des frühen Christentums, Gütersloh 1994, 17.

gezielte Mission von Andersgläubigen betrieben. In der syrischen Provinzhauptstadt wird übrigens auch die neue Glaubensgemeinschaft zum ersten Mal mit dem Wort *Christianoi* bezeichnet, um auszudrücken, dass es sich um eine religiöse Gruppe mit einer eigenen Identität jenseits des Judentums und der paganen Religionen handelt (vgl. Act 11,26). – Was aber geht der gezielten Mission von Andersgläubigen voraus? Wann und wo finden die ersten Berührungen der Jesusbewegung mit Anhängern anderer, nicht-jüdischer Religionen statt? Das Matthäus-Evangelium legt Wert auf die Feststellung, Jesus habe zu seinen Lebzeiten keine Mission unter den Völkern betrieben, und er habe auch seinen Jüngern untersagt, damit zu beginnen. In der Aussendungsrede sagt er den zwölf Aposteln: „Geht nicht auf die Strasse der Heiden und geht nicht in eine Stadt der Samariter, sondern geht vielmehr zu den verlorenen Schafen des Hauses Israel" (Mt 10,5f.; vgl. auch 15,24; 1,21; 7,6). So steht es im Sondergut desselben Evangeliums, das mit dem allumfassenden Missionsauftrag endet. Hier wird eine grosse missionstheologische Spannweite innerhalb ein und desselben Textes sichtbar. Möglicherweise ist der Passus in der Aussendungsrede (Mt 10) eine Reaktion auf eine bereits im Gange befindliche Völkermission, die in einigen frühchristlichen Gemeinden auf Kritik gestossen ist. Nicht zu den Heiden und Samaritern zu gehen, sondern sich an das Haus Israel zu halten: Diese Missionsanweisung aus dem Munde Jesu könnte die Meinung derer widerspiegeln, die mit der beginnenden Völkermission nicht einverstanden sind.

Ob es jemals, wie man in der Forschung wiederholt angenommen hat, das Stadium einer rein innerjüdischen Jesus-Bewegung gegeben hat, kann ernsthaft bezweifelt werden. Zur Zeit Jesu ist im römischen Reich eine Gleichung von Volk, Kultur und Religion längst unrealistisch geworden[47]. Unter

[47] Auch für das Judentum ist es – von der Qumran-Episode abgesehen – in jener Zeit nicht möglich, eine Insel rein jüdischer Identität inmitten des religiös pluralen Umfeldes zu bleiben. Aufgrund des Religionenpluralismus findet es dank seiner innerjüdischen Ausdifferenzierung eine Möglichkeit, den jüdischen Krieg und die Zerstörung des Tempels zu überleben. Wie für das Christentum ist also auch – und sogar zuerst – für das Judentum der Umstand ein Glücksfall, dass es seinem griechisch-hellenistischen Zweig gelingt, in einem lebendigen Austausch mit der religiösen Umwelt leben zu lernen.

den religiös pluralen Bedingungen des 1. Jahrhunderts wäre es für die ersten christlichen Gemeinden geradezu ein Ding der Unmöglichkeit, sich ausschliesslich auf rein jüdische Kreise zu beschränken und trotzdem eine lebendige Bewegung zu bleiben. Wie die Ausbreitung der Jesusbotschaft ausserhalb des jüdischen Volkes geschieht, ist im Markus-Evangelium zu sehen. Die Kunde von einem Wundertäter in Galiläa verbreitet sich im jüdisch-syrischen Grenzland in Gestalt von Gerüchten. Jesus verlagert seine Tätigkeit an den See Genezareth, und sogleich versammelt sich um ihn eine Volksmenge, herzugelaufenes Volk *(ochlos)*. Darunter sind toratreue Juden, jüdisches Volk *(am ha'arez)*, Leute aus den judaisierten Nachbarvölkern (Samaritaner) und nicht zuletzt auch solche, die zu den syrophönikischen Heiden *(ethne)* gehören. Die Nachricht vom wundertätigen Mann aus Nazareth verbreitet sich unbeabsichtigt und vor allem unkontrolliert im heidnischen Raum, wie es bei Mk mehrmals heisst (Mk 1,28; 3,8). Aufgrund der Gerüchte entstehen die Wundergeschichten als Erzählgut, das unabhängig vom engeren Anhängerkreis und von den nach Ostern entstehenden christlichen Gemeinden in Umlauf gebracht worden ist. Sie führen in Gemeindekreisen zu lebhaften Diskussionen. Es kommt zu Auseinandersetzungen über deren Authentizität, und die am meisten beunruhigten Kreise sind bestrebt, zwischen nichtauthentischen Gerüchten und echten Jesusüberlieferungen zu unterscheiden[48].

Der Evangelist Markus findet um das Jahr 70 Jesus- und Täuferüberlieferungen vor, die sich unabhängig von den Kanälen christlicher Mission am Leben gehalten haben. Er bemüht sich darum, diese Geschichten in die christliche Tradition zu integrieren. Wie beispielsweise die Heilung der Tochter der Syrophönizierin (Mk 7,24-30) zeigt, rechtfertigt der Evangelist mit dem Argument der ‚heilsgeschichtlichen Nötigung' (A. Feldtkeller) die christliche Zuwendung zu den

[48] Das hat, wie Feldtkeller vermutet, das Bestreben hervorgerufen, die Jesusbewegung auf eine innerjüdische Erneuerungsbewegung zu begrenzen, vgl. Identitätssuche, a.a.O. (Anm. 44), 25f. Wenn diese These richtig ist, gibt die Jesus zugeschriebene Weisung, nicht zu den Heiden und Samaritanern zu gehen, nur die Idee einer jüdisch-christlichen Gemeinde wieder, während die unbeabsichtigte Ausbreitung auch unter den Andersgläubigen der Wirklichkeit entsprochen hat.

Andersgläubigen[49]. Bis ins Jahr 70 und in Ausnahmefällen auch noch 20-30 Jahre später – also ein halbes Jahrhundert nach dem Apostelkonzil von 48 n. Chr. – ist der Widerstand gegen die Völkermission immer noch so stark, dass die Evangelisten einen erheblichen theologischen Aufwand treiben müssen, um die Legitimität des Heidenchristentums zu erweisen. Erst seitdem die heidenchristliche Ausbreitung nicht mehr aufzuhalten ist, einigen sich die Vertreter des judenchristlichen Reinheitsideals mit den Befürwortern der Völkermission. Dieser missionstheologisch entscheidende Schritt ist eine nachträgliche Bestätigung dessen, was in der Praxis bereits unaufhaltsam in Gang gekommen ist. Zu dieser Entwicklung hat nicht zuletzt die Vertreibung torakritischer Christen des Stephanuskreises beigetragen. Von Jerusalem aus zerstreuen sie sich, ziehen überall umher und verkünden das Wort, wie es in Act 8,5-8 heisst. In Samaria-Sebaste kommt es zu einer Massenbekehrung. Weitere Berichte wie diejenige der Taufe eines Eunuchen (Act 8,26ff.) und des Bekehrung und Taufe des römischen Hauptmanns Cornelius (Act 10,1ff.) deuten auf eine heidenchristliche Tätigkeit in Syrien hin. Doch zum ersten Mal ausdrücklich erwähnt wird die gezielte Mission in Antiochia (Act 11,20).

Freilich: von diesem Punkt bis zur weltweiten Mission im Sinn von Mt 28 ist nochmals ein quantitativer und vor allem ein qualitativer Sprung, der die christliche Mission über die Mission im Frühjudentum hinausführt. In der neutestamentlichen Überlieferung taucht sie zum ersten Mal bei Paulus auf, und auch er hat sie keineswegs vom Anfang seiner missionarischen Tätigkeit an als Ziel formuliert. Vorbereitet wird sie in der Apostelgeschichte durch den Makedonier, der Paulus bittet: „Komm herüber und hilf uns“ (Act 16,9f.). Neben Paulus haben auch mehrere syrische Gemeinden den Gedanken einer weltweiten Mission entwickelt (Mk 14,9). Durch die umfassende Mission im Sinn von Mt 28 soll die wildwüchsig-oberflächliche Christianisierung in geordnete Bahnen gelenkt, die Form der Ausbreitung nicht länger dem Zufall überlassen werden. Am Ende des 1. Jahrhunderts drängt sich angesichts der

[49] Vgl. dazu R. Feldmeier, Die Syrophönizierin (Mk 7,24-30) – Jesu ‚verlorenes‘ Streitgespräch?, in: ders. / Heckel, a.a.O. (Anm. 19), 211-227.

zentrifugalen Kräfte zufälliger Ausbreitung die Suche nach christlicher Identität auf, und dafür ist es nötig, zu lehren und zu taufen und so auf eine sichtbare und identifizierbare Gestalt der Nachfolgegemeinschaft im Geiste des Auferstandenen hinzuwirken.

(2) Bekehrungsmuster[50]

Das Christentum nimmt seinen Anfang in einer Kultur, in der es prinzipiell möglich ist, sich auf der Suche nach Wahrheit oder Lebenssinn anderen Religionen oder einer quasireligiösen Philosophie zuzuwenden und sich dabei auch von einer Religion, der man bisher angehört hat, abzuwenden. Es gibt eine Vielfalt von Möglichkeiten, dem religiösen Leben eine andere Richtung zu geben. Weit verbreitet ist der Brauch, Elemente aus fremden Religionen in die eigene religiöse Welt aufzunehmen. Man unternimmt beispielsweise eine Pilgerreise zu einem fremdreligiösen Heiligtum, lässt sich dort von Priestern in die rituellen Vorschriften einweisen und nimmt eine spirituelle Erfahrung mit nach hause, ohne deshalb mit der eigenen Religion zu brechen. Eine andere, nachhaltigere Form religiöser Umorientierung geschieht dadurch, dass durch eine neue Selbstverpflichtung die bisherige religiöse Bindung intensiviert wird. Zwei weitere Möglichkeiten der Umorientierung sind ein Positionswechsel innerhalb eines religiösen Systems und schliesslich der Wechsel zu einer anderen Religion bzw. zu einer religionskritischen philosophischen Schule (Kyniker). In Syrien ist zur Zeit Jesu der Übertritt zum Judentum das einzige institutionalisierte Bekehrungsmodell im Sinne eines Religionswechsels.

Im Wirkungsbereich der frühesten Jesusbewegung und der ersten Gemeinden verlaufen Veränderungen in den religiösen Biographien zunächst überwiegend in den bekannten Formen des religiösen Umfeldes. Nach Jahrzehnten erst bilden sich bestimmte Bekehrungsmuster heraus, freilich ohne dass die innere Vielfalt ganz aufgegeben wird. Wenn Andersgläubige aus dem syrophönikischen Umland etwas von der Jesus-Botschaft aufgenommen haben, mag es häufig vorgekommen sein, dass sie das Gehörte in ihre Glaubenswelt einbezogen –

---

[50] Zum folgenden Feldtkeller, Identitätssuche, a.a.O. (Anm. 44), 34ff.

wie im Gleichnis vom Sämann, dessen Saat auf steinigen Boden oder den Wegrand fällt, bestenfalls rasch aufgeht und dann abstirbt. Die Evangelien berichten durchaus auch im Sinn der Anerkennung von Menschen, die Jesus verehren und seine Sache unterstützen, ohne in seine Nachfolge zu treten. Im Johannes-Evangelium begegnet der Pharisäer Nikodemus, der von Jesus berührt ist, denselben gegenüber Angriffen von seinen Kollegen in Schutz nimmt (Joh 7,50f.) und zum Begräbnis Jesu mit kostbaren Salben aufwartet (Joh 19,39). Aber in einem Gespräch mit Jesus findet er keinen Zugang zur Umkehr-Symbolik, welche die neue Menschwerdung ausdrückt. Nikodemus bleibt ein mutiger und grosszügiger Förderer Jesu, vollzieht aber nicht den Schritt in die vorbehaltlose Nachfolge (Joh 3,4f.). Auch Matthäus schildert andersgläubige Menschen, die dem Evangelium begegnen und sich tief berührt zeigen, ohne sich der neuen Gemeinschaft anzuschliessen. Die drei Weisen (Magier) aus dem Orient pilgern nach Judäa, fallen vor dem Jesuskind nieder, beten es an und beschenken es. Darauf treten sie ihren Rückweg an. Über eine Veränderung im Verhältnis zu ihrer Religion gibt es nichts zu berichten (Mt 2). Der römische Hauptmann von Kapernaum (Mt 8,5ff.), in der Version des Matthäus Angehöriger einer paganen Religion, nimmt Jesus als Wunderheiler in Anspruch, schliesst sich der Jesusbewegung aber nicht an.

Paulus steht für ein weiteres Modell der Veränderung im Leben eines Menschen: Sein Bekehrungserlebnis vor Damaskus löst bei ihm einen Positionswechsel aus. Durch seine Jesusvision zutiefst erschüttert, geht er aus der Identitätskrise als einer hervor, der in einem antagonistischen Konflikt die Seiten gewechselt hat. Aus dem Verfolger wird ein Parteigänger der Gemeinden (Act 9). Das Neue Testament kennt viele Sprachbilder für diesen Vorgang der Umkehr *(metanoia):* Es ist ein Übergang von der Blindheit zum Sehen, von der Finsternis zum Licht, von der Nacht zum Tag (IThess 5,4-8). Während das Umkehrmodell einen tiefen biographischen Einschnitt voraussetzt, gibt es in den paulinischen Briefen aber auch den weniger spektakulären Vorgang des Reifungsprozesses: Die religiöse Biographie verwandelt sich in einem allmählichen Mündigwerden, wie Paulus in Bezug auf sich selber weiss (IKor 13,11). In IThess 2,7 lässt er eine Bemerkung darüber fallen, mit welcher Geduld er, der weitbekannte Apostel, die ahnungslosen Heidenchristen in den Kenntnissen über das Evangelium unterwiesen hat. Hier begegnet die Vorstellung eines langsamen Hineinwachsens in den christlichen Glauben und die christlichen Lebensvollzüge. Nach einer längeren Vorbereitungs- und Übergangszeit kristallisiert sich in der frühen Christenheit als Bekehrungsmuster schliesslich auch der Religionswechsel heraus – und dies sogar in einer religionsgeschichtlich neuartigen Form. Bei diesem Bekehrungsmuster wird die Zäsur zwischen dem Einst und Jetzt betont. Es ist eine Veränderung hin zu Gott, weg von den Kultbildern. In IThess 1,9f. spiegelt sich die Auffassung derer wider, die mit der gezielten Völkermission begonnen haben. Sie waren überzeugt, „dass der Weg von Heiden zum Christentum die Abwendung von bisherigen religiösen Bindungen einschliesst"[51]. Bilder drücken die Radikalität der Konversion in der religiösen Biographie drastisch aus: Vom Sterben zum neuen Leben ist im Zusammenhang mit der Taufe die Rede (Röm 6,1-11). Die Taufe auf den Tod Jesu bedeutet, frühere Überzeugungen ganz zurückzulassen, das Leben in der neuen Gemeinschaft von Grund auf neu zu erlernen.

Die Bekehrungsanforderungen werden wegen des vermehrten heidenchristlichen Zuwachses in den Gemeinden erhöht. Es wird als notwendig empfunden, sich gegenüber der paganen Umwelt stärker abzugrenzen. Freilich machen die frühchristlichen Gemeinden mit vielen Heidenchristen die Erfahrung, dass im Leben der Neubekehrten die Abwendung von den bisherigen religiösen Überzeugungen nicht durchzuhalten ist. Der Bruch gelingt nicht endgültig, die Veränderung zum Christentum erweist sich als ein mühsamer Kampf mit vielen Rückschlägen. Die Bildsymbolik der Lebensgrenze, die Wiedergeburt, verwenden die Paulusbriefe häufig in einem paränetischen Zusammenhang. Immer wieder werden die Adressaten ermahnt: Werdet und bleibet, was ihr nach eurer Überzeugung schon seid (Eph 4,17-32; Kol 3,5-11). Die Annäherung verschiedener Bekehrungsmuster an das Konversionsmodell verläuft also sehr zögerlich. Dafür ist vermutlich der ungewöhnliche und deshalb nur schwer realisierbare Bruch zwischen dem Einst und Jetzt mit verantwortlich. So bestätigen

[51] Ebd., 48.

die Paulusbriefe, wie wenig diese Totaltransformation gelingt. Er selbst hält den Prozess des Mündigwerdens lebenslang für unabschliessbar (IKor 13,9ff.). Auch in neutestamentlicher Zeit ist – wie heute – die religiöse Wandlungsfähigkeit der Menschen begrenzt. Umso bemerkenswerter ist die Flexibilität, mit der die ersten Gemeinden diesem Umstand Rechnung tragen und eine breite Vielfalt von Bekehrungsmustern gelten lassen.

(3) Voraussetzungen für die Heilsgewissheit

„Was muss ich tun, um das ewige Leben zu erben?", fragt ein reicher Mann Jesus (Mk 10,17-27). Es handelt sich um einen gläubigen Menschen, der das mosaische Gesetz kennt und danach handelt. Aber aus Jesu Antwort auf seine Frage hin muss er betrübt feststellen, dass ihm trotzdem noch etwas fehlt, um das ewige Leben zu erlangen. Er verlässt Jesus als einer, der seines ewigen Heils noch nicht gewiss geworden ist. Hier geht es um die Unterscheidung zwischen Bekehrung und Heilsnotwendigkeit. „Viele sind berufen, aber wenige sind auserwählt" (Mt 22,14). Woran kann man diese Unterscheidung festmachen? Die Diskussion um die Voraussetzungen für den Zugang zum Heil wird von den Christen der ersten und zweiten Generation intensiv geführt, und wiederum fällt die breite Meinungsvielfalt auf. Es werden höchst unterschiedliche Merkmale der Heilsnotwendigkeit betont. Erst mit der Zeit zeichnet sich eine Verständigung darüber ab, wobei auch hier eine innerchristliche Vielfalt gewahrt bleibt. Was macht die christliche Identität aus? Vor allem in der Auseinandersetzung um die Heilszugehörigkeit ist diese Frage geklärt worden.

Nach Act 15,1 gibt es in Antiochia Männer aus Judäa, die unter den Andersgläubigen Mission betreiben und von ihnen die Beschneidung nach dem mosaischen Gesetz fordern. „Sonst könnt ihr nicht gerettet werden", sagen sie. Petrus und andere Jerusalemer Apostel haben eine zeitlang diesen Standpunkt vertreten. Später nimmt Petrus Abstand von der Beschneidungsforderung (Act 10,34f.). Durch eine Vision wird Petrus zu Cornelius geführt, einem gottesfürchtigen und gerechten Heiden, wie Petrus erkennen muss. Dieses Erlebnis bringt ihn zu einer neuen Erkenntnis hinsichtlich der Heilsmerkmale. Er sagt: „In Wahrheit werde ich inne, dass Gott nicht die Person ansieht, sondern dass in jedem Volk, wer ihn fürchtet und Gerechtigkeit übt, ihm willkommen ist." Gottesfurcht – ein Ausdruck für den Glauben – und gerechtes Tun sind wichtiger als ein äusseres Zeichen der Zugehörigkeit. Die Torabindung wird hier durch das Glaubensmerkmal relativiert, mit der Zeit sogar marginalisiert. Eine ähnliche, relativierende Verhältnisbestimmung lässt sich am Beispiel von Taufe und Gabe des Geistes aufzeigen. Von der als eschatologisches Busssakrament verstandenen Johannestaufe, die Rettung im jüngsten Gericht verleiht, ist das Taufverständnis des Paulus weit entfernt. Nicht um die – wie die Unbussfertigen meinen – ‚sichere' Zusage des ewigen Heils nach dem Tod, sondern um die Erneuerung des Lebens vor der Wiederkunft Christi geht es in den paulinischen Aussagen zur Taufe in Röm 6,1-14[52]. In enger Verbindung zum Glauben, zum heiligen Geist und zum neuen Leben erinnert sich Paulus an die Taufe. Dadurch wird bei ihm die Taufe in Relation zu anderen Heilskriterien gesetzt. Das in der Taufe als wirksam bezeugte Heilsgeschehen steht nicht in der Verfügung der Menschen. Der heilige Geist, der sich durch kein Medium instrumentalisieren lässt, ist nach den Paulusbriefen und Deuteropaulinen eine für die Menschen notwendige ‚Anzahlung', ein Angeld auf das künftige Heil (IIKor 1,22; Eph 1,13f.; 4,30; Tit 3,4-8). Die Zueignung des Geistes ist notwendig für das Heil (‚heilsnotwendig'), darüber hinaus ist die Taufe nach dem paulinischen Verständnis ein notwendiges *Kennzeichen* des Heils.

Zwei andere Merkmale der Heilsgewissheit werden häufig in ein Ergänzungsverhältnis zueinander gebracht: die Merkmale von Nachfolge und Solidarität. Dem reichen Mann, der bereits die Tora erfüllt und Gerechtigkeit übt, nennt Jesus eine weitere Bedingung: „Verkaufe alles, was du hast und gib es den Armen, ... und komm und folge mir nach." (Mk 10,21). „Wer nicht sein Kreuz nimmt und mir nachfolgt", heisst es an anderer Stelle; wer nicht Vater, Mutter, Sohn, Tochter und sein eigenes Leben hasst, kann nicht Jünger oder Jüngerin Jesu sein (Lk 14,26f.). In solchen Äusserungen spiegelt sich das Selbstverständnis der ‚Wandercharismatiker'. Die Nachfolgemerk-

[52] Dazu Ch. Lienemann-Perrin, Das Problem von Taufe und Kirchenzugehörigkeit im Lichte des Neuen Testaments, in: dies. (Hg.), Taufe und Kirchenzugehörigkeit. Studien zur Bedeutung der Taufe für Verkündigung, Gestalt und Ordnung der Kirche, München 1983, 97-128.

male umfassen Heimatlosigkeit, Besitzlosigkeit, Verzicht auf Familie, Bereitschaft zum Martyrium. Sie sind als eine Provokation gegen die Auffassung formuliert worden, die Gotteskindschaft entscheide sich am Einhalten des Dekalogs (Elternehrung!). G. Theissen zeigt in seinen Studien zur Soziologie des Urchristentums, dass sich zwischen den heimat- und besitzlosen Wandercharismatikern und verschiedenen Unterstützerkreisen in den Dörfern und Städten ein Ergänzungsverhältnis herausgebildet hat[53]. Die umherziehenden Apostel, Lehrer und Propheten sind auf die sesshaften Kreise angewiesen, die sie mit lebenswichtigen Gütern versorgen und ihnen auf der Durchreise gastliche Aufnahme bieten. Auch jene Christusanhänger und -anhängerinnen, die selbst keine radikale Nachfolgeexistenz auf sich nehmen, können also ihres Heils gewiss werden. Das sagen solche Worte wie Mt 10,40: „Wer euch (gemeint sind diejenigen, die sich für ein Leben in der radikalen Nachfolge entschieden haben) aufnimmt, nimmt mich auf; und wer mich aufnimmt, nimmt den auf, der mich gesandt hat." In Solidarität mit den Bedürftigen leben, mit den geringsten Brüdern Jesu, wie die Wandercharismatiker des öfteren genannt werden, das ist eine hinreichende Voraussetzung des Heils. Wer ihnen die Solidarität verweigert, ist vom Heil ausgeschlossen. So beschreibt es auch die Szene vom Jüngsten Gericht in Mt 25, 31-46 – hier freilich wird die Kategorie der geringsten Brüder auf die Völker ausgeweitet. In der Gerichtsszene steht nichts darüber, dass die Kenntnisse über Jesus eine notwendige Voraussetzung für die Heilszusage wären. Vielmehr wird eine Möglichkeit für Angehörige anderer Religionen formuliert, zum eschatologischen Heil zu kommen. Einzige Voraussetzung dafür sei die Unterstützung der Hilfsbedürftigen; denn „was ihr einem von diesen meinen geringsten Brüdern getan habt, das habt ihr mir getan" (Mt 25,40).

Heilsmerkmale können sich, wenn sie verabsolutiert werden, in Merkmale des Verworfenseins verwandeln. Paulus hat das am Beispiel der Nachfolge aufgezeigt. In IKor 13,1-3 schreibt er, die Nachfolgetaten seien zu nichts nütze, wenn es

---

[53] G. Theissen, Studien zur Soziologie des Urchristentums, Tübingen 1979.

an der Liebe zu Gott und zu den Nächsten fehle. Er kritisiert also den Umschlag von der Jesusnachfolge in die Askese. Und in der Tat wird in einigen christlichen Traditionssträngen das Nachfolgemerkmal unter Ausschluss anderer Kennzeichen, vor allem der Liebe, zu einer asketischen Lebensweise weiterentwickelt, wogegen die Mehrheit der Gemeinden mit der Zeit das Nachfolgemerkmal abschwächen bzw. an besondere Rollenträger – Apostel, Propheten, Bischöfe – binden. Des Weiteren warnt Paulus davor, die Erkenntnis *(gnosis)* zu einem hinreichenden Heilsmerkmal zu erheben. „Erkenntnis bläht auf, die Liebe aber baut auf" (IKor 8,1).

Wie sich zeigt, ist der neutestamentliche Kanon ein eindrucksvolles Zeugnis davon, dass Paulus und die Evangelisten keine Mühe gescheut haben, um eine Klärung der verschiedenen Auffassungen über das endzeitliche Heil herbeizuführen. Dabei ist eine fortschreitende Integration unterschiedlicher Heilsmerkmale zu beobachten, ohne die es höchst fraglich gewesen wäre, ob das Christentum hätte weiterbestehen und sich weiter ausbreiten können. Matthäus bemüht sich besonders um den Ausgleich innergemeindlicher Spannungen. Auf der einen Seite bestärkt er die nach jüdischem Ritus lebenden Christen darin, dass die Tora *für sie* unbedingte Geltung hat. Auf der anderen Seite will er sie dafür gewinnen, dass sie gegenüber den Heidenchristen tolerant sind. Die Judenchristen sollen akzeptieren, dass ehemalige Heiden ihr Christsein anders leben können. Markus plädiert für die wechselseitige Anerkennung von Wandercharismatikern und Solidaritätsgruppen. Darüber hinaus zeigt er noch weitere Möglichkeiten, das rettende Heil zu erlangen. Paulus verankert die Taufe als Zugehörigkeitsmerkmal in den Zusammenhang von Lebensführung, Geistbegabung und Gemeinschaft der Gläubigen. Im neutestamentlichen Kanon sind bestimmte Auffassungen über die Heilsmerkmale bereits so weit ausgegrenzt, dass sie nur noch als gegnerische (und nicht mehr als einander ergänzende) Positionen erscheinen, wie sich am Beispiel sittlicher Radikalisierungen und im Blick auf die Vertreter paganer Auffassungen von Sexualität und Lebenswandel zeigt, die Paulus als mit dem Glauben unvereinbar ablehnt (IKor 5,9-13). Wie sich zeigt, hat das Christentum in neutestamentlicher Zeit trotz der erstrebten Konsensbildung eine erstaunliche innere Vielfalt bewahrt. Es hat das Neben- und Miteinander unterschiedlicher Auffassungen von Heilsnotwendigkeit ausgehalten, ja, es hat sie als Zeichen der lebendigen Glaubensgemeinschaft im Geist bewusst akzeptiert.

(4) Mission zwischen kultureller Integration und Unterscheidung

Im Neuen Testament setzt sich die heilsgeschichtliche Linie des Alten Testaments fort, indem in den nachösterlichen Gemeinden die Erwählung des Volkes Israel zu den Völkern der Erde hin erweitert wird. Paulus verändert die alttestamentlichen Segensverheissungen, welche die Nichtjuden nur indirekt einschliessen, in Heilsworte für die *ethne* (Gal 3,6ff.). Der Völkerapostel oder *doctor gentium*, wie er im Mittelalter genannt wird, wendet sich an die *ethne* als Menschen, die Gott mit sich versöhnt hat (IIKor 5,18f.; Kol 1,20). Um Menschen für Christus zu gewinnen, ist er bereit, bis zur Selbstaufgabe den anderen in kultureller Hinsicht entgegenzukommen. Für dieses Ziel will er ‚den Juden ein Jude, den Griechen ein Grieche, den Schwachen ein Schwacher, kurz: allen alles werden (1Kor 9,19-23). Aus der Entgrenzung des alten Gottesvolkes entsteht ein Gottesvolk ‚aus Juden und *ethne*' – ein Gedanke, der, wie am Beispiel von Philo gezeigt, zur selben Zeit auch innerjüdisch beheimatet ist. Die Entgrenzung zu den *ethne* hin wird aber sogleich wieder unter einen Vorbehalt gestellt, indem Paulus die Gemeinde von den Andersgläubigen *(ethne)* unterscheidet. Hier verwendet er den Begriff als negative Bezugsgrösse für die Ermahnung der Gläubigen[54]. Etwas, wie die *ethne*' zu tun, deutet in den Paulusbriefen auf moralisch verwerfliches Handeln und Abkehr von der alleinigen Verehrung Gottes in Christus hin (Eph 2,1ff.; 4,17ff.; Kol 1,21; 2,13; 3,5ff.). Hier befasst sich der Apostel hauptsächlich mit der heidnischen Vergangenheit der Gläubigen, indem er sie ermahnt, das einstige Verhalten abzulegen. Im 1. Korintherbrief stellt er Gottlosigkeit, Götzendienst, sexuelle Zügellosigkeit und Beherrschtsein durch dämonische Mächte in den Zusammenhang von ‚Einst' und ‚Jetzt' (IKor 12,2; IThess 4,3-6; ähnlich auch IPetr 2,1f.; 4,3). Was im Alten Testament für die Heiden- und Götzenpolemik gilt, trifft unter anderen Vor-

[54] Heckel, Bild der Heiden, a.a.O. (Anm. 45), 282-291.

zeichen auch im Neuen Testament zu: Sie hat hauptsächlich das Fehlverhalten des Gottesvolkes im Auge. Andersgläubige mit einer Heidenschelte zu verurteilen, wird von Christen und Christinnen nicht verlangt. Wohl weiss Paulus, dass es auch bei den Andersgläubigen Götzendienst und Sittenlosigkeit gibt, aber über jene zu urteilen, betrachtet er nicht als seine Aufgabe (IKor 5,12f.).

Bei aller Distanzierung gegenüber der Lebensweise in anderen Völkern ist Paulus gleichwohl nicht der Auffassung, eine endgültige Trennlinie zwischen christlichem und popularphilosophischem Ethos ziehen zu müssen. Vielmehr setzt er ein erhebliches Mass an Übereinstimmung in Fragen der Sittlichkeit voraus[55]. Kompromisslos ist seine Einstellung jedoch den nicht-jüdischen religiösen Praktiken gegenüber. Die religionsgeschichtliche Forschung hat zwar aufgezeigt, dass verschiedene, auch religiös-kultische, Elemente der israelitisch-jüdischen und selbst der paganen hellenistischen Mitwelt in den Christusglauben der ersten Gemeinden eingeflossen sind. Mit ihnen hat das entstehende Christentum eine ganze Reihe von Ausdrucksformen gemeinsam – unter anderem das Gebet, den Hymnus, die Mahlfeier, Formen der Askese und Ekstase, Hoheitstitel und mythische Vorstellungen von Himmel und Weltanfang[56]. Die Aneignung bestimmter Traditionen aus der religiösen Mitwelt geschieht freilich nicht in bewusster Anerkennung anderer Religionen, sondern in Gestalt einer Umdeutung jener Elemente in den christlichen Glaubenszusammenhang. So ist es unvermeidlich, dass die frühe Christenheit trotz der begrenzten Integrationsbemühungen schon sehr bald ihr Fremdlingsdasein unter den Völkern schmerzhaft empfindet. Ungefähr zur selben Zeit, als Matthäus das Wort des Auferstandenen vom weltweiten Missionsauftrag niederschreibt, wendet sich der Autor des 1. Petrusbriefes an mehrere Gemeinden in Kleinasien, die eine Identitätskrise und damit verbunden eine Krise der Mission erleben[57]. Zu Konflikten kommt es hauptsächlich im alltäglichen Zusammenleben mit Andersgläubigen in der Nachbarschaft, bei der Arbeit, in der

---

[55] Ähnlich auch IPetr 1,15.18; 2,12; 3,1f.16.
[56] Feldtkeller, Identitätssuche, a.a.O. (Anm. 44), 87.
[57] Zu IPetr vgl. Feldmeier, Christen als Fremde, a.a.O. (Anm. 9).

Ehe. Den Gemeinden wird das Ausscheren aus dem gesellschaftlichen Grundkonsens zur Last gelegt; umgekehrt wird ihnen die Anfeindung von aussen zur Anfechtung, so dass sie sich fragen, ob der christliche Glaube von ihnen tatsächlich verlangt, in Opposition zur Gesellschaft zu leben, oder ob nicht die Zeit für eine Öffnung gekommen sei. Auf diese Unsicherheit antwortet der I Petrusbrief mit der Feststellung: Ihr seid Fremde und ihr sollt es auch sein, denn das ist eure Berufung (IPetr 1,1). Im Rückgriff auf die Fremdlingserfahrung des Alten Israel deutet der Briefautor die negativen Erfahrungen von Fremdheit und Nicht-Identität als Spezifikum christlicher Identität; aber dieses Fremdsein wird nicht aus dem Widerspruch zur Gesellschaft, sondern aus der Entsprechung zu Gott und der Zugehörigkeit zu seinem Volk begriffen. Damit kann die sich anbahnende Gegnerfixierung, die drohende Selbstabschliessung gegenüber denen, die draussen sind, aufgebrochen werden. Wenn die Gemeinden ihr Fremdsein in der Welt als Konsequenz ihres Gottesbezuges sehen können, ändert sich auch ihr Weltverhältnis. Der Perspektivenwechsel eröffnet ihnen einen freien Umgang mit denen, die draussen sind. Als Botinnen der lebendigen Hoffnung (IPetr 1,3.13; 3,15) sollen sie sich in einer leidensbereiten, argumentativ schlüssigen, manchmal Anstoss erregenden, manchmal einladenden und sogar sanften Form des Glaubenszeugnisses nach aussen bewähren (IPetr 2,17; 3,16), „allezeit bereit zur Verantwortung gegen jeden, der von euch Rechenschaft fordert über die Hoffnung, die in euch ist" (3,15).

Zum Schluss seien die wichtigsten Punkte im Blick auf das Verständnis von Mission und interreligiösem Dialog noch einmal festgehalten:

(1) Für ein idealisiertes, vereinheitlichendes Bild von der missionarischen Urkirche bietet das Neue Testament keine Handhabe. Weder eine absolute Verpflichtung zur weltweiten Glaubensausbreitung, noch eine in jeder Hinsicht radikale Abkehr von allen bisherigen, kulturell-religiösen Bindungen oder ein radikaler Neuanfang können beanspruchen, *das* Vermächtnis neutestamentlicher Missionstheologie zu sein. Das Christentum hat nicht mit einem fertigen – schon gar nicht mit einem umfassenden – Missionskonzept begonnen. Vielmehr hat es seine Identität zwischen jüdischer Glaubensge-

meinschaft und paganen Religionen erst suchen müssen, und was es als Ergebnis dieses Suchprozesses formuliert hat, war nicht ein glorreicher Anfang, sondern das Ergebnis einer schweren Geburt.

(2) Was für das westliche Christentum heute eine relativ neue Erfahrung ist, gehört zu den entscheidenen Bedingungen, unter denen die Urkirche ihre ersten Gehversuche gemacht hat. Sie hat einerseits vom Pluralismus ihrer Umwelt profitiert; andererseits hat sie erkennen müssen, dass von ihren eigenen Voraussetzungen her eine bruchlose Integration in das religiös-plurale Sinnsystem für sie nicht in Betracht kam. Profitiert hat die junge Christenheit davon, dass die hellenistische Kultur Menschen dazu anleitete, die Begegnung mit fremden Religionen sinnvoll zu verarbeiten. Die Erfahrungen jener Menschen im Umgang mit Andersgläubigen hat den missionarischen Impuls des Christentums in die Richtung einer offenen Verständigung gelenkt. Freilich: der Anpassung an die pluralistische Weltdeutung waren bestimmte Grenzen gesetzt. Das Christentum hat sich – wie auch das Judentum – geweigert, Teil des hellenistischen Grundkonsenses zu werden, der es den Menschen ermöglichte, die Vielfalt religiöser Ausdrucksformen im römischen Reich als Einheit zu verstehen. Die Annahme, es gebe nur *eine* religiöse Wirklichkeit, die in den Religionen aller Völker erfahren wird, hat das Christentum ebenso verworfen wie das Judentum. Das hellenistische Modell einer pluralistischen Religionstheorie ist ein bestechender Versuch, die Erfahrung von Universalität und Partikularität der menschlichen Welt zu begreifen. Solange Menschen auf dem Boden dieses Konsenses standen, konnten alle zwischenreligiösen Spannungen im Prinzip ausgeglichen werden. Einziger Störfaktor dieses Gleichgewichts waren in der römischen Anitke das Judentum und Christentum. Zwar haben auch sie die religiöse Wirklichkeit als Einheit verstanden. Aber für sie war diese Wirklichkeit ausschliesslich mit dem Gott Israels bzw. – was die Christen betrifft – mit dem Bund Gottes in Christus verbunden. Nicht akzeptabel war es für Judentum und Christentum, in den anderen, ihnen bekannten Religionen die Verehrung dieses einen und einzigen Gottes zu sehen. Aus jüdischer und christlicher Sicht musste deshalb zu den anderen Religionen hin eine Grenze gezogen werden.

(3) Bestimmte Konflikte mit der religiös-pluralen Umwelt waren demnach vorgezeichnet, Konflikte, die ihrerseits eng mit dem Glauben an den einen Gott und der Glaubensweitergabe verknüpft waren. Im frühesten Heidenchristentum war, trotz seiner erstaunlichen Anpassungsfähigkeit, eine antisynkretistische Tendenz unverkennbar. Die Mission war der Brückenschlag nach aussen, zur nichtchristlichen Welt hin; sie markierte aber auch die Grenzen, die von christlicher Seite aus nicht überschritten werden sollten. – Erstmals in der Religionsgeschichte wird in Mt 28 ein universaler Anspruch ausgesprochen. Zwischen ihm und der Wirklichkeit der Glaubensausbreitung klaffte zur Zeit, als dies geschah, eine immense Lücke. Der Christenheit lag es damals fern, diesen Anspruch mit Macht- und Geldmitteln durchzusetzen. Abgesehen davon, dass sie als winziges Häuflein dazu gar nicht in der Lage gewesen wäre, erfüllte sie ihre Mission, indem sie Überzeugungsarbeit leistete, Zeugnis gab durch die Taten der Liebe und notfalls auch das Martyrium auf sich nahm zum Zeichen der Gehorsamsverweigerung im Fall von Repression.

(4) Nährboden für die christliche Mission war der missionarische Aufbruch im Frühjudentum unter den Bedingungen des Hellenismus. Der rasche Ausbreitungserfolg des Christentums verdankte sich nicht zuletzt den Sympathisanten im Umkreis des Judentums, die vor der Vollbekehrung zum Judentum zurückschreckten und dem Christentum, das von ihnen keine Beschneidung verlangte, den Vorzug gaben[58]. Zwischen frühjüdischem und christlichem Missionsverständnis gibt es bemerkenswerte Entsprechungen – so vor allem die Sorge um das Heil der Völker, desgleichen die Neuinterpretation des Gottesvolkes unter Einschluss von (gläubigen) Menschen aus allen Völkern. Was jüdisches und christliches Missionsverständnis dann aber auf verschiedene Wege lenkte, war das Verständnis von Jesu Person, Werk und Heilsbedeutung. Hier bahnte sich die neue Trennlinie an, die dann auch für das Verhältnis des Christentums zu den anderen Religionen bestimmend werden sollte.

---

[58] Dazu H. Gülzow / E. Reichert, Art. Mission IV, Alte Kirche, in: TRE 23, 1994, 31-36.

TEIL A POSITIONEN IN DER ÖKUMENE

Im Folgenden werden die historischen Voraussetzungen von Einsichten, die aus Orthodoxie, Katholizismus und Protestantismus in die heutigen ökumenischen Gespräche über Mission und Dialog einfliessen, umrissen (1). In jedem der drei konfessionsspezifischen Verständnisse von Mission und Dialog hat sich zu Beginn der 1960er Jahre ein Wandel vollzogen. Verantwortlich dafür sind drei Ereignisse der ökumenischen Zeitgeschichte: die Integration des Internationalen Missionsrates in den Ökumenischen Rat der Kirchen (1961), der Beitritt der orthodoxen Kirchen in Ost- und Südosteuropa zum ÖRK (1961) und das II. Vatikanische Konzil (1962-65). Wie sich die Christenheit seither im Zeichen vertiefter ökumenischer Gemeinschaft zu Mission und interreligiösem Dialog geäussert hat, wird anhand von repräsentativen Stellungnahmen aufgezeigt (2 und 3). Die Mitarbeit im ÖRK veranlasst Kirchen aus verschiedenen Konfessionsfamilien mitunter dazu, ihr Selbstverständnis neu zu klären und sich von ihren eigenen Quellen her im kritischen Gespräch mit dem ÖRK zu positionieren. In diesem Zusammenhang sind in letzter Zeit die orthodoxen Kirchen mit Stellungnahmen zu Mission und Dialog hervorgetreten (4).

1. Voraussetzungen

Auf dem Boden des politisch, kulturell und ethnisch geteilten Europa entstanden bis um 1500 zwei verschiedene ‚Christentümer': im Okzident die lateinische Kirche unter dem Primat des Bischofs von Rom, im Orient die Kirchen der Orthodoxie. Weitere Zweige des orthodoxen Christentums breiteten sich in Nordafrika und Persien aus und gelangten schon früh bis nach Indien und China[59]. Durch Kultur- und Religionskontakte veränderte sich das Christentum allmählich in Gestalt und Lehre; gleichzeitig wirkte es verändernd auf seine jeweilige gesellschaftliche Umgebung ein. Bei aller Komplexität, die der damit verbundene Inkulturationsprozess aufweist, treten in der Grobstruktur doch gewisse, für Okzident und Orient je besondere Merkmale hervor. Auf die Gefahr hin, zu sehr zu vereinfachen, kann festgestellt werden, dass die Glaubensweitergabe des abendländischen Christentums an Menschen anderer Kulturen und Religionen vermehrt expansive und exklusive Züge aufweist, während für diejenige des orientalischen Christentums überwiegend ein einladendes und in kultureller Hinsicht zugleich anpassungsbereites Verhalten kennzeichnend ist[60].

1.1 Kirchen der Orthodoxie vor 1961

Durch die Glaubensausbreitung über das ‚Stammland' des Christentums im oströmischen Reich hinaus wurde das Christentum griechisch-byzantinischer Prägung allmählich slawisiert[61]. Die von Byzanz ausgehende Mission beruhte auf der Voraussetzung, dass jede Sprache und Kultur fähig ist, Trägerin der Verkündigung und des christlichen Glaubensvollzuges zu sein (Act 2,1-4). Die byzantinische Mission des Brüderpaares Kyrill und Method und ihrer Nachfolger beruhte darauf,

---

[59] Die verschiedenen Zweige der Orthodoxie entstanden dadurch, dass einzelne Ortskirchen den Beschlüssen eines ökumenischen Konzils nicht mehr folgten und sich selbständig weiterentwickelten. Nach der Chronologie der Verselbständigung werden heute voneinander unterschieden: die orthodoxen Kirchen der Zwei Konzilien (z.B. Ostsyrische Kirche; Äthiopische Kirche), der Drei Konzilien, *altorientalische orthodoxe Kirchen* genannt (z.B. Koptische Kirche in Ägypten; Orthodoxe Syrische Kirche des Ostens in Indien) und der Sieben Konzilien, *byzantinische* oder *östlich-orthodoxe Kirchen* genannt (Ökumenisches Patriarchat von Konstantinopel und alle mit ihm verbundenen, autokephalen Kirchen).

[60] Zur Geschichte der Christianisierung Europas bzw. Inkulturation des Christentums in Ost- und Westeuropa vgl. in der Reihe ‚Kirchengeschichte als Missionsgeschichte' (hg.v. H. Frohnes / H.-W. Gensichen / G. Kretschmar) Bd. I: H. Frohnes / G. Kretschmar (Hg.), Alte Kirche, München 1974; Bd. II.: K. Schäferdiek (Hg.), Die Kirche des früheren Mittelalters, München 1978.

[61] Zum Folgenden C. Hannick, Die byzantinischen Missionen, in: Schäferdiek, a.a.O. (Anm. 60), 279-359; P. Plank, Die geschichtliche Entwicklung der orthodoxen Kirchen im Südosten und Osten Europas, in: Handbuch der Ostkirchenkunde Bd. I, Düsseldorf 1984, 133-208; A. Yannoulatos, Die Misionstätigkeit der orthodoxen Kirchen, in: Handbuch der Ostkirchenkunde Bd. III, Düsseldorf 1997, 183-208.

eine authentische eucharistische Gemeinschaft am jeweiligen Ort zu begründen. Der Übersetzung von Bibel, liturgischen Texten und Väterliteratur in die slawische Sprache wurde Vorrang eingeräumt, ergänzt durch Kirchenbau und religiöse Kunst in Anlehnung an lokale Vorbilder. Damit trug die orthodoxe Mission dazu bei, dass die slawischen Völker ihr Selbstverständnis und ihre eigene Kultur im Rahmen des orthodoxen Glaubens weiter entfaltet haben. Im Gebiet von Kiev hat König Vladimir um 988 die Taufe nach orthodoxem Ritus empfangen und seine Untertanen, die Kiever Rus, angewiesen, sich ebenfalls taufen zu lassen. Von der Quellenlage her lässt sich nicht sagen, ob sie diesen Schritt aus Zwang vollzogen haben oder nicht. Ende des 14. Jahrhunderts begann der Mönch Stefan, Bischof von Perm, eine systematische Missionstätigkeit unter dem nichtrussischen Volk der Syrjanen. Im Geiste der Slavenapostel Kyrill und Method erforschte er zuerst deren Sprache, damit er ihnen den christlichen Glauben in ihrer Sprache nahebringen konnte. Auf europäischem Boden und von ihm ausgehend gibt es somit eine Tradition der friedfertigen Glaubensausbreitung, welche die orthodoxen Kirchen heute für ihr Verständnis und ihre Praxis der Mission fruchtbar machen.

In Indien ist das orthodoxe Christentum schon in den ersten nachchristlichen Jahrhunderten heimisch geworden[62]. Sicher bezeugt sind christliche Gemeinden im 4. Jahrhundert in Kerala. Die aus dem Thomas-Christentum[63] hervorgegangenen orthodoxen Kirchen Indiens haben sich im Verlauf von Jahrhunderten bruchlos in das kulturelle System der hinduistischen Gesellschaft eingefügt. Sie nahmen in den höheren Kasten ihren festen Platz ein und fanden damit eine Möglichkeit, als kleine religiöse Minderheit bis heute zu überleben. Ihre friedliche Koexistenz mit anderen Religionen ist bestechend, freilich hat die Orthodoxie in Indien im Verlauf der

---

[62] Erste Gemeindegründungen in Indien verdanken sich der Ostsyrischen (Fremdbezeichnung: Nestorianischen) Kirche; später wurde auch die Orthodoxe Syrische Kirche des Ostens in Indien tätig. Aus der Union mit der Römisch-katholischen Kirche ging im 16. Jh. die Syrisch-malabarische Kirche hervor. Zum orthodoxen Christentum in Indien vgl. D. Daniel, The Orthodox Church of India Bd. I, New Delhi 1972.

[63] Nach orthodoxer Überlieferung hat der Apostel Thomas als erster Missionar in Indien gewirkt.

Jahrhunderte viel von ihrer Aussenorientierung eingebüsst. Nicht zuletzt dadurch ist es ihr im Allgemeinen schwer gefallen, das Kastensystem aus kritischer Sicht zu betrachten.

Nestorianische Spuren führen über die Seidenstrasse schliesslich auch bis nach China. Auf der berühmten Stele von Si-an-fu aus dem Jahr 781 warben die Nestorianer unter ihren Zeitgenossen für das Christentum, das sie ihnen als die ‚Leuchtende Religion' vorstellten. Mit Hilfe buddhistischer Denk- und Ausdrucksweisen bemühten sie sich, den Andersgläubigen die christliche Wahrheit nahezubringen. Um Vorurteilen gegenüber der ‚Leuchtenden Religion' vorzubeugen, ist auf der Stele von Si-an-fu nur die Kindheitsgeschichte und die Himmelfahrt Jesu vermerkt, während sein öffentliches Wirken, sein Leiden und Tod unerwähnt bleiben. Die Nestorianische Kirche war im europäischen Mittelalter die Missionskirche mit dem ausgedehntesten Netz von Gemeindegründungen. In sprachlicher Hinsicht war sie zu weitgehenden Anpassungen an die unterschiedlichen Völker in Asien bereit, behielt freilich das Syrische als Liturgiesprache bei und besetzte die fernöstlichen Metropolien mit Westasiaten, um ihre Verbindung mit der Mutterkirche zu festigen. Die Abhängigkeit von der Letzteren beschleunigte indessen während einer Verfolgungswelle durch die Mongolenherrschaft den Untergang des Christentums in China[64].

Nach der Ausbreitungsphase konsolidierte sich das orthodoxe Christentum im osteuropäischen und nordasiatischen Raum und wandte sich mit seinem missionarischen Wirken fortan hauptsächlich nach innen, indem es Menschen zu einem aktiven christlichen Leben in einer orthodox-volkskirchlichen Situation einlud. Dies erfolgte unabhängig davon, ob die Orthodoxie bestimmten Einschränkungen unterworfen war, wie im Osmanischen Reich[65], ob sie staatlich privilegiert war, wie im russischen Zarenreich, oder ob sie Verfolgungen

[64] Zum Wortlaut der Stele und seinem geschichtlichen Hintergrund vgl. A. Bürke SMB, Das Nestorianer-Denkmal von Si-an-fu, in: J. Baumgartner SMB (Hg.), Vermittlung zwischenkirchlicher Gemeinschaft. 50 Jahre Missionsgesellschaft Bethlehem Immensee, Schöneck-Beckenried/CH 1971, 125-141.

[65] Nach dem Fall von Konstantinopel 1453 war den Kirchen im Osmanischen Reich die Missionstätigkeit untersagt.

ausgesetzt war, wie unter Iwan dem Schrecklichen oder in der Sowjetunion und in den Ländern des kommunistischen Ostblocks[66]. Das missionarische Wirken nach aussen übernahmen im 18. und 19. Jahrhundert russische Mönche, die in Alaska, der Mandschurei, Japan und Korea tätig wurden. Im Unterschied zu den grossen Missionsunternehmungen des christlichen Westens ist ihnen die Versuchung, sich auf ein Bündnis zwischen Mission und Kolonialismus einzulassen, erspart geblieben. Es gab demnach auf orthodoxer Seite eine bemerkenswerte Alternative zur westlichen Kolonialmission. Sie widerlegt überdies das verbreitete Vorurteil, die Orthodoxie habe keine Mission betrieben. An der Gründung des Internationalen Missionsrates 1921 waren die Kirchen der Orthodoxie indessen nicht beteiligt. Sie kamen im Allgemeinen erst 1961 durch ihre Mitgliedschaft im ÖRK mit der westlichen Missionsbewegung des 19. und 20. Jahrhunderts in eine engere Berührung.

Das Zentrum orthodoxer Theologie und Spiritualität, die Liturgie, ist auch der Ausgangspunkt des orthodoxen Missionsverständnisses. So mündet die göttliche Liturgie des Johannes Chrysostomos am Schluss des Gottesdienstes in das Aussendungswort: ‚Gehet hin in Frieden'. Die Gemeinde nimmt es mit in den Alltag. Es begleitet sie im Kreis der Familie, in ihren nachbarschaftlichen Beziehungen, aber auch auf ihrem Weg in die Welt derer, die draussen sind (Joh 10,16). Das Aussendungswort am Ende des Gottesdienstes wird in die Hände der Gemeinde, also der Laien und damit hauptsächlich der Frauen, gelegt. Sie verwirklichen es durch eine evangeliumsgemässe Lebensweise, wie es in einer anonymen Schrift aus dem 2. Jahrhundert an Diognet heisst[67]: *„Denn die Christen unterscheiden sich nicht durch Land, Sprache oder Sitten von den übrigen Menschen. Denn nirgendwo bewohnen sie eigene Städte, noch bedienen sie sich irgendeiner abweichenden Sprache, noch führen sie ein auffallendes Leben. ... Obwohl sie griechische und barbarische Städte bewohnen, wie es einen jeden traf, und die landesüblichen Sitten befolgen in Kleidung und Kost sowie im*

[66] Dazu die knappe, aber flächendeckende Länderübersicht bei E. Bryner, Die Ostkirchen vom 18. bis zum 20. Jahrhundert, Leipzig 1996.

[67] Schrift an Diognet, in: Schriften des Urchristentums, hg.v. K. Wengst, Darmstadt 1984, 312-341 (319).

übrigen Lebensvollzug, legen sie doch eine erstaunliche und anerkanntermassen eigenartige (sc. aussergewöhnliche) *Beschaffenheit ihrer Lebensführung an den Tag. ... Sie heiraten wie alle, zeugen und gebären Kinder; aber sie setzen die Neugeborenen nicht aus. Ihren Tisch bieten sie als gemeinsam an, aber nicht ihr Bett. Im Fleisch befinden sie sich, aber sie leben nicht nach dem Fleisch."*

Orthodoxe Mission möchte als ‚Licht der Welt' nach aussen strahlen und Aussenstehende, möglichst ohne aktive Werbung oder gar Zwang, am Heilsgeschehen teilhaben lassen, das sich im Gottesdienst widerspiegelt. Was dieses Missionsverständnis von anderen unterscheidet, fasst aus orthodoxer Sicht K.M. George wie folgt zusammen:

„In der orthodoxen Tradition ist das vorherrschende Bild dasjenige des Heiligen und nicht das des ausreisenden Prediger-Missionars. Der Heilige betet und empfängt die Geschöpfe Gottes in Gastfreundschaft. Der Missionar predigt und bietet – oft mit Aufdringlichkeit – an, um etwas zu geben... Heilung und Veränderung erfährt die Welt freilich eher durch das Gebet des Heiligen als durch den Lärm der Missionare. Es ist der Heilige, der, indem er Gottes sanfte Liebe sichtbar macht und alle Kreatur in himmlischer Gastfreundschaft empfängt, die Reichtümer anderer Religionen, verschiedener Kulturen und ‚aller empfindsamer Wesen' besonders feinfühlig wahrnimmt ... Nach den Erfahrungen in unserer Kirche müssen wir heute den wahren Heiligen mit dem wahren Missionar verbinden, dessen einziges Anliegen darin besteht, das Reich Gottes sichtbar zu machen, statt neue Gebiete zu annektieren."[68]

1.2 Römisch-katholische Kirche vor dem II. Vatikanum

Wie die Kirchen der Orthodoxie leitet auch die römisch-katholische Kirche ihren Ursprung von den biblischen Anfängen und den ersten nachbiblischen Lehrtraditionen in der antiken Kirche ab. Für die historischen Voraussetzungen des römisch-katholischen Verständnisses von Mission und Dialog

---

[68] K.M. George, ‚Mission for Unity or Unity for Mission?', in: Your Will Be Done. Orthodoxy in Mission, hg. v. G. Lemopoulos, Genf/Katerini 1989, 151-160 (158f.) Hier und im Folgenden werden fremdsprachige Texte, von denen keine dt. Ausgabe vorliegt, in eigener Übersetzung zitiert.

muss demnach hinter das 16. Jahrhundert und die lateinische Zeit zurückgeschaut werden. Schon in den Lehrentwicklungen der ersten Jahrhunderte hat sich das Wissen um die Spannung zwischen dem Heilswillen Gottes für die Völker und für sein erwähltes Volk manifestiert. So besagt beispielsweise das auf Justin (100-165) zurückgehende Bild vom *logos spermatikos*, dass der göttliche Logos unter den vernunftbegabten Menschen aller Völker ‚ausgesät' sei. Schon vor Christi Geburt und ausserhalb des Volkes Israel habe es Menschen gegeben, die mit dem Logos – soweit sie ihn kannten – in Einklang gestanden hätten. Vor allem in der griechischen Philosophie glaubte Justin Spuren des göttlichen Logos zu erkennen. Doch da der Logos erst in Christus seine Vollendung erreicht habe, sei die Fülle der Wahrheit nur den Christen bekannt. Die ‚Samenkörner' des Wortes waren ein geeigneter Anknüpfungspunkt für die Glaubensausbreitung im griechischen Kulturbereich. Während dieser Gedanke in der römisch-katholischen Lehrentwicklung des Mittelalters und der Neuzeit keine prägende Kraft entfaltet hat, gelangte er im II. Vatikanum zu neuer Bedeutung, als das Konzil versuchte, die nichtchristlichen Religionen dem Christentum und dem Heilsplan Gottes in positiver Weise zuzuordnen[69].

Parallel zur Slawisierung der byzantinischen Kirche setzte im weströmischen Reich um 250 eine Latinisierung der Theologie ein, verbunden mit einer wachsenden Distanz zum griechischsprachigen theologischen Denken. Die lateinische Kirche breitete den christlichen Glauben unter den Völkern West- und Nordwesteuropas aus und nahm Elemente der germanischen Kultur in sich auf, woraus das christliche Abendland bzw. die christlich-abendländische Kultur hervorging. Anders als die byzantinische Kirche im Osten führte die Kirche im Westen das Latein als Sprache des Messgottesdienstes, des Kirchenrechts, der Theologie und Bildung ein. Nur für

[69] Zur Deutung des *logos spermatikos* bei Justin vgl. G.C. Stead, Art. Logos, in: TRE 21, 1991, 432-444 (bes. 441ff.). Ähnliches hat Eusebius von Caesarea mit der ‚praeparatio evangelica' ausgedrückt, womit er sagen wollte, dass der Heilige Geist auch in ausserbiblischen Traditionen, besonders in der griechischen Philosophie, wirksam sei und Menschen auf das Evangelium vorbereite; vgl. Praeparatio Evangelica 1,1: PG 21, 28 AB.

Predigt und Katechese wurden die Volkssprachen gebraucht. Eine zentralistische Auffassung von Kirche, Katholizität, Apostolizität des Glaubens und von Mission wurde prägend. Glaubensausbreitung und Bekehrung gingen zum Teil Hand in Hand mit kriegerischer Eroberung. Mit Härte wurden die vorchristlichen Religionen verdrängt, wenn nicht ausgerottet. Der Missionskrieg nach der Maxime ‚Tod oder Bekehrung', den Karl der Grosse gegen die Sachsen führte, war eines der grausamsten Beispiele von Mission durch Anwendung von Zwang und Gewalt[70].

In theologischer Hinsicht hat das Lateinische durch seine streng logische Struktur und seinen starken Bezug zur Sphäre des Rechts prägend gewirkt, wie das Prinzip der Einschluss- und Ausschlussalternative im Kirchenrecht, in der Ekklesiologie und Soteriologie zeigt; bezeichnend sind ferner die militärischen und juristischen Anklänge zentraler theologischer Begriffe und damit zusammenhängend die stark handlungsorientierte Deutung des christlichen Glaubens. Besonders augenfällig hat sich die Entweder-Oder-Alternative in den Worten ‚extra ecclesiam nulla salus' niedergeschlagen[71]. Diese wirkungsgeschichtlich bedeutsamen und auf verhängnisvolle Weise folgenreichen Worte gehen ursprünglich auf Cyprian von Karthago (200-258) zurück, von dem auch der Satz: „Niemand kann Gott zum Vater haben, der nicht die Kirche zur Mutter hat" überliefert ist. Die seither tradierte Form ‚ausserhalb der Kirche kein Heil' stammt von Fulgentius von Ruspe (468-533), einem Augustin-Schüler. Die Auslegung dieses Satzes hat im Verlauf der abendländischen Kirchengeschichte einen Wandel erlebt bis dahin, dass das auf Christus bezogene, biblische Wort ‚Es ist in keinem anderen Heil' (Act 4,12) ungeschmälert auf die als Christi Leib verstandene Kirche übertragen worden ist. Das Laterankonzil von 1215 und das Konzil von Florenz (1442) haben die Formulierung übernommen und neu akzentuiert; Letzteres geschah kurz vor Beginn

---

[70] Dazu H.-D. Kahl, Die ersten Jahrhunderte des missionsgeschichtlichen Mittelalters. Bausteine für eine Phänomenologie bis ca. 1050, in: Schäferdiek, a.a.O. (Anm. 60), 11-76.

[71] Y. Congar, Ausser der Kirche kein Heil. Wahrheit und Dimensionen des Heils, Essen 1961; W. Kern, Ausserhalb der Kirche kein Heil?, Freiburg i.Br. u.a. 1979.

der Kolonialisierung nichtchristlicher Völker in der Neuen Welt durch Spanien und Portugal. Im Zuge der äusserst grausamen, vom Goldrausch getriebenen Eroberung hat die Kirche im Auftrag der Krone und mit päpstlicher Duldung Zwangsbekehrungen durchgeführt. Ausserhalb der Kirche kein Heil: Dieser Satz wurde damals hauptsächlich gegen die Religionen fremder Völker gerichtet, und damit übereinstimmend wurden Indios und afrikanische Sklaven in Massen zur Taufe und Annahme des Christentums gezwungen. Begründet wurde diese Art von Mission mit der Sorge um das ewige Heil des Einzelnen[72].

Die Gründung von Missionsorden und Entsendung von Missionaren in aussereuropäische Gebiete fiel zeitlich und ursächlich zusammen mit dem Beginn der europäischen Expansion in andere Kontinente. Was hat es zu bedeuten, dass der Ausdruck ‚missio/missiones' gerade zu dieser Zeit und in diesem Kontext für die Ausbreitung des Glaubens eingeführt wurde? Er geht auf den Jesuitenorden zurück, der ihn von 1534 an für die Gebiete gebrauchte, in die er seine Ordensleute entsandte[73]. Als Ausdruck für die ‚heidnische' Welt ausserhalb des christianisierten Europa verrät er seine Standortabhängigkeit und sein missionsgeschichtliches Weltbild, das besagt, dass die Missionsgeschichte mit der von Europa ausgehenden Bekehrung der fremden Völker beginnt, während Europa selbst als Missionsgebiet und die europäische Kirchen- und Theologiegeschichte als Missionsgeschichte gar nicht in den Blick kommen. Erst der weltweiten ökumenischen Bewegung des 20. Jahrhunderts ist es gelungen, das eurozentrische Verständnis von Mission, Christentumsgeschichte und Theologie wenigstens aufzubrechen, wenn auch nicht zu überwinden.

Die Geschichte der spanischen Conquista und Kolonialmission ist stets auch von ihrer Kritik begleitet gewesen. Auf Augenzeugenberichte über die Greuel und Proteste gegen sie reagierte Papst Paul III. 1537 mit der Bulle ‚Sublimis Deus', in

---

[72] Stellvertretend für andere Studien zur Missionierung Lateinamerikas, vgl. M. Delgado, Abschied vom erobernden Gott. Studien zur Geschichte und Gegenwart des Christentums in Lateinamerika, Immensee 1996.

[73] Bei Ignatius taucht der Ausdruck erstmals im Werk ‚Constitutiones circa missiones' (1544/45) auf.

der er Menschenwürde und -rechte der Indios geltend machte und die Zwangsmissionierung verurteilte. Zuvor jedoch hatte schon Bartolomé de Las Casas (1484-1566), dessen Name aufs engste mit Kolonialkritik und Menschenrechtsdenken verbunden ist, jede Art von Gewalt im Zusammenhang mit Evangelisierung verworfen und als legitime Form der Ausbreitung des Christentums nur zweierlei anerkannt: die ‚Überzeugung des Verstandes durch Vernunftgründe' und die ‚sanfte Anlockung und Ermahnung des Willens'[74]. – Trotz der insgesamt gewaltsam verlaufenen Kolonialmission ist der Gedanke einer friedlichen Glaubensausbreitung in der gesamten Kolonialzeit lebendig geblieben. Spuren davon finden sich in der Instruktion, die 1659 von der Kongregation zur Evangelisierung der Völker (Propaganda Fide) den nach China ausreisenden Missionaren mit auf den Weg gegeben worden ist[75]:

„Übt keinen Druck aus und benutzt keine Argumente, um diese Völker von ihren Riten, Gebräuchen und Gewohnheiten abzubringen, es sei denn, diese stünden offenkundig in Widerspruch zu Religion und Moral. Nichts wäre absurder, als Frankreich, Spanien, Italien oder ein sonstiges europäisches Land zu den Chinesen transportieren zu wollen. Stellt ihnen nicht unsere Länder dar, sondern unseren Glauben. ... Versucht nicht, die Gebräuche dieser Völker durch europäische zu ersetzen, und gebt euch alle Mühe, euch den ihrigen anzupassen."

Dass für die Glaubensausbreitung eine Anpassung des Evangeliums an fremde Kulturen (Akkulturation) notwendig sei, ist eine Einsicht, welche die römisch-katholische Kirche einigen Asienmissionaren des Jesuitenordens, hauptsächlich Matteo Ricci (1552-1610) und Roberto de Nobili (1577-1656), verdankt. Theorie und Praxis der Mission durch Akkulturation orientieren sich am paulinischen Grundsatz, allen alles zu werden, um einige zu retten (IKor 9,19-23), was de Nobili dazu veranlasste, Verhaltensgewohnheiten seines Heimatlandes abzulegen, um den Indern ein Inder zu werden.

---

[74] Vgl. dazu das missionstheologische Hauptwerk von Las Casas: De unico vocationis modo omnium gentium ad veram religionem (Die einzige Art der Berufung aller Völker zur wahren Religion), dt. Übers. in: B. de Las Casas, Werkauswahl Bd. I: Missionstheologische Schriften, Paderborn u.a. 1992, 97-335.

[75] Abgedruckt in: Las Casas, a.a.O. (Anm. 74), 104 m. Quellenangabe.

Als Missionar, der zum Wegbereiter der Begegnung des Christentums mit dem Hinduismus geworden ist, nahm de Nobili die Lebensweise eines Brahmanen an und übersetzte das Evangelium als fünften Veda in Sanskrit, wobei er sich theologisch auf das paulinische Wort vom unbekannten Gott (Act 17,23) berief. Insgesamt versuchte er, die Inhalte des christlichen Glaubens in die Sprach- und Denkweise der Brahmanen zu übersetzen, ohne deren religiöse Implikationen zu übernehmen. In Fragen des Glaubens – z.B. die Seelenwanderungslehre – wollte er keine Kompromisse eingehen; was er hingegen als religiös neutrale Sitten meinte einstufen zu können, stand für ihn in keinem Widerspruch zur christlichen Botschaft und brauchte deshalb von Bekehrten nicht abgelegt zu werden.

De Nobilis Missionsmethode löste unter den Asienmissionaren lebhafte Diskussionen aus über die Frage, ob die Annahme des christlichen Glaubens und der Eintritt in die Kirche einen radikalen Bruch mit dem früheren Leben voraussetze, oder ob sie eher als eine positive Vollendung der guten Elemente im vor-christlichen Leben zu verstehen sei. Das Problem wurde auch in China und Japan erörtert, wo die Mission durch Akkulturation nach kurzer Zeit erstaunliche Erfolge zeigte, aber später ebenso plötzliche Rückschläge erlitt[76]. Zum Streitpunkt zwischen Angehörigen verschiedener Missionsorden sowie zwischen Asienmissionaren und dem Römischen Stuhl führte die Frage, ob und wie weit den bekehrten Chinesen Konfuziuskult und Ahnenverehrung auch weiterhin erlaubt sein sollten. Papst Benedikt XIV. beendete 1742 mit der Bulle ‚Ex quo singulari' den sog. Ritenstreit durch das Verbot des Ahnenkultes für bekehrte Christen und band die Missionare durch einen Eid an diese Entscheidung[77]. Mission durch Akkulturation geht von der Annahme aus, dass es im Prinzip möglich ist, einerseits zwischen der christlichen

[76] Die China-Mission ist mit dem Namen von Ricci verbunden, der sich an überlieferte kulturelle und soziale Werte der konfuzianischen Gelehrten anpasste und die Gebildeten ausserdem durch westliche Wissenschaft zu gewinnen suchte.

[77] Der Papstentscheid hatte zur Folge, dass China während eines Jahrhunderts für die christliche Mission verschlossen blieb. Inzwischen gehört das päpstliche Verbot von Ahnenriten der Vergangenheit an.

Botschaft und den verschiedenen Kulturen klar zu unterscheiden, andererseits innerhalb der Kulturen Asiens religiös geprägte und religiös neutrale Komponenten einwandfrei auseinanderzuhalten. Dieses missiologische Vorverständnis ist schon im 17. Jahrhundert mit einem Fragezeichen versehen worden, und die Skepsis sollte bis in die Gegenwart hinein noch zunehmen. Unbestritten ist indessen seit dem II. Vatikanum die Einsicht von damals, dass zur Verkündigung der christlichen Botschaft die Bereitschaft zur *Begegnung* mit Menschen anderen Glaubens und anderer Kulturen unverzichtbar hinzu gehört, was wiederum nur möglich ist, wenn die Träger und Trägerinnen der Botschaft Vertrautes aufgeben, sich auf ihr Gegenüber einlassen und bereit sind, sich von ihm verändern zu lassen.

Religionsgespräche im wörtlichen Sinn hat es zwischen christlichen Missionaren und Vertretern anderer Religionen in verschiedenen Jahrhunderten gegeben[78]. Von Franz von Assisi berichten zeitgenössische Quellen, er habe sich 1220 in missionarischer Absicht ins Gebiet der Sarazenen begeben und mit dem muslimischen Sultan Melek al Khamil von Ägypten Gespräche über die Unterschiede der beiden Religionen geführt. Der Dominikaner Bernardino de Sahagún, der im 16. Jahrhundert sechzig Jahre seines Lebens der Mission in Mexiko gewidmet hat, bemühte sich im Austausch mit mexikanischen Adligen um das Verständnis von Religion und Kultur der Azteken[79]. Auf Einladung von Akbar führte eine Jesuitendelegation um 1580 am Hof des Moghulkaisers in Nordindien Gespräche mit Religionsgelehrten des Islam und Hinduismus. Wenig später nahm Matteo Ricci in China das Gespräch mit den konfuzianischen Gelehrten auf, um sie davon zu überzeugen, dass sich in den klassischen Schriften Chinas, vor allem bei Konfuzius selbst, der Glaube an den einen Gott erhalten habe[80]. Um dem Vorwurf, er vertrete eine

---

[78] Dazu J. Waardenburg, Art. Religionsgespräche I u. II, in: TRE 28, 1997, 631-648.

[79] Dazu H. Wissmann, Sind doch die Götter auch gestorben. Das Religionsgespräch der Franziskaner mit den Azteken von 1524, Gütersloh 1981.

[80] Buddhismus und Taoismus stufte er dagegen als Aberglauben und Götzendienst ein, womit sie für das Religionsgespräch nicht in Betracht kamen.

neue Religion, zu entgehen, führte Ricci die christliche Lehre als wahre Erfüllung der besten Traditionen Chinas ein und bemühte sich, den Gesprächspartnern das Christentum als Wiederherstellung des echten Konfuzianismus glaubhaft zu machen. Doch das Experiment war zum Scheitern verurteilt, weil Ricci an den Chinesen vorbei nach Gemeinsamkeiten zwischen Christentum und Konfuzianismus suchte mit dem Ergebnis, dass die chinesischen Gesprächspartner ihm nach anfänglicher Neugier arglistige Täuschung vorwarfen und sich von ihm und dem Christentum schliesslich abwandten[81]. Der Versuch, um der Annäherung willen die Unterschiede zwischen den Religionen möglichst gering erscheinen zu lassen, kann eine interreligiöse Begegnung ebenso sehr gefährden wie der Anspruch auf die Einmaligkeit der eigenen Religion. Das musste bereits Ricci erfahren, dessen fehlgeschlagenes Dialogexperiment neben dem negativen Papstentscheid in der Ritenfrage mit dazu beigetragen hat, dass sich China in der Folgezeit den christlichen Missionsbemühungen verschlossen hat.

Damit sind in groben Umrissen zwei Traditionsstränge sichtbar geworden, die in der römisch-katholischen Kirche für den Umgang mit Andersgläubigen wegleitend gewesen sind: Auf der einen Seite wurde den Andersgläubigen das Christentum als einzig wahre Religion und die katholische Kirche als der einzige Weg zum ewigen Heil nahegebracht, auf der anderen Seite gab es den Versuch, die Weitergabe des Evangeliums auf dem Weg in die Mission den fremden Kulturen und Denkweisen anzupassen, wobei einzelne Missionare soweit gingen, ansatzweise über eine Theologie der nichtchristlichen Religionen nachzudenken, indem sie religions- und kulturverbindende Elemente aufzeigten. Es blieb indessen dem II. Vatikanum vorbehalten, beide Stränge zusammengeführt und die Glaubensausbreitung wieder deutlicher im Spannungsfeld vom Heilswillen Gottes für die Völker und für das erwählte Volk angesiedelt zu haben. Die neue missionstheologische Grundlage kündigte sich in Vorboten schon an. Dazu gehört die 1943 veröffentlichte Enzyklika ‚Mystici Corporis' von Papst Pius XII. Durch den Hinweis auf die Kirche als dem

[81] Gelingen und Scheitern der Religionsgespräche in China hat J. Gernet eindrücklich geschildert: Christus kam bis nach China. Eine erste Begegnung und ihr Scheitern, Zürich/München 1984.

mystischen Leib Christi wollte sie einem einseitig juristischen Verständnis von Kirche entgegenwirken. Der Text erwähnt die Möglichkeit, dass es Menschen gibt, die ausserhalb der sichtbaren Gemeinschaft mit der Kirche – gemeint ist die römisch-katholische – das ewige Heil erlangen. Von ihnen wird gesagt, sie seien durch ein unbewusstes Sehnen und Verlangen auf den mystischen Leib des Erlösers ausgerichtet[82]. In einem Brief des Heiligen Offiziums vom 8. August 1949 wird präzisierend hinzugefügt:

„In seiner unendlichen Barmherzigkeit wollte Gott, dass die zum Heil notwendigen Wirkungen ... unter bestimmten Umständen auch dann erlangt werden können, wenn sie lediglich dem Wunsch oder Verlangen nach angewandt werden. ... Dieser Wunsch muss jedoch nicht immer ausdrücklich sein, ... sondern wenn ein Mensch an unüberwindlicher Unkenntnis leidet, nimmt Gott auch den einschlussweisen Wunsch (lat.: implicitum votum) *an, der mit einem solchen Namen bezeichnet wird, weil er in jener guten Verfassung der Seele enthalten ist, durch die der Mensch will, dass sein Wille dem Willen Gottes gleichförmig (sei).*“[83]

Für die vorkonziliare Zeit gilt, dass in den päpstlichen Verlautbarungen das Heil des Einzelnen und sein Schicksal nach dem Tod im Vordergrund stand. Andere Kirchen sowie die nichtchristlichen Religionen wurden dagegen nicht ausdrücklich erwähnt; dazu kam es erst auf dem II. Vatikanischen Konzil.

Im Vorfeld des Konzils erregten Karl Rahners Thesen von der ‚Legitimität der Religion‘ und vom ‚anonymen Christen-

---

[82] inscio desiderio ac voto ad mysticum Redemptoris Corpus ordinentur (DH 3821).

[83] DH 3869 und 3870. *Hier und im Folgenden stehen Hervorhebungen, wenn nicht anders vermerkt, im Text.* Knapp hundert Jahre davor, 1854, hatte Papst Pius IX. in seiner Ansprache ‚Singulari quadam‘ erklärt: „Im Glauben müssen wir festhalten, dass ausserhalb der apostolischen, römischen Kirche niemand gerettet werden kann; sie ist die einzige Arche des Heils und jeder, der nicht in sie eintritt, muss in der Flut untergehen. Aber ebenso müssen wir sicher daran festhalten, dass von dieser Schuld vor den Augen des Herrn niemand betroffen wird, der da lebt in unüberwindlicher Unkenntnis der wahren Religion.“ zit. nach J. Neuner / H. Roos (Bearb.), Der Glaube der Kirche in den Urkunden der Lehrverkündigung, Regensburg, 11. Aufl. 1971, 367.

tum' Aufsehen[84]. In Verbindung mit dem Wort „Gott will, dass alle Menschen gerettet werden und zur Erkenntnis der Wahrheit gelangen" (1Tim 2,4) bezeichnete Rahner die ausserchristlichen Religionen als mögliche Wege zum Heil und sagte, dass Menschen, die weder dem Bekenntnis noch der Absicht nach Christen sind, ihm zufolge gleichwohl den Intentionen Christi entsprechen können. Möglich sei dies durch die Gnade Christi, die bewirke, dass selbst die Zugehörigkeit zu einer anderen Religion Zeichen der Christuszugehörigkeit sein könne. Nach Rahner gilt dies freilich nur, solange der Anruf Christi nicht existentiell vernommen worden ist. Damit zeigt er auf, wie katholischerseits der Heilswille Gottes und der Empfang der göttlichen Gnade für die vielen Menschen, die Christus nie gekannt haben und nicht kennen, begriffen werden kann.

1.3 Internationaler Missionsrat

Die Geschichte des 1910 beschlossenen, 1921 gegründeten und 1961 in den Ökumenischen Rat der Kirchen integrierten Internationalen Missionsrates (IMR) umspannt eine bewegte Epoche der ausserwestlichen Christenheit[85]. Seine Anfänge reichen in die Zeit der Kolonialmission zurück. Die erste Weltmissionskonferenz in Edinburgh 1910 war zugleich der letzte grosse Höhepunkt des zu Ende gehenden ‚Jahrhunderts der Mission'. Die fünf folgenden Jahrzehnte sahen manche Krise der Mission: Erfolgseinbrüche ebenso wie Legitimitätskrisen. Aus Missionskirchen wurden ‚Junge Kirchen' unter einheimischer Leitung. In die Selbständigkeit entlassen, waren sie im Übergang vom Kolonialismus zur nachkolonialen Epoche mit einer Minderheitensituation konfrontiert, die sie allein zu bewältigen hatten. Nun erwies es sich als belastendes Erbe, die

[84] Vgl. dazu den Vortrag über das ‚Christentum und die nichtchristlichen Religionen' von 1961, abgedruckt in: K. Rahner, Schriften zur Theologie, Bd. 5, Einsiedeln/Zürich/Köln 1962, 136-158 (bes. 155).

[85] Für einen allgemeinen Überblick, vgl. F. Schulz-Ankermann, Die Boten Christi und ihr nichtchristliches Gegenüber auf den Weltmissionskonferenzen von 1910 bis 1963, Lübeck 1969; P. F. Helfenstein, Grundlagen des interreligiösen Dialogs. Theologische Rechtfertigungsversuche in der ökumenischen Bewegung und die Verbindung des trinitarischen Denkens mit dem pluralistischen Ansatz, Frankfurt a.M. 1998.

Religion der einstigen Kolonialherren übernommen zu haben; denn dies trug ihnen den Vorwurf ein, in religiöser und kultureller Hinsicht auch weiterhin unter dem Einfluss fremder Mächte zu stehen.

Mit der ersten Weltmissionskonferenz in Edinburgh 1910 begann das ‚ökumenische Zeitalter der Kirchengeschichte' (S. Neill). Zum ersten Mal gelang es, unter den aus der Reformation hervorgegangenen Konfessionen 180 Kirchen und Missionsgesellschaften zusammenzuführen, um über den gemeinsamen Missionsauftrag nachzudenken. Die Konferenz war noch tief im Geist der Kolonialmission verankert, die Ende des 19. Jahrhunderts ihre grössten Erfolge erlebt hatte. Viele der 1200 Anwesenden waren von der Vision erfüllt, das Evangelium innerhalb einer Generation im wörtlichen Sinn ‚bis an die Enden der Welt' zu bringen und alle Völker zum Christentum zu bekehren. ‚Carrying the Gospel to All the non-Christian World', lautete das Thema einer von acht Kommissionen. In den ‚noch nicht besetzten Gebieten' sollte die Evangelisation verstärkt werden. ‚Soldaten Christi, steht auf', sang die Versammlung bei der Eröffnung, und der Erzbischof von Canterbury beendete die Konferenz in einer Anspielung auf Mt 16,28 mit den Worten: „Es ist wohl möglich, dass einige unter uns sind, die den Tod nicht schmecken werden, ehe sie das Reich Gottes mit Macht kommen sehen." Die Anwesenden betrachteten die anderen Religionen überwiegend als Hindernisse, die es mit missionarischem Einsatz zu überwinden galt und deren Stelle ersatzlos vom Christentum eingenommen werden sollte. Eine dialogische Begegnung mit den Religionen lag nicht im Blickfeld der Veranstalter. Geplant war die Konferenz als Mission *ohne* Dialog, und dementsprechend lauten die offiziellen Berichte[86].

Umso erstaunlicher ist es, dass sich in Edinburgh trotz des vorgegebenen Gesamtrahmens erste Anzeichen einer dialogischen Epoche zeigten, wie der Bericht jener Kommission beweist, die sich mit dem Thema ‚Die christliche Botschaft im Verhältnis zu den nichtchristlichen Religionen' befasste[87].

---

[86] Sie sind unter dem Titel erschienen: ‚World Missionary Conference, 1910', 9 Bde., Edinburgh u.a. 1910.

[87] World Missionary Conference, 1910, Bd. IV: Report of the Commission IV, The Missionary Message in Relation to Non-Christian Religions.

Obwohl ihr Resultat im Gesamtergebnis der Konferenz eher randständig war, ist es inhaltlich wichtig genug, um es hier zu erwähnen[88]. Auf der Basis einer vorher durchgeführten Umfrage befasste sich die Kommission mit rund 200 Stellungnahmen aus den Missionskirchen über Chancen und Schwierigkeiten der Mission unter Andersgläubigen. Die Stellungnahmen, die den Konferenzteilnehmern vorlagen, stammten mehrheitlich von Missionaren und zeugten von zum Teil bemerkenswerten Kenntnissen der Religionen Asiens, Afrikas und der arabischen Welt. Unter den 61 Stimmen aus Indien waren Kenner des Hinduismus vertreten, die sich mit Sympathie und hohem Respekt über ihn äusserten und sich bereit zeigten, die theologische Auseinandersetzung mit den zentralen Inhalten hinduistischer Lehre zu führen[89]. Sie wiesen auf Berührungspunkte zwischen Christentum und Hinduismus hin, verschwiegen aber nicht die sozialen Auswirkungen des Letzteren, das Kastenwesen.

Von den Resultaten der Umfrage angeregt, sah die Kommission einem neuen Missionszeitalter entgegen, das, ähnlich wie die Christenheit in hellenistischer Zeit, von anderen Religionen umgeben sein wird. Eine lebendige Religion entstehe aus einer lebendigen Begegnung mit anderen Religionen, heisst es dazu im Kommissionsbericht. Die Grundlagen des christlichen Glaubens in der Sprach- und Vorstellungswelt andersgläubiger Menschen neu reflektieren und formulieren zu müssen, sei jener ‚Notfall', aus dem zu allen Zeiten neuer Glaube hervorgegangen sei[90]. Für die Kommission wie für die Edinburgher Konferenz insgesamt stand aber die Absolutheit des christlichen Glaubens nicht infrage, und sie meinte, das Suchen und Streben aller Religionen finde seine Erfüllung

---

[88] Die Arbeit der Kommission hat der aus Sri Lanka stammende W. S. Ariarajah aus indischer Sicht kommentiert, vgl. sein einschlägiges Werk: Hindus and Christians. A Century of Protestant Ecumenical Thought, Amsterdam/Grand Rapids 1991, 17-31.

[89] Unter ihnen befanden sich die Missionare A. G. Hogg, Dozent am Madras Christian College, und J. N. Farquhar (damals in Kalkutta), Autor des erstmals 1913 erschienenen Werkes ‚The Crown of Hinduism'. Eine Zusammenfassung der Rückmeldungen auf die Umfrage sowie die Diskussion darüber in Edinburgh ist abgedruckt in: Report of the Commission IV, a.a.O. (Anm. 87), 1-213 und 292-326.

[90] Ebd., 215.

allein in Christus. Den Hinduismus betrachtete sie auch in seiner edelsten Form nur als eine Vorstufe zum Christentum. Wie befremdlich der sog. christliche Absolutheitsanspruch für indische Ohren geklungen hat, belegen die aus Indien stammenden Antworten auf die Umfrage. „Kein anderes Dogma des Christentums erregt unter Hindus so viel Ablehnung wie sein Exklusivitätsanspruch", heisst es in einem Votum. Dasselbe äusserte in Edinburgh der Inder K. C. Chatterji, einer der wenigen Asiaten auf der Weltmissionskonferenz[91]. Problemanzeigen dieser Art verhallten aber in Edinburgh unkommentiert.

Der Zuversicht, mit der die protestantischen Missionen vor dem I. Weltkrieg der weltweiten Christianisierung entgegensahen, folgte bald danach eine heilsame Ernüchterung. Im Zuge des wachsenden nationalen Selbstbewusstseins der Kolonialvölker erwachten die nichtchristlichen Religionen vor allem in Asien zu neuer Vitalität, in den traditionell christlichen Gesellschaften des Westens wurde die säkulare Zivilisation für die Christenheit vermehrt zu einem Problem, und das unter kommunistischer Herrschaft stehende, christliche Russland war mit einem dogmatischen Atheismus konfrontiert. Die ‚nichtchristliche Welt', Chiffre des IMR für das dem Evangelium und der Christenheit gegenüber Fremde, stimmte nicht mehr mit dem überein, was man 1910 dafür gehalten hatte. Die bisherige Einteilung der Welt in christliche und nichtchristliche Gebiete, in missionierende Länder und Missionsländer, stellte sich als fragwürdig heraus. Auf der zweiten Weltmissionskonferenz in Jerusalem 1928 setzte sich der IMR erstmals auch mit den ‚nichtchristlichen Lebens- und Denksystemen' im Herzen der sogenannt christlichen Nationen auseinander. Während die einen im ‚Säkularismus' nun sogar den gefährlichsten Feind des Christentums erblickten, bemühten sich andere um ein differenziertes Verständnis der säkularen Gesell-

---

[91] Chatterji wörtlich: „Hindu minds cannot accept the doctrine of exclusive salvation in Christ", Report of the Commission IV, ebd., 316. Dass es sich bei den fraglichen, aus der alten Kirche stammenden ‚doctrines' um Glaubens*bekenntnisse* handelt, die nicht mit einem Ausschliesslichkeits*anspruch* im Sinne einer durch die Vernunft überprüfbaren Satzwahrheit verwechselt werden sollten, sei hier nur am Rande vermerkt (vgl. B 2).

schaft und versuchten, zu einer Synthese zwischen dem Vermächtnis des christlichen Glaubens und den Erkenntnissen der modernen Wissenschaft zu gelangen. Wortführer dieses Anliegens war der amerikanische Quäker Rufus Jones, der in seiner Studie ‚Säkulare Zivilisation und der christliche Auftrag' davon ausgeht, dass sich in der säkularisierten Gesellschaft die Grenzen zwischen Drinnen und Draussen verschoben haben. Er plädierte dafür, an die ‚positiven Werte' des Säkularismus anzuknüpfen, um auf diese Weise die gegenwärtige Zivilisation zu einer Christus gemässen Form umzugestalten. Nur durch den christlichen Glauben seien die dunklen Seiten des Säkularismus zu überwinden: jener Fortschrittsglaube, der die menschliche Entwicklung als unausweichliche Entfaltung natürlicher Gesetze begreife[92]. Nach der Weltmissionskonferenz in Jerusalem setzte der IMR in den fünfziger Jahren seinen Versuch fort, angesichts der Säkularismusfrage in der modernen Gesellschaft Klarheit über Grund, Ziel und Werk der Mission zu gewinnen. Er wurde in den 1960er Jahren unter neuen Vorzeichen wieder aufgenommen (A 3.1).

Die weit wichtigere und wirkungsgeschichtlich folgenreichere missionstheologische Weichenstellung ereignete sich 1938 auf der dritten Weltmissionskonferenz in Tambaram (Indien) und betraf das Verhältnis des Christentums zu den anderen Religionen. In Tambaram selbst und ebenso auf den nachfolgenden Weltmissionskonferenzen zeigte sich, wie schwer es dem IMR fiel, Perspektiven für eine Theologie der Religionen aus reformatorischer Sicht zu gewinnen, ja überhaupt die Frage danach zu stellen. Die erste Konferenz auf dem Boden eines klassischen ‚Missionslandes' wurde zum Anlass genommen, einen seit langem schwelenden Konflikt im Missionsrat neu zur Diskussion zu stellen. Er betraf die Frage, ob es in der Missionspraxis legitim sei, zwischen dem Christentum und einer ‚einheimischen' Religion eine Brücke zu schlagen, oder ob zwischen ihm und anderen Religionen eine radikale Diskontinuität bestehe und deshalb auf jegliche ‚Anknüpfungspunkte' verzichtet werden müsse. Der holländische Missionar und Missionswissenschaftler Hendrik Kraemer

---

[92] R. Jones, Secular Civilization and the Christian Task, in: Report of the Jerusalem Meeting of the International Missionary Council, March 24th – April 8th, 1928, 8 Bde., London u.a. 1928, Bd. 1, 284-338.

wurde mit der Vorbereitung einer Diskussionsgrundlage für Tambaram beauftragt, und zu Beginn der Konferenz lag sein epochemachendes Werk ‚Die Christliche Botschaft in einer nichtchristlichen Welt' vor. Die darin enthaltenen Hauptaussagen seien wegen ihrer nachhaltigen Wirkung auf den IMR kurz referiert[93].

Kernstück des Evangeliums ist nach Kraemers Auffassung, dass der souveräne Gott dem sündigen Menschen begegnet und ihn dadurch zur Umkehr und zur tätigen Antwort des Glaubens bewegt. Von der radikalen Differenz zwischen der Selbstoffenbarung Gottes in Christus und den nichtchristlichen Religionen ist Kraemer überzeugt. Letzteren gehe es um die Pilgerschaft der religiösen Seele zu Gott, während die Bibel von Gottes Handeln gegenüber dem Menschen – auch und gerade gegenüber dem Erlösung suchenden, religiösen Menschen – berichte (66ff.). Von den drei ‚prophetischen Religionen' Judentum, Christentum und Islam unterscheidet Kraemer die sogenannten ‚naturalistischen Religionen', denen er alle übrigen Religionen zurechnet. Ihnen sei die Auffassung gemeinsam, dass die religiöse Welt zusammen mit der Natur ein Ganzes bildet, ausser dem nichts darüber Hinausgehendes existiert. Daraus zieht er den Schluss, Gottes Selbstoffenbarung als ein radikales Gegenüber zur Welt, Natur und Religion sei für die naturalistischen Religionen ein fremder Gedanke; denn sie seien darauf ausgerichtet, das eigene Selbst mit der göttlichen Realität in Einklang zu bringen und sich zu vervollkommnen. Aus diesem Grund seien Christentum und diese Religionen kategorial so verschieden, dass eine Annäherung zwischen ihnen nicht in Betracht komme (94ff.). Dementsprechend besteht der einzig gültige Zweck der Mission nach Kraemer darin, *„Menschen und Völker aufzurufen, dass sie sich mit den göttlichen Akten der Offenbarung und Erlösungstaten ... konfrontieren, ... und dass Gemeinschaften aufgebaut werden von Leuten, die sich ganz im Glauben und liebenden Dienst an Jesus Christus hingegeben haben"(260f.). „Sich für Christus und seine Welt zu entscheiden, bedeutet für jeden einen Bruch mit*

[93] H. Kraemer, Die christliche Botschaft in einer nichtchristlichen Welt, Zürich 1940 (Originalausgabe: The Christian Message in a Non-Christian World, London 1938). Im Folgenden beziehen sich die Seitenzahlen im Text auf die dt. Ausgabe.

seiner religiösen Vergangenheit" (260). Der Religionswechsel sei unverzichtbar für die Annahme des christlichen Glaubens: *„Evangelisation, Proselytismus und Bekehrung gehören demnach zum Kern des Missionswerkes" (264).* Demgegenüber stuft Kraemer andere Aufgaben der Mission – soziale, kulturelle und politische Entwicklung der Missionsländer – als zweitrangig ein.

Im Unterschied zu den naturalistischen Religionen haben, so Kraemer, die prophetischen Religionen ein kritisches Verhältnis zur Religionsvermischung. Namentlich das Christentum sei exklusiv, wenngleich Grenzen überwindend. Inmitten der duldsamen und ausgleichenden Mysterienkulte hat sich nach Kraemers Meinung das frühe Christentum nur dank seiner Anpassungsverweigerung und ‚rätselhaften Exklusivität' behaupten können (189). – Trotz dieser kompromisslosen Linie spricht sich Kraemer für die kulturelle Verwurzelung des Christentums in Asien und Afrika aus. Um zwischen notwendiger Anpassung an eine gegebene Kultur und Religionsvermischung unterscheiden zu können, zieht er zwischen dem Inhalt der Botschaft und den Formen ihrer Übermittlung eine Trennlinie: *„Anpassung ... besagt nicht, die Grundtatsachen der Offenbarung in Christo so eng als möglich an die religiösen Grundideen und Geschmacksrichtungen der vorchristlichen Vergangenheit anzugleichen" (274),* sondern es gehe um Anpassung der gleichbleibenden Offenbarung an asiatische und afrikanische Denk*formen.*

Als Kraemer sein Buch schrieb, stand er unter dem Einfluss von Karl Barth, von dem 1938 der Teilband aus der ‚Kirchlichen Dogmatik' mit dem §17 zu ‚Gottes Offenbarung als Aufhebung der Religion' erschien[94]. Neben Barths Widerstand gegen den Totalitarismus in Deutschland, und neben seinem Nein gegenüber den Deutschen Christen galt seine Kritik hauptsächlich der Sattheit und Selbstzufriedenheit eines verbürgerlichten Christentums, dessen geistige Wurzeln er in der ‚natürlichen Theologie' bzw. bei den theologischen Vätern des Kulturprotestantismus suchte. Jeden Versuch, die religiösen Bedürfnisse, sittlichen Fähigkeiten und Anstrengungen des

[94] K. Barth, Kirchliche Dogmatik I/2, Zürich 1960 (im Text nach der üblichen Weise zitiert: KD).

Menschen als Ausdruck von Gottes Handeln zu deuten, lehnte er ab und stellte fest: Subjekt des menschlichen Glaubens ist allein Gott durch seinen Geist (KD I/1, 475ff.). Den Versuch des Menschen, Gott durch eigene Anstrengungen zu erkennen, nennt Barth ‚Religion' und meint damit hauptsächlich das Christentum. „Religion ist Unglaube; Religion ist ... *die* Angelegenheit des *gottlosen* Menschen": Dieser Spitzensatz in §17 der ‚Kirchlichen Dogmatik' (KD I/2, 327) ist in erster Linie als christentumsimmanente Religionskritik gemeint[95]. Während Barth, von wenigen Bemerkungen abgesehen[96], darauf verzichtet hat, seine Religionskritik im Blick auf andere Religionen zu entfalten, hat Kraemer genau dies getan und ist damit an entscheidender Stelle einen Schritt weitergegangen als Barth, indem er die Unterscheidung zwischen Gottes Selbstoffenbarung und der *christlichen* Religion auf das Verhältnis zwischen dem Christentum und den anderen Religionen übertrug. Damit werden bei Kraemer die nichtchristlichen Religionen ausnahmslos von der Religionskritik getroffen, während das Christentum aufgrund der Tatsache, dass es

---

[95] Barths Bezugspunkt für theologische Auseinandersetzungen mit der gesellschaftlichen Wirklichkeit war das Christentum in Europa, hauptsächlich aber im deutschsprachigen Kulturraum. Andere Religionen und Gesellschaften ausserhalb der christlich-abendländischen Kultur lagen – bis auf das Judentum – nicht in seinem Blickfeld. Auf die Frage, ob der Satz ‚Religion ist Unglaube' auch eine Aussage über das religiöse Denken in anderen Kulturen und Religionen sei, gab Barth 1964 in einem Interview zur Antwort: „Aber wenn ich von Religion rede, dann denke ich doch vor allem an Schleiermacher und an seine Folgen. Vom Hinduismus und Buddhismus weiss ich doch nichts oder nur wenig... Ich möchte mich da nicht durch inkompetente Äusserungen blamieren"; vgl. Interview von H. A. Fischer-Barnicol mit Karl Barth am 5. Mai 1964, abgedruckt in: Karl Barth, Gespräche 1964-1968, hg. v. E. Busch, Zürich 1997, 131-166 (145).

[96] Erwähnenswert ist in diesem Zusammenhang ein Gespräch zwischen Barth und einem Theologen aus Sri Lanka, Daniel T. Niles, im Jahr 1935. Niles hat es später aus der Erinnerung wiedergegeben; vgl. Karl Barth – a Personal Memory, in: South East Asia Journal of Theology, Herbst 1969, 10-13. Bei der ersten Begegnung von Niles mit Barth kamen beide auf die Situation der christlichen Minderheiten in andersreligiösen Gesellschaften Asiens zu sprechen. „Andere Religionen sind schlicht Unglaube", sagte Barth zu Niles. Dieser fragte ihn, wievielen Hindus er schon begegnet sei. „Keinem", antwortete Barth. „Wie können Sie dann wissen, dass der Hinduismus Unglaube ist?" Barth darauf: „A priori" (ebd., 10f.).

allein die Gottesoffenbarung in Christus weitertradiert, in seiner ‚rätselhaften Exklusivität' alle anderen überragt. So hat Kraemer mit seinem Ansatz den Weg der protestantischen Missionstheologie zu einer Theologie der Religionen versperrt, was man von Barth nicht sagen kann. Einen Ansatzspunkt für eine Theologie der Religionen hat freilich auch Barth nicht aufgezeigt.

Allein schon aufgrund der unterschiedlichen politischen Situationen, aus denen die Delegationen nach Tambaram gereist waren, erwies sich ‚Die christliche Botschaft in einer nichtchristlichen Welt' auf der Weltmissionskonferenz als höchst umstritten. Kraemers Ansatz bei der Diskontinuität zwischen Gottesoffenbarung und allem, was menschliches Denken und Tun hervorbringen, fand angesichts der Verirrungen in Politik, Geistesleben und Theologie in Europa generell die Zustimmung der Delegierten aus Europa. Sie standen noch unter dem Eindruck der zweiten Weltkonferenz für Praktisches Christentum, die ein Jahr zuvor in Oxford getagt und sich angesichts der totalitären Machtansprüche in Deutschland mit der Botschaft an die Kirchen gerichtet hatte: „Wenn Krieg ausbricht, muss die Kirche erst recht und in unverkennbarer Weise Kirche sein."[97] Lasst die Kirche Kirche sein: Mit diesem Mahnruf traten die Europäer in Tambaram auf, um vor der Vermischung von religiöser und weltlicher Macht zu warnen. In ihren Wortmeldungen legten sie Wert auf die Unterscheidung von Kirche und Staat, Glauben und Ideologie (völkische Kultur!), von Götzendienst und Gottesdienst. Für die Delegationen aus Asien, die für christliche Minderheiten sprachen, klang der Diskontinuitätsansatz von Kraemer und den europäischen Delegierten dagegen höchst problematisch; denn in Asien war das Hauptproblem der tiefe Graben zwischen Christentum und einheimischen Religionen und Kulturen. Den Satz ‚Lasst die Kirche Kirche sein' fassten sie als eine Warnung vor dem Kontakt mit den Religionen und Kulturen Asiens auf, und für die indischen Delegierten, die damals mit der von Gandhi angeführten Bewegung für nationale Unabhängigkeit sympathisierten, besagte er ausserdem,

[97] Zit. nach: R. Rouse / S. C. Neill, Geschichte der Ökumenischen Bewegung 1517-1948, Zweiter Teil, Göttingen 1958, 404.

die Kirche solle sich aus der Bewegung für ein unabhängiges Indien heraushalten. Diesem Signal wollten sie nicht zustimmen und widersprachen deshalb auf der Konferenz dem Diskontinuitätsmodell[98].

Doch die kritischen Stimmen aus Asien schlugen sich in den offiziellen Verlautbarungen der Konferenz nicht nieder, und ein kurz vor Konferenzbeginn veröffentlichter Sammelband mit dem Titel ‚Rethinking Christianity in India', der brisante Thesen zu Kraemers Diskussionsvorlage enthielt, wurde auf der Konferenz selbst keiner Beachtung gewürdigt[99]. Angesichts der weltweit verbreiteten, missionstheologischen Verunsicherungen bekräftigten die Schlussberichte erneut das Missionsziel, Menschen aus ihren Religionen herauszurufen, um sie ganz für die Kirche zu gewinnen. Wörtlich heisst es dazu in der Schlusserklärung der Sektion V ‚Das Zeugnis der Kirche in Beziehung zu den nichtchristlichen Religionen'[100]:

„Wir haben den Mut, alle Menschen aus den Religionen heraus zu Christus zu rufen. Denn wir glauben, dass in ihm allein das volle Heil ist, das der Mensch braucht. In der ganzen Menschheit gibt es nichts, das der erlösenden Liebe Gottes, wie sie in Leben, Tod und Auferstehung Christi offenbar wurde, vergleichbar ist."

Derselbe Bericht spricht sich dagegen aus, die anderen Religionen als Vorstufen des Christentums und ihre heiligen Schriften als ‚Wegweiser zum Evangelium' zu sehen. Immerhin sind die auf der Konferenz geäusserten, abweichenden Stimmen nicht ganz untergegangen. Im ersten Berichtsband von Tambaram erhielten sieben Delegierte die Gelegenheit, zu Kraemers Buch Stellung zu nehmen. Während diejenigen aus

---

[98] Zur Weltmissionskonferenz in Tambaram, vgl. Ariarajah, a.a.O. (Anm. 88), 52-88; Tambaram Revisited, Themenheft der IRM Nr. 307 (Juli 1988).

[99] A. N. Sudarisanam / D. M. Devasahayam (Hg.), Rethinking Christianity in India, Madras 1938 (2. Aufl. 1939). Im Anhang zur 1. Auflage war ein äusserst kritischer Kommentar zu Kraemers Buch von dem indischen Laientheologen Pandippedi Chenchiah abgedruckt.

[100] Tambaram Series. Following the Meeting of the International Missionary Council at Tambaram, Madras, Christmas 1938, 7 Bde., Oxford/London 1938. Die Schlusserklärung der Sektion V, ‚The Witness of the Church in Relation to the Non-Christian Religions, New Paganisms and the Cultural Heritage of the Nations', ist abgedruckt in Bd. 1: The Authority of Faith, 186-216 (200).

Europa seinen Kernaussagen im allgemeinen zustimmten, wurden sie von den Asiaten und Asienmissionaren in allen Teilen infrage gestellt. Ihre kritischen Bemerkungen sowie diejenigen, die Chenchiah im Sammelband ‚Rethinking Christianity in India' geäussert hat, decken sich mit den Vorwürfen, die auch in später entwickelten, religionstheologischen Entwürfen immer wieder gegenüber den Exklusivismen in der christlichen Theologie erhoben werden[101].

(1) A. G. Hogg widerspricht Kraemers Einteilung der Religionen in ‚prophetische' und ‚natürliche' Religionen. Der Religionsvergleich leide daran, dass der *Anspruch* des Christentums mit der *Wirklichkeit* der nichtchristlichen Religionen verglichen werde. (2) Chenchiah kritisiert die Vorordnung des christlichen Glaubens vor allen übrigen Glaubensweisen. Auf der einen Seite setze Kraemer das Christentum auf dieselbe Stufe mit allen übrigen Religionen (Unglauben). Auf der anderen Seite habe es angeblich allen anderen Religionen den Bezug auf die Offenbarung Gottes in Christus voraus. Unter dieser Voraussetzung sei der Dialog mit den anderen Religionen ausserordentlich schwer. (3) Offenbarung und Religion lassen sich, wie der Chinese T.-C. Chao bemerkt, nicht so strickt voneinander trennen, wie Kraemer meint. Die Offenbarung Gottes werde mit dem menschlichen Auffassungsvermögen vernommen, in Menschensprachen artikuliert und habe somit auch eine menschliche Seite. Das gelte im übrigen auch für die nichtchristlichen Religionen, denen man Gottes Selbstoffenbarung nicht kategorial absprechen dürfe. Mit welchem Recht, fragt Chao, schliesst Kraemer von vornherein aus, dass die Weisen der asiatischen Religionen auch vom Geist des biblischen Gottes, des Vaters Jesu Christi, inspiriert gewesen sind? (4) Das exklusiv auf Jesus Christus bezogene Offenbarungsverständnis lässt nach Chao und Chenchiah andere, biblisch bezeugte Aspekte ausser Acht: Gottes Nähe zur Menschheit und sein fortwährendes Wirken unter den Menschen durch den Heiligen Geist.

Während in Tambaram die Spannung zwischen dem Kraemer'schen Diskontinuitätsmodell und dem Versuch der Dele-

---

[101] Die Voten sind abgedruckt in Bd.1 der Tambaram Series, a.a.O. (Anm. 100); vgl. dazu B 2.

gierten aus Asien, für die Beziehung zu anderen Religionen ein Dialogmodell zu entwickeln, offen zutage lag, konnte sich in den folgenden Jahrzehnten Kraemers Standpunkt eindeutig durchsetzen – im IMR ebenso wie in vielen ‚Jungen Kirchen'. Auf den Weltmissionskonferenzen in Whitby/Kanada (1947), Willingen (1952) und Accra (1957/58) wurden, was das Verhältnis des Christentums zu den anderen Religionen betraf, entweder die Ergebnisse von Tambaram fortgeschrieben, oder es standen andere Themen auf der Tagesordnung. Die Ergebnisse von Tambaram haben sich in den Minderheitenkirchen Asiens verhängnisvoll ausgewirkt. Kraemers Warnung vor der Synkretismusgefahr hat vor allem mehrere Generationen indischer Pfarrer und Gemeinden geprägt. Ihre Angst vor einer unerlaubten Verbindung des Evangeliums mit den kulturellen und religiösen Wurzeln Indiens überlagerte für Jahrzehnte alles, was Kraemer über die notwendige kulturelle Verwurzelung des Christentums und den lebendigen Austausch mit den nichtchristlichen Religionen *auch* geäussert hat. Mit der Zeit zogen sich die protestantisch geprägten, indischen Gemeinden vom Kontakt mit Andersgläubigen möglichst weit zurück, und die Verbindung zu anderen Religionen Indiens kam praktisch zum Stillstand.

Angesichts des Kraemer'schen Erbes war es kein Zufall, dass sich 1961 beim Zusammenschluss von IMR und ÖRK in New Delhi(!) die ungelösten Probleme, nämlich der verhinderte Dialog mit den Religionen und die unterlassene Inkulturation des Christentums in der asiatischen Welt, in neuer Schärfe zurückmeldeten. Diesmal lag die Initiative bei indischen Theologen, die nun jene Bedingungen einzulösen bereit und in der Lage waren, welche Chenchiah schon 1938 als Voraussetzung für eine lebensfähige Kirche und Theologie in Indien genannt hatte[102]:

„Der indische Christ wird Jesus nie verstehen, wenn er nicht versteht, was Gott mit den Menschen in und durch die Religionen der Welt vorhat ... Für uns in Indien sind die Beziehungen der

---

102 So Chenchiah in seiner Rezension von Kraemers Buch ‚Die Christliche Botschaft in einer nichtchristlichen Welt', in: Sudarisanam / Devasahayam, a.a.O. (Anm. 99), zit. nach S. J. Samartha, Mission in a Religiously Plural World. Looking Beyond Tambaram, in: IRM Nr. 307, Juli 1988, 314.

Religionen untereinander eine Sache von Leben und Tod geworden. Wir werden keinen Frieden haben, weder im Diesseits noch im Jenseits, und unsere Nation wird keine Zukunft haben, wenn wir den Schlüssel zu diesem Geheimnis nicht finden.“

2. Römisch-katholische Kirche seit dem II. Vatikanum[103]

Mit dem II. Vatikanischen Konzil (1962-1965) beginnt eine allgemeine Öffnung der römisch-katholischen Kirche für die moderne Welt. Sie verändert das Verhältnis Roms zu den anderen Kirchen und christlichen Gemeinschaften, zur ‚Welt' und zu den nichtchristlichen Religionen. Erstmals in der Kirchengeschichte nimmt das Konzil zu den Weltreligionen ausdrücklich Stellung:

„In unserer Zeit, da sich das Menschengeschlecht von Tag zu Tag enger zusammenschliesst ..., erwägt die Kirche mit um so grösserer Aufmerksamkeit, in welchem Verhältnis sie zu den nichtchristlichen Religionen steht. Gemäss ihrer Aufgabe, Einheit und Liebe unter den Menschen und damit auch unter den Völkern zu

---

[103] Auf folgende Dokumente wird in diesem Abschnitt Bezug genommen: (1) II. Vatikanisches Konzil (nach der Übersetzung in: LThK Bde. 12-14: Dogmatische Konstitution über die Kirche ‚Lumen Gentium' (LG); Dekret über die Missionstätigkeit der Kirchen ‚Ad Gentes' (AG); Erklärung über das Verhältnis der Kirche zu den nichtchristlichen Religionen ‚Nostra Aetate' (NA); Pastorale Konstitution über die Kirche in der Welt von heute ‚Gaudium et Spes' (GS). (2) Andere Quellen: Papst Paul VI., Enzyklika über die Kirche, ihre Erneuerung und ihre Sendung in der Welt ‚Ecclesiam Suam', 6. August 1964, Luzern/München 1964; ders., Apostolisches Schreiben über die Evangelisierung in der Welt von heute ‚Evangelii Nuntiandi' (EN), 8. Dezember 1975; Sekretariat für die Nichtchristen, Die Haltung der Kirche gegenüber den Anhängern anderer Religionen. Gedanken und Weisungen über Dialog und Mission, Pfingsten 1984; Papst Johannes Paul II., Enzyklika über die fortdauernde Gültigkeit des missionarischen Auftrags ‚Redemptoris Missio' (RM), 7, Dezember 1990; Päpstlicher Rat für den Interreligiösen Dialog / Kongregation für die Evangelisierung der Völker, Dialog und Verkündigung. Überlegungen und Orientierungen zum Interreligiösen Dialog und zur Verkündigung des Evangeliums Jesu Christi, 19. Mai 1991 (DiaVer); Internationale Theologenkommission, Das Christentum und die Religionen, 30. September 1996. – Herausgeber von EN, RM, DiaVer sowie ‚Das Christentum und die Religionen': Sekretariat der Deutschen Bischofskonferenz, Bonn.

fördern, fasst sie vor allem das ins Auge, was den Menschen gemeinsam ist und sie zur Gemeinschaft untereinander führt" (NA, Nr. 1).

1964 stellt sich der neu gewählte Papst Paul VI. mit der Enzyklika ,Ecclesiam Suam', der ,Magna Charta des Dialogs' (Johannes Paul II.), der Öffentlichkeit vor. Im selben Jahr richtet er ein ,Sekretariat für die Nichtchristen' ein, später umbenannt in ,Päpstlicher Rat für den Interreligiösen Dialog'. Die verstärkte Aussenorientierung äussert sich neben dem Willen des Konzils zum Dialog zugleich auch in seiner neuen Selbstverpflichtung zur Verkündigung des Evangeliums unter den Völkern, verbunden mit der werbenden Einladung zur Taufe und zur Annahme der Kirchenmitgliedschaft: *„Zum neuen Gottesvolk werden alle Menschen gerufen. Darum muss dieses Volk eines und ein einziges bleiben und sich über die ganze Welt und durch alle Zeiten hin ausbreiten" (LG, Nr. 13). „In der Verkündigung der Frohbotschaft sucht die Kirche die Hörer zum Glauben und zum Bekenntnis des Glaubens zu bringen, bereitet sie für die Taufe vor, befreit sie aus der Knechtschaft des Irrtums und gliedert sie Christus ein" (LG, Nr. 17).* Auf die Fragen der ,Welt' soll die Kirche sowohl mit einem deutlicheren missionarischen Zeugnis als auch mit einem beginnenden Gespräch über die Gemeinsamkeiten unter glaubensverschiedenen Menschen antworten.

Mission *und* Dialog: Indem das Konzil beides betont, setzt es mehrdeutige Signale[104]. Wie sind die Gewichte auf beide Anliegen verteilt? Führt die Einladung zum Dialog nicht zum Missionsverzicht? Wieweit darf man sich mit dem Dialog vorwagen? Kann angesichts der Bindung an die Mission von Dialog überhaupt ernsthaft die Rede sein? Die logische Spannung zwischen den verschieden gearteten Anliegen lässt offen, wie weit der vom Konzil gewährte Interpretationsspielraum ist. In den Jahren nach dem Konzil folgen weitere Verlautbarungen zu Mission und Dialog, in denen der Vatikan auf Verunsicherungen innerhalb der Kirche reagiert. Darin wird die im Konzil vorgegebene Verknüpfung von Mission und Dialog immer

---

[104] Für die theologischen Grundlagen des interreligiösen Dialogs im II. Vatikanum, vgl. J. Zehner, Der notwendige Dialog. Die Weltreligionen in katholischer und evangelischer Sicht, Gütersloh 1992.

wieder aufs neue angemahnt als eine Grenze, über die hinaus die Linie des Dialogs nicht selbständig weiter ausgezogen werden darf[105]. Nur die für das Vatikanum und die nachfolgende Zeit geltenden Grundaussagen können im Folgenden zu Wort kommen[106].

Mission und Dialog in ein Ergänzungsverhältnis zueinander zu bringen, ist das Bemühen aller einschlägigen Dokumente. *„Im Lichte der Heilsökonomie sieht die Kirche keinen Gegensatz zwischen der Verkündigung Christi und dem interreligiösen Dialog, sondern weiss um die Notwendigkeit, beide im Bereich der Mission ad gentes aneinander zu fügen. Es ist jedoch angebracht, dass diese beiden Elemente sowohl ihre enge Bindung als auch ihre Unterscheidung wahren, damit sie weder verwechselt noch missbraucht werden und auch nicht als austauschbar gelten" (RM, Nr. 55).* Die seit dem II. Vatikanum vermehrt geäusserte Frage, ob im Zeitalter des interreligiösen Dialogs Mission unter den Nichtchristen überhaupt noch aktuell sei (RM, Nr. 4), wird mit einem klaren ‚Ja' beantwortet: *„Die Zahl jener, die Christus nicht kennen und nicht zur Kirche gehören, ist ständig im Wachsen; ... die Dringlichkeit der Mission für sie liegt klar auf der Hand" (RM, Nr. 3).* Der Dialog bleibt auf die Mission bezogen und wirkt sich prägend auf sie aus; denn: *„Bevor man die Welt bekehrt, oder vielmehr um sie zu bekehren, muss man sich ihr nahen und mit ihr sprechen" (Ecclesiam Suam, Nr. 62).* In diesen Zitaten ist zwar von einem Ergänzungsverhältnis zwischen Mission und Dialog die Rede, aber es handelt sich um die Ergänzung von Ungleichen; denn der Sendungsauftrag der Kirche erscheint darin als der übergeordnete Rahmen, in den der Dialog lediglich eingezeichnet wird.

Mit dem Hinweis auf Mt 28,18-20 bekräftigt auch die Dogmatische Konstitution über die Kirche den Sendungsauf-

---

[105] Vgl. EN; RM; DiaVer; Die Haltung der Kirche gegenüber den Anhängern anderer Religionen; Das Christentum und die Religionen, a.a.O. (Anm. 103).

[106] Für Analysen der Akzentverschiebungen innerhalb der offiziellen Stellungnahmen zu Mission und Dialog, vgl. H. Rzepkowski, Die Sicht der nichtchristlichen Religionen nach ‚Evangelii Nuntiandi', in: H. Waldenfels (Hg.), „... denn Ich bin bei Euch" (Mt 28,20), Zürich/Einsiedeln/Köln, 1978, 339-350; G. Evers, Interreligiöser Dialog und Mission nach der Enzyklika ‚Redemptoris Missio', in: ZMR 3/1991, 191-209.

trag und schreibt: *„Diesen feierlichen Auftrag Christi zur Verkündigung der Heilswahrheit hat die Kirche von den Aposteln erhalten und muss ihn erfüllen bis zu den Grenzen der Erde... Unablässig fährt sie darum fort, Verkünder auszusenden, bis die neuen Kirchen voll errichtet sind und auch selbst das Werk der Verkündigung fortsetzen können" (LG, Nr. 17).* Gemeinsam mit den ausgesandten Missionaren und der Hierarchie der Kirche sind auch die Laien zur Sendung berufen. Auf ihr Apostolat legt ‚Lumen Gentium' sogar besonderen Wert (LG, Nr. 33; 34). Von der Mission bzw. ‚Evangelisierung', wie es meistens heisst, sollen neben den einzelnen Menschen auch die Kulturen der Völker erfasst werden:

„Für die Kirche geht es nicht nur darum, immer weitere Landstriche oder immer grössere Volksgruppen durch die Predigt des Evangeliums zu erfassen, sondern zu erreichen, dass durch die Kraft des Evangeliums die Urteilskriterien, die bestimmenden Werte, die Interessenpunkte, die Denkgewohnheiten, die Quellen der Inspiration und die Lebensmodelle der Menschheit, die zum Wort Gottes und zum Heilsplan im Gegensatz stehen, umgewandelt werden" (EN, Nr. 19).

Auch die Kulturen gilt es zu evangelisieren, denn auch sie müssen wiedergeboren werden (EN, Nr. 20). Kulturkritik im Namen der Evangelisierung ist freilich nur die eine Seite des Sendungsauftrags. Die andere ist eine ausdrückliche Wertschätzung der Kulturen, sofern sie dem Evangelium nicht widersprechen. Im Vollzug der Sendung soll der Same des Guten, der sich in Herz und Geist der Menschen oder in den Riten und Kulturen der Völker vorfindet, nicht etwa zerstört, sondern geheilt, gehoben und vollendet werden (LG, Nr. 17). Die Pastoralkonstitution ‚Gaudium et Spes' fordert dazu auf, zum Zwecke der Evangeliumsverkündigung die Sprachen der verschiedenen Völker zu gebrauchen und sich ihnen anzupassen.

„Diese in diesem Sinne angepasste Verkündigung des geoffenbarten Wortes muss ein Gesetz aller Evangelisation bleiben. Denn so wird in jedem Volk die Fähigkeit, die Botschaft Christi auf eigene Weise auszusagen, entwickelt und zugleich der lebhafte Austausch zwischen der Kirche und den verschiedenen nationalen Kulturen gefördert... Es ist jedoch Aufgabe des ganzen Gottesvolkes, vor allem auch der Seelsorger und Theologen, unter dem Beistand des Heiligen Geistes auf die verschiedenen Sprachen

unserer Zeit zu hören, sie zu unterscheiden, zu deuten und im Licht des Gotteswortes zu beurteilen, damit die geoffenbarte Wahrheit immer tiefer erfasst, besser verstanden und passender verkündet werden kann" (GS, Nr. 44).

Die wiederholte Aufforderung des Konzils, das Evangelium in die Sprachen, Denkweisen und Traditionen der Völker zu übersetzen, hat Theologen und Theologinnen in der ausserwestlichen Welt dazu ermutigt, den Grundstein für eine ‚asiatische', ‚lateinamerikanische' und ‚afrikanische' bzw. ‚schwarze' Theologie zu legen[107]. Innerhalb der römisch-katholischen Kirche treten seither die Teilkirchen des Südens zunehmend mit eigenen Profilen hervor, die in Europa bei den einen auf Widerspruch, bei anderen auf freudige Überraschung stossen. Dass sich die ‚kontextuellen Theologien' gelegentlich auch in den Verlautbarungen des Vatikans niederschlagen, zeigt beispielsweise die von der lateinamerikanischen Befreiungstheologie eingebrachte ‚Option für die Armen'. Zehn Jahre nach Abschluss des Konzils ist in ‚Evangelii Nuntiandi' zu lesen: *„Die Kirche hat, wie die Bischöfe* (sc. Lateinamerikas bzw. der Dritten Welt) *erneut bekräftigt haben, die Befreiung von Millionen Menschen zu verkünden... Dies steht durchaus im Einklang mit der Evangelisierung" (EN, Nr. 30).*

Viel heikler als der Hinweis darauf, dass Evangelisierung der Kulturen und Inkulturation des Evangeliums Hand in Hand gehen, ist die Frage, wie angesichts der römisch-katholischen Lehrtradition die Notwendigkeit der Mission zusammen mit derjenigen des interreligiösen Dialogs vertreten werden kann. Da das Konzil seine Aufgabe nicht darin sieht, sich von Lehrsätzen, welche die Kirche seit der Antike weitertradiert hat, zu verabschieden, bleibt ihm nur der Weg, fragwürdig gewordenes Traditionsgut auf neue Weise zu deuten. Dringlich wird dies vor allem im Blick auf den Satz ‚Extra ecclesiam nulla salus', den das Konzil und die nachkonziliaren Verlautbarungen wiederholt aufgreifen, nun aber hauptsächlich auf die Mitglieder der römisch-katholischen Kirche beziehen und damit seine Geltung auf diejenigen einschränken, die von der Heilsnotwendigkeit der Kirche bereits Kenntnis haben. *„Der eine Christus ist Mittler und Weg zum Heil, der in seinem Leib,*

---

[107] Zur kontextuellen Theologie in Südkorea, vgl. B 1.

der Kirche, uns gegenwärtig wird... (Er hat) die Notwendigkeit der Kirche, in die die Menschen durch die Taufe wie durch eine Türe eintreten, bekräftigt. Darum können jene Menschen nicht gerettet werden, die um die katholische Kirche und ihre von Gott durch Christus gestiftete Heilsnotwendigkeit wissen, in sie aber nicht eintreten oder in ihr nicht ausharren wollten" (LG, Nr. 14). Das Konzil betont den paränetischen Charakter der Aussage und ermahnt die Mitglieder zur Treue: *„Nicht gerettet wird aber, wer, obwohl der Kirche eingegliedert, in der Liebe nicht verharrt und im Schosse der Kirche zwar ‚dem Leibe', aber nicht ‚dem Herzen' nach verbleibt" (LG, Nr. 14).* Damit kommt erneut zum Zug, was auf die alt- und neutestamentliche Heidenpolemik zutrifft (Einleitung 2.1 u. 2.3): Letztere richtet sich an Menschen, die den Christusglauben bereits angenommen haben, ist also nicht als Schelte gegenüber ‚denen, die draussen sind', formuliert[108].

Die einschlägigen Texte gehen davon aus, dass zwischen der (katholischen) Kirche und den Nichtchristen ein Kontinuum besteht, das seinen Grund in der Berufung aller Menschen zum Heil (1Tim 2,4) sowie im Wirken des Heiligen Geistes auch ausserhalb der sichtbaren Kirche hat. Die Annahme eines Kontinuums bietet dem Vatikan die Möglichkeit, den im Verlauf von Jahrhunderten gewachsenen Graben zwischen Christentum und den anderen Religionen zu überbrücken. Indessen ist das Kontinuum nicht als Gleichrangigkeit der Religionen gemeint; vielmehr wird eine Rangfolge der Religionen festgestellt, an deren Spitze das Christentum – und innerhalb desselben die römisch-katholische Kirche – steht. Nichtchristen, von denen gesagt wird, dass sie das ewige Heil erlangen können, werden in mehrere, auf die Kirche hingeordnete, Kreise eingeteilt: der Kirche am nächsten sind die Juden, gefolgt von Menschen, die – wie die Muslime – an den einen

---

[108] Die Internationale Theologenkommission stellt ausserdem fest, dass der Satz von der Heilsnotwendigkeit der Kirche seit dem Vatikanum in das allgemeinere ‚Extra Christum nulla salus' aufgenommen worden sei und damit nicht mehr im Widerspruch zur Berufung aller Menschen zum Heil stehe; vgl. Das Christentum und die Religionen, a.a.O. (Anm. 103), Nr. 70. Ferner kommentiert sie: „Die wichtigste Frage ist heute nicht mehr, ob die Menschen die Rettung erlangen können, auch wenn sie nicht zur sichtbaren katholischen Kirche gehören; diese Möglichkeit kann als theologisch sicher gelten" (Nr. 63).

Gott und Schöpfer glauben; daran schliessen sich diejenigen an, die, ohne vom Evangelium Christi und seiner Kirche gehört zu haben, ‚in Schatten und Bildern den unbekannten Gott suchen' und sich aufrichtig bemühen, ein rechtes Leben zu führen (LG, Nr. 16)[109]. Was sich bei Letzteren an Gutem und Wahrem findet, *„wird von der Kirche als Vorbereitung für die Frohbotschaft und als Gabe dessen geschätzt, der jeden Menschen erleuchtet" (LG, Nr. 16).* Auf einen Nenner gebracht, halten die Konzilstexte am Satz, dass nur in der römisch-katholischen Kirche die Fülle des Heils gegeben ist, fest; aber auf den Umkehrschluss – dass diejenigen, die ‚draussen' sind, damit von vorn herein vom Heil ausgeschlossen seien – wird verzichtet. Damit stehen zwei positive Aussagen, die einander logisch widersprechen, nebeneinander und lassen die Frage aufkommen, was die ‚Fülle des Heils' über das ewige Heil hinaus noch an Zusätzlichem in sich birgt.

Gottes Wirken ausserhalb der sichtbaren Kirche wird in ‚Gaudium et Spes' als Geheimnis bezeichnet. Die logische Spannung zwischen dem Heilsweg, den Christus in seiner Kirche aufgezeigt hat, und dem Wirken seines Geistes ausserhalb der sichtbaren Kirche, wird aufrechterhalten. Auf Wegen, die Gott allein kennt, wirkt seine Gnade in allen Menschen guten Willens; sie können durch den Heiligen Geist mit dem ‚österlichen Geheimnis' verbunden sein und ebenfalls der Auferstehung entgegengehen (GS, Nr. 22). Zugleich werden sie auch ‚mit dem Geheimnis seines Leibes', der Kirche, verbunden. Obwohl dieser Verbindung der sichtbare Ausdruck der Kirchenmitgliedschaft fehlt, gelten die gerechtfertigten Nichtchristen als in die Kirche eingegliedert[110]:

„Selbstverständlich treten die Nichtchristen, die ohne Schuld nicht zur Kirche gehören, in die Gemeinschaft der zum Reich Gottes Berufenen ein, und zwar durch den Vollzug der Gottes- und Nächstenliebe; diese Gemeinschaft wird bei der Vollendung des Reiches Gottes und Christi als Ecclesia universalis offenbar werden."

Mit anderen Religionen in einen Austausch über Fragen des Glaubens zu treten, ist also aufgrund des überall wirkenden

[109] LG, Nr. 16 verweist an dieser Stelle auf Thomas von Aquin, Summa Theol. III, q.8, a.3, ad 1.

[110] Das Christentum und die Religionen, a.a.O. (Anm. 103), Nr. 73.

göttlichen Geistes erlaubt und sogar geboten. Abgelehnt wird dagegen die Auffassung, dass andere Heilsbringer gleichrangig neben Christus stehen; dass es nicht nur den einen Erlöser, sondern viele Erlöser gebe; dass die anderen Religionen gleichwertige Gefässe für die Wahrheitserkenntis sein können[111]. Was unter Andersgläubigen an Wahrheitserkenntis begegnet, wird von ‚Redemptoris Missio' auf das universale Wirken des Auferstandenen und des Heiligen Geistes zurückgeführt (RM, Nr. 28). Doch: *„Die Tatsache, dass die Anhänger anderer Religionen auch ausserhalb der normalen Wege, die Christus festgelegt hat, die Gnade Gottes empfangen und durch Christus erlöst werden können, nimmt den Aufruf zum Glauben und zur Taufe nicht zurück, die Gott für alle Völker will" (RM, Nr. 55).* Gleichwohl versucht die Internationale Theologenkommission im Anschluss an diese Stelle, den anderen Religionen eine gewisse Heilsfunktion zuzusprechen, wobei dieser Schritt freilich sogleich wieder an die bleibende Vorrangstellung der Kirche zurückgebunden wird[112]: *„Nach dieser ausdrücklichen Anerkennung der Gegenwart des Geistes Christi in den Religionen kann die Möglichkeit nicht ausgeschlossen werden, dass sie als solche eine gewisse Hilfsfunktion haben, das heisst, dass sie den Menschen helfen, ihr letztes Ziel zu erreichen (Nr. 84)... Doch darf die universale Gegenwart des Heiligen Geistes nicht mit seiner besonderen Gegenwart in der Kirche Christi gleichgestellt werden... Nur die Kirche ist der Leib Christi, und nur in ihr ist die Gegenwart des Geistes in ihrer ganzen Intensität gegeben" (Nr. 85).*

Mit einem Satz aus ‚Redemptoris Missio' gesagt, bestimmt der Heilige Stuhl derzeit den Rahmen des interreligiösen Dialogs wie folgt: *„Der Dialog muss geführt und realisiert werden in der Überzeugung, dass die Kirche der <u>eigentliche Weg des Heiles</u> ist und dass sie allein <u>im Besitz der Fülle der Heilsmittel</u> ist" (RM, Nr. 55).* Eine Instrumentalisierung des Dialogs zugunsten der Mission ist, aufs Ganze gesehen, in den offiziellen Verlautbarungen des römischen Stuhls nicht von der Hand zu weisen. Ob der Dialog unter diesem Vorbehalt überhaupt seinen

---

[111] Explizit grenzt sich in diesem Zusammenhang die Internationale Theologenkommission von der pluralistischen Theologie der Religionen (vgl. B 2) ab; dazu Das Christentum und die Religionen, a.a.O. (Anm. 103) Nr. 93-104.

[112] Das Christentum und die Religionen, a.a.O. (Anm. 103).

Namen verdient und ob sich Gesprächspartner und -partnerinnen aus anderen Religionen damit einverstanden erklären können, ist allerdings fraglich.

3. Ökumenischer Rat der Kirchen

Die Auseinandersetzungen um Mission und Dialog im Ökumenischen Rat der Kirchen (ÖRK) werfen ein Licht auf drei Konfliktfelder, welche die Geschichte des ÖRK in den vergangenen vier Jahrzehnten geprägt haben: den Nord-Süd-Konflikt, den Konflikt zwischen Evangelikalen und Ökumenikern sowie denjenigen zwischen den Kirchen der Orthodoxie und dem ÖRK. Um auf alle drei eingehen zu können, muss auf die Darstellung einzelner Konfliktverläufe zugunsten des exemplarischen Vorgehens verzichtet werden[113]. Mit Fragen zur Mission hat sich innerhalb des ÖRK hauptsächlich die Kommission für Weltmission und Evangelisation (CWME) befasst (3.1), während mit dem sog. Dialogprogramm für den interreligiösen Dialog ein eigenes Gefäss geschaffen worden ist (3.2), dessen Arbeit anhand von vier thematischen Schwerpunkten vorgestellt wird (3.3).

3.1 Missiologische Impulse des ÖRK

Die strukturell weitreichendste Weichenstellung, die der ÖRK bisher getroffen hat, erfolgte 1961 durch den Zusammenschluss mit dem Internationalen Missionsrat (IMR). Als weltweite Organisation von westlichen Missionsgesellschaften *und* selbständigen Partnerkirchen im Süden brachte der IMR Erfahrungen mit einer langjährigen, institutionalisierten Beziehung zur Christenheit in Asien, Afrika und Lateinamerika mit, die nun innerhalb des ÖRK weiterzuwirken begann

[113] Für die missiologischen Debatten im Horizont des Nord-Süd-Konflikts vgl. K.-H. Dejung, Die Ökumenische Bewegung im Entwicklungskonflikt 1910-1968, München 1973; D. Werner, Mission für das Leben – Mission im Kontext. Ökumenische Perspektiven missionarischer Präsenz in der Diskussion des ÖRK von 1961-1991, Rotenburg o.T. 1993. Zum Konflikt zwischen Evangelikalen und Ökumenikern vgl. Helfenstein, a.a.O. (Anm. 85).

und diesen langfristig quantitativ und qualitativ veränderte. Umgekehrt wandelten sich unter dem Einfluss des ÖRK, vor allem seiner Abteilung ‚Kirche und Gesellschaft', auch Verständnis und Werk der Mission[114]. Dank des Zusammenschlusses von ÖRK und IMR und durch den Beitritt der gesamten osteuropäischen Orthodoxie, der ebenfalls 1961 erfolgte, gelang es dem ÖRK, zu einem wahrhaft weltweiten Rat der Kirchen zu werden[115].

1. Evangelikales versus ökumenisches Zeugnis Durch die gewachsene kulturelle und konfessionelle Komplexität gewann der ÖRK an Dynamik, wurde aber auch anfälliger für Krisen. Unterschiedliche Auffassungen von Mission und Religionsdialog überschatteten ihn in den frühen siebziger Jahren. Der Dialog mit anderen Religionen widerspreche der missionarischen Verpflichtung und untergrabe den Willen der Christenheit zur Mission, wurde auf der einen Seite bemerkt; interreligiöser Dialog und gesellschaftliche Entwicklung hätten das Zeitalter der (Bekehrungs-)Mission für immer abgelöst, lautete die Gegenposition. Zwischen den Vollversammlungen in Uppsala (1968) und Nairobi (1975) wurde um beide Spitzenaussagen heiss gestritten. Auf dem Höhepunkt der Auseinandersetzungen bildeten sich zwei Lager: die ‚Evangelikalen', wie sich die Kritiker des interreligiösen Dialogs und des ‚Säkularökumenismus'[116] selbst bezeichneten, distanzierten sich von den ‚Ökumenikern' und drohten mit dem Rückzug aus dem ÖRK. Letzteren diente das evangelikale Lager als dunkle Folie, vor dem sie ihr missiologisch-dialogisches Gegenmodell entwarfen.

Der Internationale Kongress für Weltevangelisation in Lausanne 1974 war zugleich Höhe- und Wendepunkt der Ausein-

---

[114] Dazu D. Werner, Integration von Kirche und Mission. Ökumenische Erinnerung, missionarische Verpflichtung und unerledigte Aufgaben, in: ÖR 3/1998, 306-314.

[115] Auf der III. Vollversammlung des ÖRK in New Delhi wurden 23 neue Mitgliedskirchen aufgenommen, darunter 18 aus der Dritten Welt, eine aus Westeuropa und 4 orthodoxe Kirchen aus Ost- und Südosteuropa (Russland, Rumänien, Bulgarien, Polen).

[116] Unter Säkularökumenismus verstanden dessen Befürworter die ökumenischen Konsequenzen einer Theologie und eines Glaubens, deren Ausgangspunkt das umfassende Engagement der Kirche in der säkularen Welt darstellt.

andersetzung um Verkündigung, Entwicklung und Dialog. Die von den einen erhoffte, von anderen befürchtete institutionelle Aufspaltung der ökumenischen Bewegung blieb aus. Mission und Dialog – bzw. Zeugnis, Entwicklung und Dialog mit Andersgläubigen – werden im ÖRK fortan als zusammengehörende, aber dennoch zu unterscheidende Merkmale der christlichen Glaubensweitergabe betrachtet. Zugleich wird an der Eigenständigkeit von Mission und Dialog festgehalten, wie beispielsweise die Vollversammlung des ÖRK in Vancouver 1983 deutlich macht[117]:

„(43) Mit Zeugnis (sc. Mission) *können die Akte und Worte beschrieben werden, durch die ein Christ oder eine Gemeinschaft für Jesus Christus Zeugnis ablegen und andere einladen, ihm Antwort zu geben. Beim Zeugnis erwarten wir, die Gute Nachricht von Jesus weiterzugeben und in bezug auf unser Verständnis und unseren Gehorsam dieser Botschaft gegenüber herausgefordert zu werden. (44) Dialog kann als die Begegnung beschrieben werden, in der sich Menschen mit unterschiedlichen Überzeugungen ... in einer Atmosphäre gegenseitigen Respekts ausloten können. Vom Dialog erwarten wir, mehr darüber zu erkennen, wie Gott in unserer Welt wirkt, und die Einsichten und Erfahrungen, die Menschen anderen Glaubens von letztgültiger Wirklichkeit haben, um ihrer selbst willen zu würdigen. (45) Dialog ist weder ein Mittel zum christlichen Zeugnis noch dessen Verleugnung. Es ist vielmehr ein auf Gegenseitigkeit beruhendes Unternehmen, Zeugnis voreinander und vor der Welt abzulegen im Blick auf verschiedene Vorstellungen von letztgültiger Wirklichkeit."*

Aus diesen Worten spricht das Bemühen um die Eigenständigkeit des Dialogs gegenüber dem auf Religionsübertritt hinwirkenden Zeugnis. Die Alterität des religiös Fremden soll geachtet werden, der Dialog selbst soll mehr sein als eine Funktion der Mission. Unkommentiert bleiben dabei weitergehende Implikationen des Religionsgesprächs, besonders das auf Religionswechsel zielende Zeugnis der Andersgläubigen. Andere ‚Vorstellungen von letztgültiger Wirklichkeit' verdienen – so wurde bemerkt – Respekt, mehr nicht.

---

[117] Bericht aus Vancouver. Offizieller Bericht der Sechsten Vollversammlung des Ökumenischen Rates der Kirchen in Vancouver, Kanada, hg. v. W. Müller-Römheld, Frankfurt a.M. 1983, 67. Zit. aus dem Bericht der Fachgruppe 1 ‚Zeugnis in einer gespaltenen Welt'.

2. Mission im eigenen Kontext Den stärksten missionstheologischen Impulsen, die nach 1961 vom ÖRK ausgingen, lag die Einsicht zugrunde, dass in heutiger Zeit die Lokalkirchen ihre missionarischen Aufgaben auch, wenn nicht sogar primär, im eigenen Kontext wahrzunehmen haben. Dies wurde an erster Stelle im Blick auf die christianisierten Kernländer Europas und Nordamerikas postuliert, wobei aber der Ruf, missionarische Kirche im eigenen Kontext zu sein, auch an die Kirchen des Südens erging. Der Gedanke, jedes Land der Erde sei Missionsland, fand auf der VII. Weltmissionskonferenz von Mexiko City 1963 Ausdruck im Leitbild von der ‚Mission in sechs Kontinenten'[118].

Angesichts der Modernisierungs- und Wachstumsschübe in den westlichen Gesellschaften äusserte sich der ÖRK in den 1950er und 1960er Jahren besorgt über den weiter fortgeschrittenen Prozess der Entkirchlichung und den Rückgang eines christlich geprägten Bewusstseins in Teilen der Bevölkerung. Der Niederländer J.Ch. Hoekendijk, Sekretär des Verbindungsausschusses zwischen ÖRK und IMR, betrachtete als einer der ersten Missiologen Europa als Missionsfeld, wobei ihn die Frage beschäftigte, wie das Evangelium in die moderne, industrialisierte Gesellschaft re-inkulturiert werden kann. Unter dem Eindruck eines völlig kirchenfernen Arbeitermilieus, das er in den Pariser Vororten kennengelernt hatte, sprach er von einer nach-christlichen Gesellschaftskultur und stellte fest, das europäische Christentum sei unfähig, sich der veränderten Gesellschaft gegenüber zu öffnen[119]. Bereits in den 1950er Jahren hat der IMR für die ‚Welt'orientierung der Mission das Leitbild der *Missio Dei* geprägt[120]. An der Sendung Gottes teilnehmen meint, sich von Gottes Weltzuwendung lenken zu lassen und ‚weltgemäss' zu werden, ohne zu verweltlichen. Dazu äusserte sich in Neu Delhi 1961 ausführlich

---

[118] Nord- und Lateinamerika werden in der Ökumene fortan als zwei Kontinente angesehen.

[119] Hoekendijk wirft den Kirchen im Buch Die Zukunft der Kirche und die Kirche der Zukunft, Stuttgart1965, vor, sich gegenüber der ‚Welt' abzuschotten, statt auf dem Weg, den Gott durch seine Sendung in die Welt, das ‚saeculum', vorgezeichnet habe, zu folgen und auf die entkirchlichte und nach-christliche Welt zuzugehen.

[120] Erstmals durch K. Hartenstein in der Nacharbeit zur Weltmissionskonferenz in Willingen 1952 formuliert.

die Sektion 1 ‚Zeugnis'. Im Blick auf die städtischen und industrialisierten Gebiete des Westens, „wo die Kirchen den Kontakt mit der Masse der Leute verloren haben, wo sich die Menschen in unseren Kirchen nicht zuhause fühlen und die dort gesprochene Sprache nicht verstehen", heisst es: *„An solchen Orten sollte die Kirche versuchen, in die vom Evangelium nicht erreichte Bevölkerung einzudringen, indem sie ‚Zellen' oder Gruppen, jedenfalls christliche Gemeinschaften einrichtet: eine Handvoll Stenotypistinnen und Verkäuferinnen in einem Warenhaus; ein Dutzend Arbeiter in den verschiedenen Werkabteilungen eines Betriebes; acht Wissenschaftler mit ihren Frauen in einer grossen chemischen Fabrik ... Sie sollten versuchen, in ihrem eigenen jeweils besonderen Lebensbereich Kirche zu sein, Volk Gottes.*"[121]

Mit der Re-inkulturation des Evangeliums in die moderne Industriegesellschaft beschäftigte sich der ÖRK auch in seiner Studie über die missionarische Struktur der Gemeinde (allg. zit. als Strukturstudie)[122]. Sie war ein Versuch, die Säkularisation in Europa und Nordamerika einzuholen und sich möglichst auch noch an ihre Spitze zu stellen, um sie in die richtigen Bahnen zu lenken. Dazu verwendet die Strukturstudie einen normativen Begriff von Säkularisation, indem sie die dem Evangelium entsprechende Form der Weltgemässheit (Säkularisierung) von einer gottwidrigen Gestalt von Verweltlichung (Säkularismus) unterscheidet. Damit hat die Strukturstudie zwar die Ambivalenz der Kultur der Moderne im Blick, aber die Gefahr einer bruchlosen Identifikation des Evangeliums mit der sich modernisierenden Gesellschaft ist gleichwohl unübersehbar. Aus der Befürchtung heraus, die Kirchen könnten einen restaurativen Rückzug antreten und die Kluft zwischen Kirche und Welt vertiefen, verzichtet die Strukturstudie darauf, die Folgeprobleme des Industrialisierungspozesses auf wirtschaftlichem, technologischem und ökologischem Gebiet

[121] Neu Delhi 1961. Dokumentarberichte über die dritte Vollversammlung des Ökumenischen Rates der Kirchen, hg. v. W. A. Visser't Hooft, Stuttgart 1962, 98.

[122] Die Kirche für andere und Die Kirche für die Welt im Ringen um Strukturen missionarischer Gemeinden. Schlussberichte der Westeuropäischen Arbeitsgruppe und der Nordamerikanischen Arbeitsgruppe des Referats für Verkündigung, hg.v. ÖRK, Genf 1967 (Strukturstudie).

zu analysieren; stattdessen greift sie zu geschichtstheologisch überhöhten Deutungen der Gegenwart. Kurz: In der Strukturstudie verschmelzen „das Credo des Glaubens und das Credo des westlichen Fortschritts eigentümlich miteinander“[123].

Der Appell des ÖRK an die Kirchen, ihre Mission in ihrer eigenen Umgebung zu finden, richtet sich auch an die Kirchen des Südens, die sich als langjährige Missionsempfängerinnen an die Unselbständigkeit gewöhnt hatten. Die Weltmissionskonferenz in Bangkok 1973 griff diesen Punkt als Voraussetzung für mündige Partnerschaft zwischen den ehemaligen Sender- und Empfängerkirchen auf und formulierte[124]:

„(5)Wir müssen ... eine Beziehung zwischen mündigen Kirchen anstreben. Grundlage hierfür ist die gegenseitige Verpflichtung, an Christi Mission in der Welt mitzuarbeiten. Dies wiederum setzt voraus, dass jede Kirche, die eine solche Verbindung sucht, sich ihrer eigenen Identität klar bewusst ist... (8) Eine Kirche, die anderen das Evangelium der Befreiung bringt, muss zunächst selbst von allem befreit werden, was ihre wahre Selbstverwirklichung beeinträchtigt oder sie ihrer wirklichen Verantwortung enthebt. ‚Das Heil der Welt heute' bedeutet in diesem Zusammenhang, dass die Kirchen die Freiheit erlangen, innerhalb ihres eigenen Wirkungsbereichs ihr wahres Selbst zu entfalten.“

3. Der Ruf nach einem Moratorium, d.h. einem unterbrochenen personellen und materiellen Einsatz von westlichen Kirchen und Missionen für Kirchen in Übersee, löste in Europa ein Fernbeben aus. „Wir wollen eure Macht nicht, denn sie ist korrupt. Wir wollen eure Leute nicht, denn sie verhindern, dass wir unsere eigene Führerschaft entwickeln. Wir wollen euer Geld nicht, denn es verdirbt uns“, kommen-

---

[123] Werner, Mission für das Leben, 1993, a.a.O. (Anm. 113), 99. Kritisch zur Strukturstudie aus feministisch-theologischer Sicht, vgl. S. Vogel-Mfato, Im Flüstern eines zarten Wehens zeigt sich Gott. Missionarische Kirche zwischen Absolutheitsanspruch und Gemeinschaftsfähigkeit, Rothenburg o.T. 1995.

[124] Das folgende Zitat steht im Bericht der Sektion III ‚Erneuerung der Kirchen in der Mission', abgedruckt in: Das Heil der Welt heute. Ende oder Beginn der Weltmission? Dokumente der Weltmissionskonferenz Bangkok 1973, hg. v. Ph. A. Potter, (Genf) Stuttgart/Berlin 1973, 215.

tierte Burgess Carr, Generalsekretär der Allafrikanischen Kirchenkonferenz, den Ruf nach einem Moratorium[125].

In anderer Weise berührte auch das Rahmenthema der VIII. Weltmissionskonferenz in Bangkok, ‚Das Heil der Welt heute', den Entfremdungsprozess zwischen Kirchen und ‚Welt'. Mit kritischem Blick auf Missionspraxis und -theologie wurde die Engführung des neutestamentlichen Zusammenhangs von *soteria* auf das Seelenheil im Jenseits aufgebrochen und zur sozialen Seite hin erweitert[126]: *„In dem umfassenden Heilsbegriff erkennen wir vier soziale Dimensionen des Erlösungswerkes: (1) Das Heil wirkt im Kampf um wirtschaftliche Gerechtigkeit gegen die Ausbeutung des Menschen durch den Menschen. (2) Das Heil wirkt im Kampf um die Menschenwürde gegen politische Unterdrückung durch Mitmenschen. (3) Das Heil wirkt im Kampf um Solidarität gegen die Entfremdung der Menschen. (4) Das Heil wirkt im Kampf um die Hoffnung gegen die Verzweiflung im Leben des einzelnen."*

Neben dem in der westlichen Welt neu entdeckten Missionsnotstand blieb das christliche Zeugnis unter Menschen anderer Religionen und Kulturen, die noch nie vom Evangelium gehört haben, das Herzstück der im ÖRK neu eingerichteten Kommission für Weltmission und Evangelisation. Sie wusste sich dem Erbe des IMR verpflichtet[127] und bekräftigte in der Erklärung zu Mission und Evangelisation von 1982, einem Schlüsseldokument für Missionsfragen, die christliche Pflicht zum Zeugnis in der nichtchristlichen Welt[128]. Erstmals

---

[125] Zit. nach einer Arbeitsunterlage der Kooperation Evangelischer Kirchen und Missionen der Schweiz, Bangkok. Thesen – Zitate – Fragen, Basel 1973, 11.

[126] Das Heil der Welt heute, a.a.O. (Anm. 124), 198 (aus dem Bericht der Sektion II ‚Heil und soziale Gerechtigkeit').

[127] 1961 ist die Arbeit des IMR in die Programmeinheit I ‚Glauben und Zeugnis' des ÖRK integriert worden. Dabei hat die Missionsabteilung CWME eine gewisse Selbständigkeit bewahrt, eine eigene Verfassung sowie das Recht auf eigene Weltkonferenzen und Programme erhalten. Zwischen den Vollversammlungen des ÖRK formulierte die Kommission für Weltmission und Evangelisation (CWME) die Missionsrichtlinien auf den Weltmissionskonferenzen in Mexiko City (1963), Bangkok (1973), Melbourne (1980), San Antonio (1989) und Salvador de Bahia (1996), zu denen Berichtsbände erschienen sind.

[128] Ökumenischer Rat der Kirchen, Mission und Evangelisation – Eine ökumenische Erklärung (1982), 3. Aufl. (1990), abgedruckt in: Mission erklärt. Ökumenische Dokumente von 1972 bis 1992, hg. v. J. Wietzke, Leipzig 1993, 74-98.

legte der ÖRK mit diesem Dokument eine offizielle Erklärung zur Mission vor und machte damit unmissverständlich klar, dass Mission und Evangelisation ein integraler Bestandteil der im ÖRK zusammengeschlossenen Kirchen sind. Die Erklärung hat innerhalb der ökumenischen Bewegung bis heute einen hohen Stellenwert. Nicht nur, dass sie vom Zentralausschuss verabschiedet und von den meisten Mitgliedskirchen des ÖRK mit grosser Zustimmung entgegengenommen worden ist; besonders bemerkenswert ist, dass sie auch von den orthodoxen und evangelikal geprägten Kirchen als Grundlage für ein gemeinsames Missionsverständnis akzeptiert wird. In der Erklärung heisst es[129]:

„(10) Die Verkündigung des Evangeliums beinhaltet die Einladung, in einer persönlichen Entscheidung die rettende Herrschaft Christi anzuerkennen und anzunehmen. (12) ... Der Ruf zur Bekehrung als ein Ruf zur Busse und zum Gehorsam sollte auch an Nationen, Gruppen und Familien gerichtet werden. (25) Es gehört zum Kern christlicher Mission, die Vermehrung von Ortsgemeinden in jeder menschlichen Gesellschaft zu fördern.“

René C. Padilla, Wortführer der Evangelikalen in Lateinamerika, bezeichnet die Erklärung zu Mission und Evangelisation anerkennend als „durch und durch evangelikal“[130]. Die Abspaltung der Evangelikalen vom ÖRK, mit der evangelikale Kreise in den siebziger Jahren gedroht haben, ist nicht zuletzt durch das Festhalten des ÖRK an der missionarischen Verpflichtung verhindert worden. Nur in vorsichtigen Andeutungen wird das Interesse an den Religionen und an einem Dialog mit Andersgläubigen sichtbar; es ist vom Vertrauen die Rede, *„(43) ... dass Gott der Schöpfer des ganzen Universums ist und dass er sich nie und nirgendwo ohne Zeugen gelassen hat. Der Geist Gottes ist immer am Werk auf Weisen, die menschliches Verständnis übersteigen, und an Orten, wo wir es am wenigsten erwarten. Wenn sie sich also in ein Dialogverhältnis mit anderen einlassen, dann suchen Christen die unergründlichen Reichtümer Gottes zu entdecken und die Weise, in der er mit der Menschheit umgeht.“*[131]

---

[129] Mission und Evangelisation, a.a.O. (Anm. 128), 82f.; 87.
[130] R. C. Padilla, Come, Holy Spirit, Renew the Whole Creation, in: Beyond Canberra. Evangelical Responses to Contemporary Ecumenical Issues, hg. v. B. R. Ro / B. J. Nicholls, Oxford 1993, 22-37 (28).
[131] Mission und Evangelisation, a.a.O. (Anm. 128), 96.

3.2 Interreligiöse Dialoge und Projekte[132]

Die klassische Form des interreligiösen Dialogs ist das *Religionsgespräch* als vorbereitetes Gespräch zwischen Menschen verschiedener Religionen zu vereinbarten Themen (1). Daneben kann man weitere Formen des interreligiösen ‚Dialogs' unterscheiden: (2) *Dialog des Lebens*: die bewusste Gestaltung religiöser Nachbarschaft z.B. durch die Teilnahme an religiösen Festen andersgläubiger Nachbarn. (3) *Dialog als interreligiöses Selbstgespräch:* der verinnerlichte Dialog von Menschen, die – wie Stanley J. Samartha – existentiell und in der theologischen Reflexion zwei Religionen gleich nahe stehen (B 2.2). (4) *Spiritueller Dialog:* Meditation und gottesdienstliches Feiern und Beten als Ort interreligiöser Begegnung. (5) *Ethischer Dialog:* Gemeinsames Handeln angesichts gesellschaftlicher Probleme; Religionen verbinden sich beispielsweise für den Frieden, im Kampf gegen Rassismus, für die Bewahrung der Schöpfung. (6) *Dialog über den Dialog:* Die Verständigung über Konsequenzen des interreligiösen Dialogs innerhalb einer Religionsgemeinschaft. Im Verlauf der letzten drei Jahrzehnte ist der ÖRK auf allen sechs Ebenen tätig geworden. Der folgende Überblick über die für den Dialog exemplarische Phase von 1970 bis 1991 beginnt mit der Aufnahme des direkten Gesprächs des ÖRK mit Andersgläubigen[133].

1970 – 1975

Erstmals wurde 1970 der Dialog mit Menschen anderer Religionen direkt geführt. In Ajaltoun (Beirut) trafen drei Hindus, vier Buddhisten, drei Muslime und über zwanzig Christen aus verschiedenen Konfessionen zusammen. Innerhalb des ÖRK und seiner Mitgliedskirchen waren die Meinungen über diesen Schritt geteilt. Nur wenige Tage vor dem

---

[132] Die derzeit umfassendste Übersicht über die interreligiösen Dialoge des ÖRK findet sich bei Helfenstein, a.a.O. (Anm. 85).

[133] Für die Zeit, die dem Einschnitt von 1970 unmittelbar vorangeht, ist die Studie wichtig ‚Das Wort Gottes und der moderne nichtchristliche Glaube', welche die Missionsabteilung seit 1955 durchführte. Sie wurde 1971 vom Dialogprogramm abgelöst. Vgl. dazu die chronologische und bibliographische Übersicht in: Dialog mit anderen Religionen. Material aus der ökumenischen Bewegung, hg. v. H. J. Margull / S. J. Samartha, Frankfurt a. M. 1972, 165-178.

Treffen in Ajaltoun trat in Frankfurt der ‚Theologische Konvent', eine Zusammenkunft schrift- und bekenntnisgebundener Theologen, zusammen und verabschiedete eine Erklärung, in der zu lesen ist, der Weltkirchenrat stehe an einem schicksalhaften Wendepunkt. „Die anfängliche Ökumene der Kirchen droht heute zur Ökumene der Religionen gemacht zu werden. Wir warnen vor der Gefahr einer synkretistischen ... Welteinheitsreligion."[134] In der Frankfurter Erklärung wird die Glaubensausbreitung unter Andersgläubigen mit dem Ziel, Menschen zur Abkehr von anderen Religionen und zur Annahme des christlichen Glaubens zu bewegen, als unverzichtbarer Grundpfeiler christlicher Mission proklamiert.

Dessen ungeachtet gab der Zentralausschuss des ÖRK 1971 in Addis Abeba dem interreligiösen Dialog eine feste Struktur und verankerte ihn in der Abteilung I ‚Glaube und Zeugnis' als eine von vier Unterabteilungen[135]. Mit der Untereinheit ‚Dialog mit Menschen anderer Religionen und Ideologien' (Dialogprogramm) trat das Nachdenken über das Verhältnis zwischen Christentum und anderen Religionen, das bislang genuines Thema des IMR und danach der Kommission für Weltmission und Evangelisation gewesen ist, aus dem Schatten der Letzteren heraus und erhielt unter dem weiten Dach des ÖRK einen eigenständigen Rang. Von nun an entwickelten sich ‚Mission' und ‚Dialog' in verschiedenen Richtungen weiter, jedoch ohne dass die Verbindung zwischen ihnen abgebrochen worden wäre; vielmehr stellten beide Seiten für die jeweils andere ein ständiges Korrektiv dar. In der englischen Bezeichnung ‚Dialogue with people of living faiths and ideologies' deutet das in den Plural gesetzte Wort ‚Glaube' (faiths) darauf hin, dass kein qualitatives Urteil über die Glaubensweisen in den verschiedenen Religionen den Dialog belasten

---

[134] Berliner Ökumene-Erklärung 1974 ‚Freiheit und Gemeinschaft in Christus', in: W. Künneth / P. Beyerhaus (Hg.), Reich Gottes oder Weltgemeinschaft?, Bad Liebenzell 1975, 16-41 (29).

[135] Damals bestand die Struktur des ÖRK aus drei Einheiten: I Glaube und Zeugnis, II Gerechtigkeit und Dienst, III Bildung und Erneuerung. Die Einheit I hatte vier Untereinheiten (Sub-Units): 1) Glaube und Kirchenverfassung, 2) Weltmission und Evangelisation, 3) Kirche und Gesellschaft, 4) Dialog mit Menschen anderer Religionen und Ideologien (DFI), Kurztitel: Dialogprogramm.

darf[136]. Gleichrangigkeit der Partner im Religionsgespräch war conditio sine qua non. *„Christen können einen Dialog anfangen, sie können ihn fördern oder auch auf die Initiative anderer eingehen. Keinesfalls aber sollten Christen versuchen, den Dialog zu bestimmen, wenn er echt bleiben soll.“*[137] Schliesslich machte das Programm durch seinen Titel deutlich, dass es sich um eine lebendige Begegnung zwischen *Menschen* mit verschiedenen religiösen oder weltanschaulichen Überzeugungen, weniger um einen Vergleich von religiösen und weltanschaulichen *Systemen*, handelte.

Nach mehreren bilateralen Dialogen des ÖRK mit Vertretern des Hinduismus, Buddhismus, Judentums, Islam und afrikanischer Stammesreligionen wurde 1974 in Colombo, Sri Lanka, im zweiten multi-lateralen Dialog Bilanz gezogen[138]. Nachdem die Dialoge der ersten Jahre vom Wunsch aller Beteiligten geprägt waren, eine Brücke der Verständigung zwischen den Religionen zu bauen, das Kontinuum zwischen ihnen zu entdecken und die Unterschiede beiseite zu lassen, widmete die Versammlung in Colombo ihre Aufmerksamkeit nun vermehrt der bleibenden Fremdheit zwischen den Religionen[139]. Alle Religionen seien als einander ausschliessende Grössen zu betrachten, so K. Sivaraman, ein in Kanada lebender Hindu. Doch die Botschaft von Colombo lautete: An der Differenz zwischen den Religionen muss die Weltgemeinschaft nicht zerbrechen; selbst wenn Menschen verschiedene religiöse Wurzeln haben, können sie sich von ihrer Mitte aus ‚auf den Weg zur Weltgemeinschaft‘ begeben. *„Wir glauben, dass in jeder religiösen Tradition genügend Kräfte lebendig sind, um das intuitive Verlangen nach weltweiter Gemeinschaft zu stär-*

---

136 ‚Faith in the Midst of Faiths‘: dieser Titel eines Studiendokuments aus dem Dialogprogramm brachte das Anliegen auf den Punkt. Im übrigen war auch der Ausdruck ‚ideologies‘ hier wertneutral gemeint und bezog sich auf philosophische Weltdeutungen. Abgesehen vom christlich-marxistischen Dialog gelang es dem ÖRK freilich nicht, Gesprächspartner zu finden, die als Repräsentanten einer ‚ideology‘ zum Dialog bereit gewesen wären.

137 Dialog mit anderen Religionen, a.a.O. (Anm. 133), 33.

138 Auf dem Weg zur Weltgemeinschaft. Grundlagen und Erfordernisse des Zusammenlebens. Multilateraler Dialog (Memorandum), Colombo, Sri Lanka, 17.-26. April 1974, Genf (ÖRK) 1975 (Originalausgabe: Towards World Community. The Colombo Papers).

139 Zu Colombo 1974 vgl. Helfenstein, a.a.O. (Anm. 85), 166-171.

ken.“[140] Um diesen Weg gemeinsam zu gehen, brauche es keine Verschmelzung zur Einheitsreligion, vielmehr könne *„jeder Religion und Ideologie das Recht eingeräumt werden, bei der Formung ihrer Vorstellungen von der Weltgemeinschaft auf die ihr innewohnenden, ureigenen Kräfte zurückzugreifen“*[141]. Dass die Achtung der religiösen Differenz ein wichtiger Schritt zum Religionsfrieden und dieser wiederum eine Voraussetzung für den Weltfrieden ist, hält das Memorandum von Colombo fest. Es diente als Grundlage für die folgenden Jahre.

1976 – 1983

Die zweite Phase stand im Zeichen religionsübergreifender Projekte für den Frieden. Nach Jahren der Beschäftigung mit theologischen Fragen der Religionsbegegnung sah Stanley J. Samartha, der indische Leiter des Dialogprogramms, die Zeit für eine Ethik des interreligiösen Zusammenlebens gekommen[142]. Damit die christliche Theologie der Religionen nicht im luftleeren Raum schwebe, müsse sie mit dem ‚ethischen‘ Dialog verbunden werden. Dialog im Dienst der Konfliktbewältigung stand nun im Vordergrund der Bemühungen. Da Religionen zur Spaltung neigen und gesellschaftliche Spaltungen hervorrufen, sollte das Konfliktpotential in der eigenen Religion identifiziert und entschärft und die friedenstiftende Zusammenarbeit mit Vertretern anderer Religionen gefördert werden. Eine wichtige Station des interreligiösen Gesprächs war 1977 die Konsultation über den ‚Dialog in Gemeinschaft‘, die in Chiang Mai stattfand[143]. In der thailändischen Stadt war viel von praxisbezogenen Projekten die Rede, allerdings war es diesmal ein Gedankenaustausch unter Christen und Christinnen – also ein Dialog über den Dialog. Auch dies ist unab-

---

[140] Auf dem Weg zur Weltgemeinschaft, a.a.O. (Anm. 138), 8.

[141] Ebd.

[142] „Was es braucht ist weniger eine Theologie der Religionen als eine Ethik der Gemeinschaftsbeziehungen“, S. J. Samartha, Responses to the Chiang Mai Statement. An Interim Report, Trinidad 1978 (zit. nach Helfenstein, a.a.O., Anm. 85, 196 mit Anm. 210).

[143] Denkpause im Dialog. Perspektiven der Begegnung mit anderen Religionen und Ideologien, hg. v. M. Mildenberger, Frankfurt a. M. 1978 (Bericht über die Konsultation in Chiang Mai, Thailand, 18.-27. April 1977); teilweise identisch mit der englischen Ausgabe von: Faith in the Midst of Faiths. Reflections on Dialogue in Community, Genf 1977.

dingbar, dass man von Zeit zu Zeit eine Pause zum Nachdenken einschaltet und sich als Religionsgemeinschaft intern darüber verständigt, wie weit es möglich ist, auf andere Glaubensweisen zuzugehen, ohne das Zentrum des gemeinsamen Glaubens aufzugeben. In Chiang Mai wurde dem Synkretismus eine Absage erteilt, wie sich in den dort verabschiedeten Richtlinien für den Dialog zeigt[144]. Auf der Basis der Erklärung von Chiang Mai verabschiedete der Zentralausschuss 1979 in Kingston (Jamaika) die Leitlinien zum Dialog mit Menschen verschiedener Religionen und Ideologien, die bis heute für die Gesprächsführung des ÖRK verbindlich sind[145]. Darin werden 12 Thesen zum Lernen und Verstehen im Dialog aufgestellt, die hier auszugsweise wiedergegeben werden[146]:

„(1) Die Kirchen sollten sich bemühen, den christlichen Gemeinden praktische Möglichkeiten des Dialogs mit ihren Nächsten, die andere religiöse und ideologische Überzeugungen haben, zu eröffnen. (3) Die Dialogpartner sollten eine Bestandsaufnahme der religiösen, kulturellen und ideologischen Vielfalt an ihrem jeweiligen Ort machen. (4) Die Dialogpartner sollten die Freiheit haben, ‚sich selbst zu definieren'.[147] *(6) Der Dialog ist dort besonders wichtig, wo die Dialogpartner im Alltag unmittelbar zusammenleben. (7) Der Dialog sollte auch in gemeinsamen Unternehmungen innerhalb der Gemeinschaft zum Ausdruck kommen. (8) Die Dialogpartner sollten sich ihrer ideologischen Bindungen bewusst sein. (9) Die Dialogpartner sollten sich ihrer kulturellen Bindungen bewusst sein. (10) Der Dialog wirft die Frage gemeinsamer Feiern, Rituale, Gottesdienste und Meditationen auf. (11) Der Dialog sollte, wann immer möglich, ökumenisch geplant und durchgeführt werden. (12) Die Dialogpla-*

---

[144] Dialog in der Gemeinschaft. Offizielle Erklärung, in: Denkpause im Dialog, a.a.O. (Anm. 143), 47-62.

[145] Leitlinien zum Dialog mit Menschen verschiedener Religionen und Ideologien, hg. v. ÖRK, abgedruckt in: Evangelische Zentralstelle für Weltanschauungsfragen, Arbeitstexte Nr. 19, VI/79 (1979).

[146] Ebd., 17-22.

[147] Erläuternd heisst es dazu: „Der Dialog hat unter anderem die Funktion, den Partnern die Möglichkeit zu geben, ihren Glauben mit ihren eigenen Worten und Begriffen zu beschreiben und zu bezeugen. Dies ist von elementarer Wichtigkeit, denn Beschreibungen des Glaubens anderer im Selbstbedienungsverfahren sind eine der Wurzeln für Vorurteile, Klischees und Herablassung."

nung erfordert Leitlinien für die regionale und lokale Ebene. (13) Der Dialog kann durch ausgewählte Beteiligung an weltweiten interreligiösen Tagungen und Organisationen unterstützt werden.“

Wie vertrug sich das Suchen nach Religionsdialog mit dem Streben des ÖRK nach wachsender Kirchengemeinschaft, nach Mission und Evangelisation? Legt man Texte von ‚Glauben und Kirchenverfassung‘ und der Missionsabteilung neben solche aus dem Dialogprogramm, sind Spannungen nicht zu übersehen. Das Dialogprogramm entwickelte schon nach wenigen Jahren eine Eigendynamik, die beispielsweise kaum zur ‚Erklärung zu Mission und Evangelisation‘ (1982) (A 3.1) passte. Trotzdem verstand sich das Dialogprogramm als Teil des Gesamtprogramms des ÖRK und bemühte sich darum, Erklärungen zum Dialog im Horizont der Frage nach der Einheit der Kirche und Einheit der Menschheit zu verfassen[148]. In vielen Erklärungen zum Dialog wurde auch das Verhältnis zur Mission angesprochen, wie folgendes Zitat aus den ‚Leitlinien zum Dialog‘ (1979) zeigt[149]: *„Es ist der christliche Glaube an den dreieinigen Gott – den Schöpfer allen menschlichen Lebens, den Erlöser in Jesus Christus, den sich offenbarenden und erneuernden Heiligen Geist –, der uns Christen zu einer menschlichen Verbindung mit allen unseren Nächsten verpflichtet. Zu dieser Verbindung gehört der Dialog: das Bezeugen unserer eigenen tiefsten Überzeugungen und das Hören auf diejenigen unserer Nächsten... Dialog ist auch eine Möglichkeit, den christlichen Glauben in der Beziehung zu und der Verpflichtung gegenüber den Mitmenschen zu leben, mit denen zusammen die Christen dieselben Dörfer, Städte, Länder und dieselbe Erde bewohnen. Dialog ist ein auf den Nächsten bezogener Lebensstil. Dieser ersetzt oder beschränkt jedoch in keiner Weise unsere christliche Verpflichtung zum Zeugnis, da ja die Partner mit ihren jeweiligen Bindungen in den Dialog eintreten.“* Die bewusste Rückbindung an die Zielvorgaben von Kirchengemeinschaft und Mission kennzeichnet den religionstheologischen Ansatz innerhalb des ÖRK .

---

148 Denkpause im Dialog, a.a.O. (Anm. 143), 49.
149 Leitlinien zum Dialog (1979), a.a.O. (Anm. 145), 16.

1983 – 1991

Eine dritte Phase legte den Schwerpunkt erneut auf die theologischen Grundlagen des interreligiösen Dialogs. Die Leitung der Dialogabteilung lag inzwischen in den Händen von S. Wesley Ariarajah (Sri Lanka). Er regte 1986 ein Projekt an, dessen Programmatik sich bereits im Titel ankündigte: ‚My Neighbour's Faith – and Mine. Theological Discoveries through Interfaith Dialogue'[150]. Der Studienprozess ging methodisch einen neuen Weg. In verschiedenen Teilen der Welt sollten während einer längeren Periode Menschen aus verschiedenen Konfessionen und Religionen mehrmals zusammenkommen, um über die Bedeutung anderer Religionen und des Zusammenlebens mit Andersgläubigen für den eigenen Glauben nachzudenken. Ein projektbegleitendes Studienbuch gab die Anleitung dazu, griff zentrale Themen der Theologie auf – Schöpfung, Heilige Schriften, Jesus Christus, Heilserfahrung, Zeugnis und Hoffnung – und re-formulierte sie auf dem Hintergrund der Beiträge, die Mitwirkende aus verschiedenen Religionen beisteuerten. Ziel war es, Innen- und Aussenperspektiven der Religionen miteinander zu verbinden, so dass ‚mein' Glaube, selbst wenn er von andern nicht geteilt wird, doch für sie nachvollziehbar ist, wie umgekehrt ein weiteres Ziel darin bestand, Verständnis für den Glauben andersgläubiger Nachbarn zu wecken. Das in 16 Sprachen übersetzte Studienbuch vermochte in den achtziger Jahren freilich nur 20 schriftliche Rückmeldungen zu erwirken. War es zu fragmentarisch, zu sehr ein multireligiöses ‚patchwork', oder war der Ansatz seiner Zeit voraus? Für eine theologische Grundlegung des interreligiösen Dialogs konnte der Runde Tisch der Religionen gewiss ein erster Anfang sein, aber er war noch keine tragende Basis.

Das Dialogprogramm nahm in den achtziger Jahren Gedanken aus der pluralistischen Theologie der Religionen auf, die vom Engländer John Hick, dem US-Amerikaner Paul F. Knitter und vom Hispano-Inder Raimundo Panikkar vertreten wurde (B 2). Wie die pluralistische Religionstheologie

[150] Deutsch: Keiner glaubt für sich allein. Theologische Entdeckungen im interreligiösen Dialog, hg. v. U. Berger / M. Mildenberger, Frankfurt a. M. 1987.

sah nun auch Ariarajah das Haupthindernis für den christlichen Beitrag zum Dialog in der zentralen Stellung der Christologie. Also plädierte er für die Wiedererlangung einer theozentrischen Theologie, die es den Christen erlauben sollte, sich zusammen mit Andersgläubigen als Kinder des einen Gottes zu sehen[151]. Doch die theozentrische Umorientierung blieb nicht unwidersprochen. Die Meinungsfronten verliefen quer durch die Konfessionen, Länder und Kontinente. Längst war der Dialog auch innerhalb der christlichen Minderheit in Südasien zur Streitsache geworden.

Die Spielräume für den Dialog waren inzwischen weitgehend ausgelotet und abgesteckt, und die Diskussion fing an, sich zu wiederholen. Eine Konferenz in Baar am Zugersee suchte 1990 nochmals nach Perspektiven einer ökumenischen Theologie der Religionen. In einer Stellungnahme bezeichnete die Konferenz die Religionen als Ausdruck von Gottes Schöpfungshandeln[153]: *„Diese Überzeugung, dass Gott als Schöpfer aller Dinge in der Vielfalt der Religionen gegenwärtig und wirksam ist, macht es für uns undenkbar, dass Gottes rettendes Handeln auf einen Kontinent, eine Kultur oder auf bestimmte Volksgruppen begrenzt werden könnte. Die Weigerung, die Vielfalt und Verschiedenheit der religiösen Zeugnisse, die in den Völkern und Nationen der ganzen Welt begegnen, ernst zu nehmen, würde bedeuten, das biblische Zeugnis von Gott als dem Schöpfer aller Dinge und Vater der Menschheit zu leugnen.“* Den Schritt in die Richtung einer pluralistischen Religionstheologie, der sich in diesen Worten andeutet, hat sich der ÖRK als Ganzer bisher nicht zueigen

---

[151] S. W. Ariarajah, Die Bibel und die Andersgläubigen, Frankfurt a.M. 1994 (Originalausgabe: The Bible and People of Other Faiths, Genf 1985).

[152] Zu den Theologen, die dem ÖRK nahestehen, den interreligiösen Dialog befürworten und zugleich als Kritiker einer pluralistischen Theologie der Religionen gelten, gehören z.B. Sabapathy Kulandran, Sri Lanka; Israel Selvanagayam, Madurai/Indien sowie Samuel Vinay, Bangalore/Indien.

[153] Für die Beiträge der Konsultation in Baar 1990 vgl. Current Dialogue 19, Januar 1991; dort bes. das ‚Baar Statement‘, ebd., 47-51 (48). Zum Verhältnis des Christentums zu den anderen Religionen aus der Sicht der Konferenz von Baar vgl. H. Ucko, Vom Judentum lernen. Gemeinsame Wurzeln – neue Wege, Frankfurt a.M. 1994, 61-77 (bes. 77). Ucko leitet das 1992 eingerichtete Büro für interreligiöse Beziehungen, welches das Dialogprogramm ablöste.

gemacht, während er in einigen seiner Mitgliedskirchen Entsprechungen gefunden hat[154]. Der breite, ökumenische Konsens endete bisher immer dann, wenn, ausgehend vom Satz, Gott habe sich in der Menschheitsgeschichte nie unbezeugt gelassen (Act 14,17), versucht wurde, theologische Aussagen über die offenbarte Gegenwart und das Handeln Gottes in der Vielfalt der Religionen zu machen[155]. Was in Nairobi 1975 festgestellt wurde, hat sich in den Stellungnahmen des ÖRK bis heute kaum verändert[156]: *„Wir erreichen zwar keinen Konsensus darüber, ob und in welcher Weise Christus in anderen Religionen gegenwärtig ist, aber wir glauben, dass Gott sich in keiner Generation und in keiner Gesellschaft unbezeugt gelassen hat. Und wir können auch nicht die Möglichkeit ausschliessen, dass Gott von ausserhalb der Kirche zu Christen spricht."*

3.3 Vier Facetten des interreligiösen Dialogs

Die Dialoge des ÖRK ergeben aufs Ganze gesehen ein vielschichtiges Bild. Vier Facetten, die auf den verschiedenen Konferenzen des Dialogprogramms und in manchen Dokumenten begegnen, sollen nun vorgestellt werden: Zum Dialog gehört (1) die Bereitschaft, sich der Fremdheit auszusetzen; (2) aus der Begegnung heraus den (christlichen) Glauben neu zum Ausdruck zu bringen; (3) mit Andersgläubigen eine Lebens- und Dienstgemeinschaft zu bilden und sich einer

---

[154] Einschlägiges Beispiel dafür ist die Studie ‚Religionen, Religiosität und christlicher Glaube. Eine Studie', Gütersloh 1991, die der Vorstand der Arnoldshainer Konferenz und die Kirchenleitung der VELKD in Auftrag gegeben haben. Darin werden die Religionen als Gottes ‚Welthandeln' gesehen: „Die Religionen sind wie alle öffentlichen und privaten Ereignisse aus Gottes schöpferischer Vollmacht hervorgegangen. – „Damit gewinnen der Islam wie der Hinduismus wie andere Religionen einen neuen Beurteilungshintergrund. Auch durch sie handelt Gott an den Menschen", ebd. 127.

[155] Neu Delhi 1961, a.a.O. (Anm. 121), 90; Bericht aus Uppsala. Offizieller Bericht über die vierte Vollversammlung des Ökumenischen Rates der Kirchen, Uppsala 4.-20. Juli 1968, Genf 1968, 90; Bericht aus Nairobi 1975. Offizieller Bericht der fünften Vollversammlung des Ökumenischen Rates der Kirchen, 23. November bis 10. Dezember in Nairobi/Kenia, hg. v. H. Krüger / W. Müller-Römheld, Frankfurt a.M. 1976, 9; Das Heil der Welt heute (Bangkok 1973), a.a.O. (Anm. 124), 186; 188; Bericht aus Vancouver, a.a.O. (Anm. 117), 83; 67.

[156] Bericht aus Nairobi 1975, a.a.O. (Anm. 155), 9.

wechselseitigen Zeugnisbereitschaft zu öffnen; (4) die bleibend notwendige Unterscheidung zu beachten.

(1) Sich der Fremdheit aussetzen

Dialog ist stets mit einem Risiko verbunden; will man dieses von vorn herein ausschalten, verdient er seinen Namen nicht mehr. So wie der Glaube ein Wagnis ist, ist es auch der Dialog: eine Begegnung, die Menschen verändert. Wer danach unverändert bleibt, hat den Dialog verfehlt, und eine Begegnung hat gar nicht stattgefunden. In Ajaltoun (1970) heisst es dazu[157]: *„Es gibt keine Garantie für das Ergebnis des Dialogs, wie es keine Garantie für die Wirkung der Verkündigung gibt... Beide sind offen für Missbrauch und Wirkungslosigkeit. ... Der Dialog trägt das Risiko in sich, dass ein Partner durch den anderen verändert wird. Das Verlangen nach falscher Sicherheit in einer Ghetto-Gemeinschaft oder der Wunsch, in einem einbahnigen Missionsschema fortzufahren, verrät beides: Angst und Arroganz und deswegen Mangel an Liebe.“*

Im Dialog steckt eine Versuchung; denn vom anderen Glauben kann eine gewinnende Ausstrahlung ausgehen. Dass diese Faszination von vielen Christen und Christinnen als Gefahr empfunden wird, davon zeugen die häufigen Warnungen vor dem Synkretismus in Verlautbarungen zum Dialog[158]. *„Wir können das Christentum zu einem ‚Schmelztiegel‘ vieler Religionen machen, wenn wir es lediglich als einen Zugang zu Gott unter anderen betrachten; andererseits können wir eine andere Religion dadurch ‚miteinschmelzen‘, dass wir sie lediglich als eine Seite dessen verstehen, was wir Christen ganz zu wissen glauben.“*[159] Die Gefahr der Religionsvermischung ist in der jüdisch-christlichen Tradition seit biblischer Zeit gegenwärtig: Altes und Neues Testament warnen gleichermassen vor der Treulosigkeit gegenüber Gott (Einleitung 2.1 u. 2.3). Freilich ist es keine Lösung, sich gegenüber dem Fremden zu verschliessen; denn Selbstabkapselung ist dem lebendigen Glauben nicht dienlich, weil er zu Konfessionalismus und Fremdenfeindlichkeit führt.

---

[157] Dialog mit anderen Religionen, a.a.O. (Anm. 133), 33.

[158] Denkpause im Dialog (1978), a.a.O. (Anm. 143), 60-62; Leitlinien zum Dialog (1979), a.a.O. (Anm. 145), Nr. 24-29.

[159] Denkpause im Dialog (1978), a.a.O. (Anm. 143), 61.

Im Dialog wird es möglich, die eigene Religion mit den Augen der Anderen zu betrachten. Dabei kann sich herausstellen, dass Aussenwahrnehmung und bisheriges Selbstbild nicht miteinander übereinstimmen. Spätestens dann, wenn jemandem ein Wiedererkennen des Eigenen im Licht der neuen Perspektive gelingt, geht er oder sie als veränderter Mensch aus dem Dialog hervor. Sich dem Fremden auszusetzen birgt nicht zuletzt auch das Risiko in sich, Gott in einer bisher noch unbekannten Gestalt zu begegnen. Abraham ist von drei Fremden besucht worden (Gen 1,18), Jakob ringt mit einem Fremden, den er erst als Gott wiedererkennt, nachdem er von ihm besiegt worden ist (Gen 32,24-32); ein Fremder hat die Jünger, deren Augen ‚verhalten' waren, auf dem Weg nach Emmaus begleitet und sich ihnen erst hinterher als Auferstandener zu erkennen gegeben (Lk 24,13ff.). Im interreligiösen Dialog können sich neue ‚Facetten' der Gegenwart Gottes unter den Menschen zeigen und eine neue Artikulation des Glaubens und der Theologie notwendig machen.

Das Antlitz Gottes, das sich den Glaubenden auf diese Weise neu erschliesst, kann schliesslich auch eine neue Sicht fremder Religionen zur Folge haben und zur Einsicht führen, dass es keine Religion ‚in Reinkultur' gibt, weil Religionen immer auch Elemente von fremden Religionen enthalten und damit anderen nie völlig beziehungs- und bindungs-los, nie ‚ab-solut' gegenüberstehen. Wird in einer Religionsbegegnung diese Entdeckung gemacht, kann sie sowohl tiefes Erschrecken als auch freudige Überraschung auslösen: Erschrecken darüber, dass die durch Abgrenzung gewonnene, eigene religiöse Identität ins Schwanken gerät und Angst vor Identitätsverlust auslöst – oder aber Freude über den neu entdeckten Reichtum religiöser Erfahrungen und Einsichten, auch Freude darüber, dass eine Brücke über den Graben der religiösen Gespaltenheit und eine Basis für Gemeinschaft im Denken und Handeln über Religionsgrenzen hinweg gefunden ist[160].

---

160 Über Eigenes und Fremdes aus philosophischer Sicht, vgl. B. Waldenfels, Der Stachel des Fremden, Frankfurt a.M. 1990; aus theologischer und vor allem missiologischer Sicht, vgl. T. Sundermeier, Den Fremden verstehen. Eine praktische Hermeneutik, Göttingen 1996.

(2) Aus der Fremdbegegnung heraus den Glauben neu zum Ausdruck bringen

Welche Auswirkungen auf Glauben und Theologie hat der Dialog aufseiten des Christentums?[161] Ein neues Lesen der Bibel ist meistens der erste Schritt. So zeigt Ariarajah auf, dass die Bibel selbst ein Dokument des Dialogs mit Menschen anderen Glaubens ist[162]. Er vertritt die These, die biblischen Zeugnisse würden den Zielen eines wahrhaftigen Dialogs nicht entgegenstehen. Wie sehen Altes und Neues Testament die Gegenwart Gottes unter den Menschen ausserhalb Israels und der christlichen Gemeinde? Wie teilt Gott sich ihnen mit, wie wird er erfahren? Die einschlägigen Dokumente aus der Dialogabteilung und der Kommission für Mission und Evangelisation loten die biblischen Schlüsselstellen dazu aus und kommen zum Ergebnis, dass Gott auf eine Weise, die uns (Christen) verborgen bleibt, unter den Menschen anderer Religionen wirke. Wie die europäische Theologie ist nach Auffassung des ÖRK auch die afrikanische, asiatische und lateinamerikanische jeweils aus einer konkreten Begegnung mit anderen Religionen und Kulturen heraus geboren. Gott ist in Christus Mensch geworden, aber das Menschsein Christi ist kein abgeschlossenes Ereignis; auf dem Weg durch die Geschichte nimmt er in den Kulturen der Menschheit weiterhin Menschengestalt an. Das versucht die ‚Theologie im Kontext' zu formulieren.

Häufig wirft die Religionsbegegnung Fragen auf, die sehr kontrovers diskutiert werden: Ist Gott derselbe in allen Religionen? Sind verschiedene Religionen gleichwertige Wege zu Gott? Ist Christus *ein* Heilsbringer und *eine* Manifestation des Göttlichen *neben anderen*? Ist er Erlöser nur für die Christen – und ist er nur für sie ‚heilsnotwendig' – oder für alle Menschen? Äussert sich der Heilige Geist in verschiedenen Religionen? Ist die Bindung an die christliche Gemeinde eine notwendige Folge der Umkehr zu Gott, oder ist ‚Bekehrung' auch als Vertiefung des ‚fremden' Glaubens und Verbleib in einer anderen Religionsgemeinschaft möglich? – Die aus dem Dialog hervorgehende, christliche Theologie ist vor allem in

---

[161] Die Folgen des interreligiösen Dialogs für andere Religionen werden ausgeblendet.

[162] Ariarajah, Die Bibel und die Andersgläubigen, a.a.O. (Anm. 151).

Bezug auf die drei Artikel des Glaubens, d.h. die Gotteslehre, Christologie und Pneumatologie, neue Wege gegangen und hat sich – was hier nur erwähnt, aber nicht ausgeführt werden kann – in einer unübersehbaren Fülle literarisch niedergeschlagen[163].

(3) Lebens- und Dienstgemeinschaft mit Fremden und wechselseitige Zeugnisbereitschaft

In vielen Ländern der Erde gibt es seit Jahrhunderten ein multireligiöses Zusammenleben, wobei die Religionsgrenzen mitten durch Nachbarschaften und Familien gehen können. Oft ist die multireligiöse Gesellschaft eine Gegebenheit, mit der Menschen leben müssen, ob sie wollen oder nicht. Wenn Konflikte entstehen, ist es notwendig, nach Möglichkeiten einer religionsverbindenden Gemeinschaft zu suchen. Die Leitmotive des Dialogprogramms[164] weisen auf den konkreten Alltag hin, in dem der Dialog eingebettet sein muss. Sein pragmatisches Ziel ist es, konfliktgeladenes Gegeneinander zu entschärfen und Gemeinschaft zu ermöglichen. Das beginnt mit unzähligen Initiativen auf Ortsebene und wird auf regionaler Ebene weitergeführt – durch die Zusammenkunft am Runden Tisch, Information, Gastfreundschaft bei Gottesdiensten und andern religiösen Feiern, gemeinsame Stellungnahmen zu gesellschaftlichen Fragen, gemeinsames Handeln angesichts drängender Probleme. Wer am ‚ethischen' Dialog teilnimmt, schöpft aus unterschiedlichen religiösen Quellen; Verantwortung für ein Zusammenleben in Frieden, Gerechtigkeit und im Einklang mit der aussermenschlichen Natur wahrzunehmen, kann Religionen – bei all ihren bleibenden Unterschieden – miteinander verbinden.

Lebens- und Dienstgemeinschaft ja, aber wechselseitige Zeugnisbereitschaft? Religiöse Neutralität dient, so könnte man vermuten, der Lebens- und Dienstgemeinschaft am mei-

---

[163] Für eine Literaturübersicht vgl. Theologie im Kontext. Informationen über theologische Beiträge aus Afrika, Asien, Ozeanien und Lateinamerika, hg. v. Missionswissenschaftlichen Institut Missio, Aachen (zweimal jährlich); Literaturschau zu Fragen der Weltmission, Beiheft der Zeitschrift für Mission (einmal jährlich).

[164] Dialog in Gemeinschaft; Auf dem Weg zur Weltgemeinschaft; Quellen und Verantwortlichkeiten für das Zusammenleben; Keiner glaubt für sich allein.

sten, weshalb das Ausklammern glaubensverschiedener Überzeugungen dringend geboten sei. Erfahrungen mit dem ‚Dialog des Lebens' und dem ‚ethischen Dialog' lehren jedoch ein anderes: Langfristig gelingt er nur, wenn er mit dem expliziten Ausdruck der Quellen verbunden ist, auf denen die Motivation zum gemeinsamen Leben und Handeln beruht. Wer die Bemühung um Explikation gegenüber Andersgläubigen unterlässt, verliert seine religiöse Heimat und hat damit keinen Ort mehr, wo er oder sie Andere empfangen kann. Einander Zeuge und Zeugin sein: diese Grundlage für die Ökumene der Kirchen wird im Dialog auch als Erfordernis der Gemeinschaft unter den Religionen erkannt. Es reicht also nicht aus, gegenüber Menschen anderer Religionen den eigenen Glauben zu bezeugen. Auch das Umgekehrte ist wichtig: sich den Glauben derer, die in anderen Religionen zuhause sind, bezeugen zu lassen, wie es beispielsweise in Ajaltoun geschehen ist[165]: *„Wir möchten den christlichen Glauben und die Mission der Kirche in einen positiven Bezug bringen zu den Glaubensweisen anderer Menschen und zu einer Missionsverpflichtung, die sie vielleicht aus ihrem jeweiligen Glauben ableiten."*

(4) Die bleibend notwendige Differenz

Das Christentum hat sich durch die Weise, wie es in der Geschichte Mission getrieben hat, belastet und ist deshalb in erster Linie dazu verpflichtet, die religiös bedingten Spaltungen, die es hervorgerufen hat, zu überwinden. Es ist aber darum nicht der Pflicht enthoben, dort, wo es notwendig ist, Grenzen zu ziehen. Im Alten Testament ist diese Grenze durch den Sinaibund und die zehn Gebote vorgegeben, im Neuen Testament sind Jesu Lebensweg und seine Verkündigung in der Bergpredigt, sein Ruf in die Nachfolge Anhaltspunkte für den vorgezeichneten Weg. Die biblischen Quellen machen deutlich, dass der Weg als Selbstdifferenz beginnt, als Umkehr dessen, der sich als Sünder erkennt. Das Gebet des Zöllners, der weinende Petrus sind Beispiele dafür. Sie finden ihre Fortsetzung im Schuldbekenntnis der Gemeinde, in der Umkehr zu Gott, zu welcher sich die Christenheit gegenseitig aufruft.

---

165 Dialog mit anderen Religionen, a.a.O. (Anm. 133), 34.

Die Option *für* die Armen, das Einstehen *für* die Schwachen zeigen: Partei zu ergreifen geht nicht ohne Kritik an unhaltbaren Zuständen, ohne Anklage gegen ihre Nutzniesser. Die bleibend notwendige Differenz zieht eine Grenze zum religiös legitimierten Hass, zur religiös verbrämten, totalitären Herrschaft, eine Grenze zur Entrechtung von Menschen aufgrund ihrer Hautfarbe, ihres Geschlechts, ihrer Kultur oder Religion. Die Unterscheidung ist in der *martyria* zusammengefasst, von der die biblische Überlieferung sagt, dass sie Barmherzigkeit, Mitleid, aber auch Leiderfahrung am eigenen Leib bedeuten kann. Wie das Gleichnis vom barmherzigen Samariter zeigt, widerspricht Gleichgültigkeit gegenüber der Not anderer dem Wesen des Glaubens. Wenn Christen und Christinnen diese Einsicht in den interreligiösen Dialog einbringen, bleiben sie ihrem Glauben treu. Dann sind sie offen für die Anderen und ganz bei ihnen, und dennoch auch ganz bei sich selbst.

4. Konfessionelle Position: Stimmen aus der Orthodoxie

In den Mitgliedskirchen des ÖRK bewirken die ökumenischen Kontakte mitunter eine Neubesinnung auf das eigene konfessionelle Erbe, sei es, wenn Einsichten aus Lehrtradition und kirchlicher Praxis der jeweiligen Konfessionsfamilie für die Ökumene fruchtbar gemacht werden, sei es im Sinne einer kritischen Auseinandersetzung mit der ökumenischen Bewegung als Ganzer. Eine Profilierung konfessioneller Positionen, die aus der Interaktion mit der ökumenischen Bewegung erwachsen ist, zeigt sich am Beispiel der Orthodoxie[166]. Sie

---

[166] Die 1993 erschienene Übersicht über konfessionelle Stellungnahmen zur *Mission* (vgl. Mission erklärt, a.a.O., Anm. 128) erlaubt hier die Beschränkung auf ein Beispiel. Dort finden sich u.a. Stellungnahmen aus römisch-katholischer, orthodoxer, lutherischer, methodistischer, reformierter und baptistischer Sicht neben solchen aus verschiedenen Regionen (Afrika, Osteuropa, Asien, Nordamerika, Lateinamerika, deutschsprachiger Raum); Missionsorden und Aktionsgruppen sind ebenso berücksichtigt wie Evangelisationskonferenzen. Die reformierten Kirchen sind in jüngster Zeit mit dem Bemühen hervorgetreten, kirchenspaltende Auswirkungen des getrennten missionarischen Vorgehens zu überwinden.

wird hier stellvertretend für andere Konfessionsfamilien erörtert, nicht zuletzt weil die Beziehungen zwischen den orthodoxen Kirchen in Osteuropa, anderen Kirchen und dem ÖRK derzeit eine Bewährungsprobe für die Zukunftsfähigkeit der Ökumene darstellen. Es ist kein Zufall, dass orthodoxe Kirchen in Westeuropa mit der Entwicklung der äusseren Mission um 1960 begonnen haben, also kurz vor dem Zeitpunkt, als sie über den ÖRK in engere Berührung mit der Missionsbewegung gekommen sind (A 1.1). In den Jahren danach haben sie auf mehreren interorthodoxen Konferenzen Verständnis und Praxis der Mission aus orthodoxer Sicht dargelegt und ein orthodoxes Leitbild der Mission entfaltet, das sich bald auch in offiziellen Stellungnahmen des ÖRK niederschlagen sollte[167]. Zugleich sind aber die ökumenischen Beziehungen wegen Fragen, die Mission und Dialog berühren, einer erheblichen Belastungsprobe ausgesetzt gewesen: Wo liegen die Grenzen zwischen Mission und Proselytismus einerseits, Inkulturation und Synkretismus andererseits? Wie sollen die Prioritäten zwischen der Ökumene der Kirchen und dem Dialog der Religionen gesetzt werden? Meinungsverschiedenhei-

---

Unter dem Motto ‚Einheit in der Mission' sind mehrere Konsultationsberichte erschienen: Mission in Unity. Towards Deeper Communion between Reformed Churches Worldwide, Genf 1993; Mission in Unity. Ethnicity, Migration and the Unity of the Church, Genf 1995. – Eine der Dokumentensammlung ‚Mission erklärt' vergleichbare Übersicht zum *interreligiösen Dialog* liegt bisher noch nicht vor. Aus dem Lutherischen Weltbund vgl. neuerdings H.A.O. Mwakabana (Hg.), Andere Religionen aus theologischer Sicht. Auf dem Weg zu einer christlichen Theologie der Religionen, Stuttgart 1997.

[167] Für eine Übersicht über orthodoxe Konferenzen zur Mission vgl. Go Forth in Peace. Orthodox Perspectives on Mission, hg. v. I. Bria, 2. erw. Aufl. Genf 1986, 101f. (1. Aufl. 1982). Das Buch bietet eine knappe Zusammenfassung der Konferenzergebnisse. Vgl. ferner I. Bria (Hg.), Martyria / Mission. The Witness of the Orthodox Churches Today, Genf 1980. Im Vorfeld der Weltmissionskonferenz in San Antonio (1989) fanden die orthodoxen Mitgliedskirchen des ÖRK in Neapolis/Griechenland eine gemeinsame Linie in missiologischen Fragen; dazu Your Will Be Done, a.a.O. (Anm. 68). – Die jüngste monographische Darstellung einer Missiologie hat aus orthodoxer Sicht vorgelegt: I. Bria, The Liturgy after the Liturgy. Mission and Witness from an Orthodox Perspective, Genf 1996. Darin weist er auch die Auswirkungen orthodoxer Konferenzbeiträge auf andere ökumenische Versammlungen nach (20f.).

ten in diesen Fragen haben zu einer merklichen Abkühlung der Beziehungen zwischen der orthodoxen Konfessionsfamilie und dem ÖRK geführt. – Nach einem Blick auf das missiologische Leitbild der Orthodoxie (4.1) werden drei der wichtigsten Problemfelder berührt, welche die Orthodoxie derzeit veranlassen, ihre Beziehungen zum ÖRK grundsätzlich zu überdenken: Mission und Proselytismus (4.2), Inkulturation und Synkretismus (4.3), Kircheneinheit und interreligiöser Dialog (4.4).

4.1 Das orthodoxe Leitbild der Mission

Aus der bereits erwähnten zentralen Stellung des eucharistischen Gottesdienstes im Leben der orthodoxen Kirchen (A 1.1) ergibt es sich von selbst, dass das orthodoxe Leitbild von Mission in der Liturgie, wie der eucharistische Gottesdienst genannt wird, verankert ist. Die ‚Liturgie nach der Liturgie' erläutert der in Paris lehrende Erzpriester B. Bobrinskoy folgendermassen[168]:

„Die Entsendung der Gläubigen am Ende der Liturgie hat eine tiefe symbolische und sakramentale Bedeutung. Das ‚ite, missa est' der römischen Messe, oder das ‚Lasst uns in Frieden hinausgehen' der byzantinischen Liturgien, dieses ‚Hinausschicken' (renvoi) der Gläubigen, ist bloss die Ankündigung, dass der erste Teil der Eucharistie zuende ist ... Was darauf folgt, ist nicht so sehr ein ‚Hinausgehen' aus der Kirche als ein ‚Eintreten' der Kirche in die Welt, indem sie in der Kraft des Geistes von Pfingsten die Aussendung der Jünger durch den auferstandenen Herrn fortsetzt (Mt 28, 18-20; Mk 16, 15-20). Wenn wir die Kirche verlassen, treten wir in eine andere Art von Liturgie ein: in die ‚Liturgie nach der Liturgie'. Dies ist der Übergang vom Sonntag, dem Tag des Herrn, in die Woche. ... Folglich ist die Abfolge von Sonntag und Woche das grundlegende geistliche Prinzip und die wahre Bedeutung der Liturgie."

Jeder Gottesdienst ist Aussendungsgottesdienst. In Gestalt der Eucharistie oder des gesegneten Brotes nehmen die Gemeindeglieder Gaben des Heils mit. Es ist ‚Pilgerbrot', das

[168] B. Bobrinskoy, Prière du coeur et eucharistie, in: Persoana si communiune, Festschrift für Dimitru Staniloae, Sibiu 1993, 627-634 (631f.).

ihnen zur Stärkung auf dem Weg nach draussen, wo die Liturgie ihre Fortsetzung findet, dient: im Gebet und in der Lebensführung des Einzelnen, in der diakonischen und öffentlichen Verantwortung der Kirche oder eben der ,Mission', in der alles, was ausserhalb des Kirchengebäudes im Glauben geschieht, zusammengefasst ist. Die ,Liturgie nach der Liturgie' hat eine individualethische und sozialethische Dimension. Anastasios Yannoulatos, ein Experte der orthodoxen Missionsgeschichte und -theologie, schreibt über die Liturgie im Leben der Gläubigen: *„Alle Gläubigen sind zu einer Fortsetzung* (sc. der Liturgie) *mit einer persönlichen ,Liturgie' am verborgenen Altar ihres eigenen Herzens aufgerufen, damit eine lebendige Bekanntmachung der frohen Botschaft ,für das Wohl der ganzen Welt' Gestalt annimmt. Ohne diese Fortsetzung bleibt die Liturgie unvollständig ... Das Opfer der Eucharistie muss um das persönliche Opfer für die Menschen in Not erweitert werden ... denn die Fortsetzung der Liturgie im Leben meint eine fortwährende Befreiung von den in uns wirkenden Mächten des Bösen; sie schliesst eine ständige Neuorientierung sowie eine Offenheit für Einsichten und Bemühungen ein, die darauf hinzielen, dass Menschen aus allen dämonischen Strukturen der Ungerechtigkeit, Ausbeutung, Qual und Einsamkeit befreit werden und eine wirkliche Gemeinschaft im Geist von Menschlichkeit und Liebe (real communion of persons in love) geschaffen wird.*"[169]

Das missiologische Leitbild der ,Liturgie nach der Liturgie' ist auf einer Konsultation orthodoxer Kirchen zum Thema ,Christus heute bekennen' in Bukarest 1974 entwickelt worden und hat sich seither innerhalb der Orthodoxie durchgesetzt[170]. Es knüpft an patristisches Gedankengut an, nament-

---

[169] Nach I. Bria, The *liturgy* after the Liturgy (1980), in: ders., Martyria/ Mission, a.a.O. (Anm. 167), 66-71 (67). Vgl. ferner A. Yannoulatos, Discovering the Orthodox Missionary Ethos, a.a.O., 20-29. Yannoulatos (der in der Literatur auch unter dem Namen Anastasios, Bischof von Androussa, erscheint) war nach einer Lehrtätigkeit an der Univeristät von Athen amtierender Erzbischof für die Diözese Ostafrika des griech.-orthodoxen Patriarchats von Alexandrien. Von 1983-1991 war er Vorsitzender der ÖRK-Kommission für Weltmission und Evangelisation. 1991 ging er nach Albanien, um dort beim Wiederaufbau und der Neuorganisation der Albanischen Orthodoxen Kirche mitzuwirken. 1992 wurde er Erzbischof von Tirana und ganz Albanien.

[170] Vgl. den Konsultationsbericht in: IRM Nr. 253, 1975, 67-94; Bria, Matryria / Mission, a.a.O. (Anm. 167), 66ff.

lich an die Predigten von Johannes Chrysostomos, der in einer Auslegung über das Weltgericht (Mt 25) vom Dienst an den Bedürftigen im Sinne eines Gottesdienstes ausserhalb des Kirchengebäudes gesprochen hat. Im Bild von den beiden Altären, dem Altar in der Kirche und dem Altar der Armen, auf dem die Gläubigen ihre Gaben niederlegen, bringt er den Zusammenhang zwischen der Eucharistie und dem Lebensgottesdienst der Christen zu Ausdruck[171]. Dem Missionsverständnis von Ion Bria, Mitglied der Rumänischen Orthodoxen Kirche, liegt die ‚Liturgie' als hermeneutischer Schlüssel zugrunde[172]. Während die Mission ihren Grund in der Eucharistie hat, ist, so Bria, die Praxis der Mission ihrerseits ein Prüfstein für die Eucharistie. Jede sonntägliche Gottesdienstfeier nötigt die Gemeinde zur Rechenschaft darüber, ob sie im Zeichen des liturgischen Geschehens lebt: Ist das himmlische Reich in ihrer Sozialgestalt gegenwärtig? Überwindet die Kirche Hindernisse auf dem Weg zu Gerechtigkeit, Freiheit und Solidarität? Lebt sie als Zeichen einer Gemeinschaft, die über die Gottesdienstversammlung hinausreicht? Wenn die Antworten auf diese Fragen negativ ausfallen, gereicht die Teilnahme an der Eucharistie den Gläubigen zum Gericht[173].

Im Blick auf die öffentliche Verantwortung der Kirche zieht Bria mit Beispielen aus der Sowjetunion und anderen ehemaligen Ostblockstaaten eine überwiegend kritische Bilanz, wobei er aus der Erfahrung eines Orthodoxen aus Rumänien spricht, der – wie andere in seiner Heimatkirche – von der ‚Unausweichlichkeit der Ökumene'[174] weiterhin überzeugt ist. Dass es den politischen Eliten gelungen war, den kirchlichen Widerstand gegen die kommunistische Diktatur nahezu voll-

---

[171] Dazu R. Brändle, Matth. 25,31-46 im Werk des Johannes Chrysostomos, Tübingen 1979, bes. 294-299.

[172] Bria hat von 1973 bis zu seiner Emeritierung 1994 verschiedene Ämter im Stab des ÖRK versehen. Zuletzt war er amtierender Direktor der Programmeinheit I, Einheit und Erneuerung, davor stellvertretender Direktor der Kommission für Weltmission und Evangelisation sowie Sekretär für orthodoxe Studien und Beziehungen.

[173] Bria, Liturgy, 1996, a.a.O. (Anm. 167), 16.

[174] Der rumänisch-orthodoxe Theologe D. Oancea, Sibiu, hat im Februar 1998 auf dem 10. Osteuropa-Tag in Bern/Schweiz zu diesem Thema referiert. Zum Folgenden vgl. Bria, Liturgy, 1996, a.a.O. (Anm. 167), 25f.; 64-82.

ständig zu brechen, bringt Bria mit einer in die innere Emigration führenden Spiritualität der ‚Niedrigkeit Christi' bzw. einer ‚kenotischen' Volksfrömmigkeit in Verbindung. Unter dem Druck der kirchenfeindlichen Staatshoheit hätten die orthodoxen Kirchen auf traditionelle Werte zurückgegriffen: die Gottesdienstversammlung, die christliche Familie, die Spiritualität des Gebets. „Während der Unterdrückung schränkten sie ihren missionarischen Auftrag und ihren kulturellen Einfluss ein."[175] Auch nach dem Ende der kommunistischen Herrschaft haben, wie er bemerkt, viele Kirchen in Ost- und Mitteleuropa noch nicht zu ihrer missionarischen Aufgabe gefunden[176]. Der schlagartige Wechsel von einer staatlich verordneten passiven Rolle der Kirche in der Gesellschaft zu einer gesellschaftlichen Kraft, an die von der Bevölkerung höchste Erwartungen gerichtet werden, überfordert viele orthodoxe Kirchen. Regierungen oder ethnische Gruppen versuchen, die Kirchen für nationalistische Sonderinteressen einzuspannen und sie damit in eine neue Abhängigkeit zu bringen, was die Kirchen wiederum dazu verleitet, gegenüber neuem Unrecht in Staat und Gesellschaft zu schweigen. Von all diesen Entwicklungen überrollt, fehlt ihnen oftmals die Kraft, sich der dringend notwendigen kritischen Aufarbeitung ihrer Rolle in der Geschichte zuzuwenden.

4.2 Mission und Proselytismus

Seit dem Ende der kommunistischen Herrschaft ist in Osteuropa ein Konflikt um die Mission entbrannt, der die Beziehungen zwischen der Orthodoxie, nicht-orthodoxen Kirchen und dem ÖRK schwer belastet[177]. Als in Russland und ande-

---

[175] Bria, Liturgy, 1996, a.a.O. (Anm. 167), 66.

[176] Es gibt aber auch Ausnahmen wie z.B. die Rumänische Orthodoxe Kirche, bes. in Iasi, dem Sitz der Metropolie von Moldau und Bukowina. Hier hat die Kirche in den letzten Jahren als Ausdruck missionarischen Handelns der Kirche verschiedene neue Werke in den Bereichen der Diakonie, Kommunikation sowie des Gesundheits- und Schulwesens aufgebaut.

[177] Über die Entwicklung der Kirchen im neuen Osteuropa und den Konflikt um die Mission vgl. die fortlaufende Berichterstattung in den Zeitschriften ‚Stimme der Orthodoxie', ‚Glaube in der 2. Welt' sowie ‚Gewissen und Freiheit'.

ren osteuropäischen Staaten nach 1989 die kirchenfeindlichen Religionsgesetze schlagartig liberalisiert worden waren, veränderte sich in kürzester Zeit die religiöse Landschaft in Osteuropa. Innerhalb der Orthodoxie setzte, erstens, eine Autokephalie-Bewegung ein[178]. Zweitens trennten sich die mit Rom unierten griechisch-katholischen Kirchen wieder von den orthodoxen Kirchen, deren Mitgliederbestand dadurch mitunter grosse Einbussen erlitt. Drittens erlebten die nichtorthodoxen Minderheitenkirchen in Osteuropa einen neuen Zulauf; schliesslich nutzten, viertens, Kirchen, parakirchliche Organisationen, neureligiöse Bewegungen und Sondergemeinschaften aus dem Westen die neuen Möglichkeiten in Osteuropa für Missions- und Evangelisationskampagnen. Wie eine religiöse Flutwelle schlugen diese gleichzeitig auftretenden Veränderungen über dem Moskauer Partiarchat zusammen und bewogen es dazu, Schutzräume zu errichten. Mit der These vom kanonischen Territorium des Moskauer Partiarchats behauptete dieses einen Alleinvertretungsanspruch der Orthodoxie in ‚seinem' Gebiet[179]. Den nicht-orthodoxen Kirchen und Religionsgemeinschaften gegenüber wurde signalisiert, für sie seien die ‚orthodoxen Länder' Osteuropas eine Sperrzone. In mehreren Ländern drängen die orthodoxen Kirchen seit den frühen 1990er Jahren auf eine Revision der liberalen Religionsgesetze, um die Missions- und Evangelisationswelle aus dem Ausland einzudämmen. Was die römisch-katholische Kirche als (Neu-)Evangelisierung Europas versteht, und was andere Kirchen und Gruppierungen in missionarischer Absicht ins Werk setzen, wird orthodoxerseits als Abwerbung von orthodoxen Gläubigen empfunden und als Proselytismus verurteilt. Kirchen und ‚Sekten' aus dem Westen versuchten, so lautet der Vorwurf, mit aggressiven Missionsmethoden neue ‚Gebietsgewinne' zu erzielen und würden damit der Orthodo-

[178] Auf dem ehemaligen Gebiet des Moskauer Patriarchats entstanden nach 1989 mehrere autonome und autokephale orthodoxe Kirchen; in der Ukraine gibt es sogar mehrere orthodoxe Kirchen. Bei der Autokephalie-Welle in Osteuropa dürften im allgemeinen eher nationalistische Motive als ekklesiologische Überlegungen eine Rolle gespielt haben.

[179] Zum Folgenden G. Stricker, ‚Proselytismus' als ökumenisches Problem. Beobachtungen zum orthodox-katholischen Konfliktfeld in Russland, in: Glaube in der 2. Welt 3/1998, 25-31.

xie zu verstehen geben, sie habe bezüglich Mission und Gemeindeaufbau versagt.

Die in manchem berechtigten Vorwürfe schiessen in der pauschalen Form über das Ziel hinaus, nötigen aber die Kirchen der Ökumene dazu, die Probleme fallbezogen und mit einem Blick für die komplexen historischen Zusammenhänge zu klären. Hier müssen einige Randbemerkungen aus missiologischer Sicht genügen. Ob es sich um die Verteidigung eines kanonischen Territoriums durch die russisch-orthodoxe Kirche oder um die Erschliessung neuer Missionsgebiete durch aggressiv auftretende ausländische Kirchen und Sondergemeinschaften handelt: beiden Konzepten liegt ein antiökumenisches Verständnis von Mission zugrunde, das auf dem Anspruch auf Einflusszonen beruht, die gegen Gebietsansprüche anderer Kirchen verteidigt werden. Ein solches Vorgehen zerstört die Gemeinschaft von Kirchen, und es verstösst gegen den ökumenischen Grundsatz des gemeinsamen Handelns in der Mission. Diesem Grundsatz haben sich die Kirchen der Orthodoxie 1988 aber selbst verpflichtet, als sie auf der innerorthodoxen Konsultation zur Mission in Neapolis/Griechenland erklärten[180]:

„Der konstitutive Charakter der Mission als Ausdruck der Einheit verlangt nach einem gemeinsamen Zeugnis. Die heutige Weltsituation erfordert es, dass das, was die Kirchen gemeinsam tun können, sie nicht getrennt tun sollen. Das Bemühen um ein gemeinsames Zeugnis verhilft den Kirchen dazu, aus ihren parochialen Loyalitäten herauszukommen, und ermutigt sie dazu, gemeinsam nach Gottes Willen für die heutige Welt zu fragen. Die orthodoxen Kirchen, die in unterschiedlichen Kulturen leben und durch deren jeweilige sozio-politischen, wirtschaftlichen und sprachlichen Situationen herausgefordert sind, sind aufgerufen, sich für ein gemeinsames Bezeugen des einen apostolischen Glaubens in neuen missionarischen Situationen einzusetzen. Wenn sie schöpferisch und in der Einheit des Geistes auf diese Herausforderungen antworten, ohne (einzig) die engen Interessen einer jeden Einzelkirche zu befriedigen, dann antworten die Kirchen gemäss dem Willen Gottes."

---

[180] Die deutsche Übersetzung der Erklärung ist abgedruckt in: Mission erklärt, a.a.O. (Anm. 128), 99-114 (107) (Original in: Your Will Be Done, a.a.O., Anm. 68, 43-60).

Schon vor 1989 waren sich die Kirchen der Ökumene in der Ablehnung des Proselytismus einig; seither haben der ÖRK, der Vatikan und verschiedene Konfessionsfamilien dies neu bekräftigt[181]. Nach der Erklärung des ÖRK über die Bedeutung der Mitgliedschaft von 1997 ist die Sendung der Kirche als eine *„gemeinsame Verantwortung zu verstehen, die mit anderen geteilt wird, und nicht isoliert voneinander missionarisch oder evangelistisch tätig zu werden, und noch weniger, in Konkurrenz zu anderen christlichen Gläubigen zu treten oder Proselytismus unter ihnen zu betreiben"*[182]. Dem Problem ist aber nur beizukommen, wenn den unterschiedlichen Missionsverständnissen und ihrer historischen Bedingtheit vermehrt Rechnung getragen wird. Zurecht bemerkt Bria, die Westkirchen seien, befangen durch ihre eigenen Vorstellungen von Mission, für das Missionsverständnis der Orthodoxie blind[183]: *„Eine Lektion, die von der Geschichte der Orthodoxie gelernt werden könnte, ist die Dynamik der eucharistischen Versammlung für die Verkündigung (proclamation) des Evangeliums, das Teilen des Brotes des Lebens mit anderen und die sichtbare Gemeinschaft der Menschen. Diese Form von Evangelisation bleibt meistens unbeachtet, was, wie bereits gesagt, den zunehmenden Proselytismus in orthodoxen Ländern zumindest teilweise erklärt."* Für die Zukunft der Ökumene in Osteuropa stellt sich die Frage, ob orthodoxe Kirchen das Leitbild von der ‚Mission in sechs Kontinenten' weiterhin mittragen können, das seit der VII. Weltmissionskonferenz in Mexiko City (1963) zu den missiologischen Selbstverpflichtungen des ÖRK und seiner Mitgliedskirchen gehört. Eine Besinnung darauf würde es den Kirchen aller Konfessionen in Osteuropa ermöglichen, die Tätigkeit anderer Kirchen zu tolerieren; umgekehrt verlangte diese Selbstverpflichtung von den missionierenden Kirchen, Mission nicht an den Ortskirchen vorbei und schon gar nicht

---

[181] Dazu Die Herausforderung des Proselytismus und die Berufung zu gemeinsamem Zeugnis. Ein Studiendokument der Gemeinsamen Arbeitsgruppe des Ökumenischen Rates der Kirchen und der römisch-katholischen Kirche, in: ÖR 4/1996, 479-490; Auf dem Weg zu einem gemeinsamen Zeugnis. Ein Aufruf zu verantwortlichen Beziehungen in der Mission und einer Absage an Proselytismus, hg. v. ÖRK Genf, 1997.

[182] Zit. nach: Von Canberra nach Harare. Sieben Jahre im Leben des ÖRK, Genf 1998, 50.

[183] Bria, Liturgy, 1996, a.a.O. (Anm. 167), 30.

gegen sie, sondern mit ihnen gemeinsam bzw. in Absprache mit ihnen ins Werk zu setzen. Für eine zukunftsfähige Perspektive ergibt sich daraus die Forderung, dass die in Osteuropa ansässigen Kirchen für die Schaffung einer staatlichen Religionsgesetzgebung eintreten, die der Entfaltungsmöglichkeit und den kulturellen Besonderheiten der Kirchen ebenso Rechnung trägt wie den spezifischen Bedürfnissen von Mehrheits- und Minderheitenkirchen.

4.3 Inkulturation und Synkretismus

„Der christliche Glaube dringt durch die Liturgie tief in das Leben der Menschen ein. Dies setzt voraus, dass Sprache, Musik, Ikonen und Denkformen, die in der Liturgie zur Anwendung kommen, von Gemeinschaften gestaltet werden, die tief in den lebendigen Traditionen der Kirche und im Leben der Zeitgenossen verwurzelt sind ... diese Neuschöpfung setzt (freilich) voraus, dass die neuen Gemeinschaften gleichzeitig die orthodoxe Tradition zunehmend besser verstehen. Die Tatsache, dass die Orthodoxie bereitwillig die verschiedenen national geprägten Kulturen umschliesst und sie als wirksame Werkzeuge der Mission braucht, heisst nicht, dass die Einheit der Kirche – ein gottgewirktes Zeichen des Leibes Christi – ethnisch geprägten kulturellen Werten geopfert werden darf (Kol 3,10f; Gal 3,28). Liturgische Neuerungen dürfen nie auf Kosten der Treue gegenüber der authentischen Tradition verwirklicht werden.“[184]

Diese Worte fassen zusammen, was die orthodoxen Mitgliedskirchen des ÖRK in den 1970er und 1980er Jahren verschiedentlich über das Verhältnis von Evangelium und Kultur geäussert haben. Es ist ein Plädoyer für die kulturelle Verwurzelung des Evangeliums, solange dies im Rahmen der Katholizität geschieht, d.h. solange gewährleistet ist, dass eine bestimmte Form von Inkulturation ein lebendiger Ausdruck der Kirche Jesu Christi an allen Orten und zu allen Zeiten bleibt.

Seit der VII. Vollversammlung des ÖRK in Canberra 1991 haben die orthodoxen Mitgliedskirchen grosse Zweifel, ob die Einheit von Inkulturation und Katholizität im ÖRK als

---

[184] Go Forth in Peace, a.a.O. (Anm. 167), 57.

Grundkonsens noch Bestand hat. Schon im Vorfeld der Vollversammlung hatten sie befürchtet, das Thema derselben, ‚Komm, Heiliger Geist, erneuere die ganze Schöpfung', könnte synkretistische Tendenzen freisetzen. In einem Memorandum (1989) legten sie deshalb die grundlegenden Prinzipien orthodoxer Pneumatologie wie folgt fest: Alle Theologie über den Heiligen Geist müsse in den Rahmen der Trinitätstheologie gestellt und dürfe auch von der Christologie nicht getrennt werden; ferner sei es aus orthodoxer Sicht undenkbar, über das Wirken des Heiligen Geistes ausserhalb der Kirche zu reden, ohne zugleich an die Koinonia des Volkes Gottes, also die Kirche, zu denken[185]. In Canberra entzündete sich der orthodoxe Protest am Referat der koreanischen Theologin Chung Hyun-Kyung zum Hauptthema der Vollversammlung. Darauf anspielend, erklärten die Delegierten aus den byzantinischen und altorientalischen orthodoxen Kirchen in einem Votum an die Vollversammlung[186]: *„Wir müssen uns gegen die Tendenz verwahren, einen ‚privaten' Geist, den Geist der Welt oder andere Geister an die Stelle des Heiligen Geistes zu setzen, der vom Vater ausgeht und im Sohn bleibt. Unsere Tradition achtet lokale und nationale Kulturen, doch halten wir es für untragbar, die Geister von ‚Erde, Luft, Wasser und Lebewesen im Meer' anzurufen. Pneumatologie ist nicht von Christologie oder von der Lehre von der Heiligen Dreifaltigkeit zu trennen, wie sie die Kirche auf der Grundlage der göttlichen Offenbarung bekennt.*" Für die Orthodoxen, die in Canberra ein Viertel aller Delegierten ausmachten, war der Dissens zwischen ihren Kirchen und dem ÖRK in dieser Frage so tief, dass sie ihre weitere Mitgliedschaft im ÖRK überdenken wollten. Der Kontroverse in Canberra, in der die Orthodoxen mit ihrem Vorwurf der unzulässigen Religionsvermischung nicht allein dastanden, ist im ÖRK in der folgenden Zeit ein Studienprozess zum Verhältnis von Evangelium und Kultur gefolgt, der sich in einer ein-

---

[185] Nach A. Basdekis, Canberra und die Orthodoxen, in: ÖR 3/1991, 356-374 (bes. 359).

[186] Überlegungen orthodoxer Teilnehmer, gerichtet an die Siebte Vollversammlung, in: Bericht aus Canberra 1991. Im Zeichen des Heiligen Geistes. Offizieller Bericht der Siebten Vollversammlung des Ökumenischen Rates der Kirchen, hg. v. W. Müller-Römheld, Frankfurt 1991, 280-282 (281). Das Referat von Chung Hyun-Kyung, ebd., 47-56.

drucksvollen Reihe von Fallstudien aus Kirchen in allen Teilen der Welt niedergeschlagen hat[187]. Obwohl sich die Fallstudien vor allem auf die Inkulturationsprozesse konzentrieren, geht die Frage nach der Katholizität der Kirche nicht verloren. Der von orthodoxer Seite angemahnte ökumenische Diskurs über theologische Kriterien für die Inkulturation hat also inzwischen stattgefunden und auf der XI. Weltmissionskonferenz in Salvador de Bahia (1996) zum Thema ‚Zu einer Hoffnung berufen. Das Evangelium in verschiedenen Kulturen' zu einem vorläufigen Ergebnis geführt. In der Botschaft der Konferenz heisst es[188]: *„Die Kirche muss an zwei Realitäten festhalten: sie ist anders als die Kultur, in die sie hineingestellt ist, und sie ist zugleich in sie eingebunden. So wird das Evangelium weder von einer Kultur vereinnahmt noch von ihr entfremdet, sondern sie fordern sich beide gegenseitig heraus und erhellen einander."*

4.4 Interreligiöser Dialog

Sehr viel seltener als zur Mission äussern sich Orthodoxe zum interreligiösen Dialog[189]; kirchenoffizielle Stellungnahmen dazu gibt es von orthodoxer Seite bisher nicht. Die orthodoxe Missionserklärung, die 1988 in Neapolis/Griechenland verabschiedet worden ist, stellt das christliche Zeugnis gegenüber Menschen anderen Glaubens in den altkirchlichen Kontext der Martyria[190]: *„Die Liebe, die wir denen schulden, die anderen Glaubens sind, gebietet uns um so dringlicher, uns so zu verhalten,*

---

[187] Erschienen sind zwischen 1994 und 1996 in der Reihe ‚Gospel and Culture' verschiedene Broschüren: eine Einführung in die Diskussion über Evangelium und Kultur in der ökumenischen Bewegung und Fallstudien zu den Kirchen in Kanada, Rumänien, Wales, Panjab, im säkularisierten Europa, in Deutschland, Tamilnadu, Simbabwe und Westafrika.

[188] Botschaft der Konferenz, in: Zu einer Hoffnung berufen. Das Evangelium in verschiedenen Kulturen. Elfte Konferenz für Weltmission und Evangelisation in Salvador de Bahia 1996, hg. v. K. Schäfer, Frankfurt a.M. 1999, 113-119 (117).

[189] Vgl. z.B. von A. Yannoulatos, Emerging Perspectives on the Relationships of Eastern Christians to People of other Faith, in: IRM Nr. 307, 1988, 332-346; ders., Growing into Awareness, in: J.B. Taylor (Hg.), Primal World Views. Christian Dialogue with Traditional Thought Forms, Ibadan 1976, 72-78.

[190] Interorthodoxe Konsultation zum Thema ‚Your Will Be Done', a.a.O. (Anm. 68), dt. in: Mission erklärt, a.a.O. (Anm. 128), 101-114 (104f.).

wie es die frühen christlichen Apologeten getan haben, indem wir, was für eine Wahrheit auch immer angetroffen werden mag, diese bestätigen, gleichzeitig aber die Fülle und Wahrhaftigkeit der christlichen Heilswahrheit herausstellen, selbst wenn wir uns damit der Gefahr der Verfolgung aussetzen." Die theologischen Überlegungen zum interreligiösen Dialog bewegen sich innerhalb dessen, was im ÖRK konsensfähig ist[191]. Auch die orthodoxen Stimmen sprechen mit Act 14,17, dass sich Gott in der Weltgeschichte nie unbezeugt gelassen habe. Der Dialog mit Andersgläubigen wird mit der Notwendigkeit begründet, auf das Wirken Christi auch ausserhalb der von den empirischen Kirchen gezogenen Grenzen zu achten. Eine Anerkennung anderer Religionen als Wege zum Heil ist damit in der Regel aber ebenso wenig verbunden wie die Auffassung, der universal anzutreffende Heilswille Gottes spreche für ein Verbleiben jedes Menschen bei seinem (nichtchristlichen) Glauben. In Canberra äusserten sich die orthodoxen Delegierten besorgt über die Arbeit des Dialogprogramms. In ihrem Votum an die Vollversammlung verlangen sie vom Dialog mit Menschen anderen Glaubens, dass er auf der Basis von theologischen Kriterien geschieht, welche die Grenzen der Vielfalt festlegen. Der biblische Glaube an Gott dürfe nicht verändert werden.

Innerhalb der Orthodoxie gibt es stark von einander abweichende Stimmen. Der griechisch-orthodoxe, libanesische Metropolit George Khodr, der dem Dialogprogramm des ÖRK von Anfang an verbunden gewesen ist und zum interreligiösen Dialog bereits mehrere bemerkenswerte Beiträge beigesteuert hat, vertritt innerhalb des orthodoxen Spektrums wohl eine Aussenseiterposition[192]. Er stellt die negative Ein-

---

[191] Go Forth in Peace, a.a.O. (Anm. 167), 89-91.

[192] Vgl. vor allem das Referat von G. Khodr auf der Zentralausschuss-Sitzung des ÖRK in Addis Abeba, Januar 1971: Das Christentum in einer pluralistischen Welt – das Werk des Heiligen Geistes, in: Dialog mit anderen Religionen, a.a.O. (Anm. 133), 131-141; ferner ders., An Orthodox Perspective of Inter-Religious Dialogue, in: Current Dialogue 19/1991, 25-27. George Khodr (Khodre) von Tripolis, Libanon, hat verschiedene ökumenische Aktivitäten des Patriarchats von Antiochien lanciert, sich am christlich-islamischen Dialog beteiligt und in Kommissionen des ÖRK mitgewirkt. Er versieht die Metropolie vom Berg Libanon des griechisch-orthodoxen Patriarchats von Antiochien und dem ganzen Orient.

schätzung anderer Religionen durch das Christentum mit dem Hinweis infrage, die ‚Echtheit des geistlichen Lebens Nichtgetaufter' sei ein Zeichen für das Wirken Gottes und des Heiligen Geistes sowie die Gegenwart Christi in anderen Religionen[193]: „*Es ist kaum von Bedeutung, ob diese oder jene Religion sich selbst als unvereinbar mit dem Evangelium betrachtet. Christus ist überall, verborgen im Mysterium seiner Niedrigkeit. Jede Interpretation von Religionen ist eine Interpretation auf Christus hin. Es ist allein Christus, der als Licht empfangen wird, wenn die Gnade bei einem Brahmanen, einem Buddhisten oder einem Muslim über dem Lesen ihrer eigenen Schriften einkehrt.*" Dabei ist für ihn unbestriten, dass die Kirche eine umfassende Mittlerrolle hat, weil sie – in meinen Worten gesagt – den Gläubigen aller Religionen zum Wiedererkennen des universalen Christus in den verschiedenen religiösen Erscheinungsformen verhilft. Khodr wörtlich[194]: „*Es geht hier nicht so sehr um die Hinzufügung weiterer Menschen zur Kirche. Sie werden von selbst hereinkommen, wenn sie beginnen, sich wie im Vaterhaus zu fühlen. Die vorliegende Aufgabe besteht darin, alle Werte Christi in anderen Religionen herauszufinden, ihnen Christus als ihr Bindeglied zu zeigen und seine Liebe als ihre Erfüllung. Wahre Mission spottet der Mission.*"

Mit seinem Argumentationsgang bewegt sich Khodr in der Tradition der ostsyrischen Kirche, die in Anlehnung an Nestorius nur die beiden ersten ökumenischen Konzilien, Nicäa 325 und Konstantinopel 381, anerkennt und dem universalen Christus den Vorrang einräumt vor der Menschwerdung Gottes in Jesus. Die Betonung des universalen Christus hat der ostsyrischen Kirche auf ihrem Weg in den süd- und ostasiatischen Raum geholfen, ihren Platz im Gefüge der asiatischen Religionen zu finden und mit ihnen in versöhnter Verschiedenheit zu leben. Als Metropolit im religiös-politischen Krisengebiet des Libanon schöpft Khodr aus den Quellen der ‚asiatischen' Orthodoxie in der Hoffnung, dass sie der Versöhnung der Menschheit in Christus zu dienen vermögen.

---

[193] Khodr, Das Christentum in einer pluralistischen Welt, a.a.O. (Anm. 192), 138.
[194] Ebd., 140f.

B KONTEXTUELLE PROFILE

Die ökumenischen Stellungnahmen zu Mission und Dialog sind notwendigerweise sehr allgemein gehalten und können nicht von ferne wiedergeben, wie vielfältig und kontrastreich in den Kirchen der Welt darüber gedacht und gehandelt wird. Im Folgenden sollen deshalb kontextuelle Profile vorgestellt werden, die das breite Spektrum von Positionen erahnen lassen, welche derzeit die Auseinandersetzungen um Mission und Dialog in der Christenheit bestimmen. Inhalt und Gestalt der Mission und der interreligiösen Dialoge werden massgeblich durch den Kontext geprägt, in dem sie stattfinden. Bürgerkriege mit religiösem Hintergrund (Ex-Jugoslawien) oder religionsrechtliche Benachteiligungen von Minderheiten (Pakistan) setzen dem Dialog andere Massstäbe als der gesellschaftlich akzeptierte, religiös-weltanschauliche Pluralismus in Staaten mit verfassungsmässig garantierter Religionsfreiheit (z.B. USA). Die ausgewählten Fallbeispiele sollen kontextspezifische Merkmale von Ansätzen aus Südkorea, den USA, Indien und Deutschland aufzeigen, zugleich aber auch Typisches hervortreten lassen. Die Minjungtheologie in Südkorea steht für ein Missionsverständnis im Zeichen von Befreiung und kultureller Selbstbestimmung (1). Anhand von Paul F. Knitter und Stanley J. Samartha kommt ein religionstheologischer Ansatz zur Sprache, der über die meisten ökumenischen Stellungnahmen hinausgeht und von einer pluralistischen Position aus ein kritisches Licht auf die Kirchen der Ökumene wirft (2). Judentum und Christentum stellen durch ihre sachliche und historische Nähe und mehr noch durch ihre konfliktbeladenen Beziehungen ganz spezifische Anforderungen an die Fragen von Mission und Dialog. Vor diesem Hintergrund reflektiert Friedrich-Wilhelm Marquardt christliche Theologie im Dialog mit dem Judentum (3).

1. Mission und Dialog im Kontext sozialer Konflikte: Minjungtheologie / Südkorea

In den 1970er und 1980er Jahren haben südkoreanische Christen und Christinnen einen theologischen Ansatz entwickelt, der von ihrer damaligen Entschlossenheit zeugt, einem repressiven politischen System die Macht der Ohnmächtigen entgegenzusetzen[195]. Der Ausdruck ‚Minjungtheologie' ist in den 1970er Jahren, zur Zeit der Diktatur von Staatspräsident Park Chung-Hee, von südkoreanischen Theologieprofessoren geprägt worden. Gut fünfzehn Jahre lang sind von diesem Ansatz Impulse ausgegangen, die auf alle Fachbereiche der wissenschaftlichen Theologie ausgestrahlt haben. Die Minjungtheologie hat sich literarisch breit niedergeschlagen und ist in der Ökumene vor allem durch Suh Nam-Dong, Ahn Byung-Mu, Kim Yong-Bock und Suh David Kwang-Sun bekannt gemacht worden[196]. Statt einer Gesamtdarstellung der Minjungtheologie ist hier einzig ihr Verhältnis zu Mission und Dialog von Interesse. Trotz ihrer scharfen Missions- und Reli-

---

[195] Diesem Abschnitt liegt meine Studie zur Minjungtheologie und ihren Wurzeln in der Geschichte und Gegenwart der koreanischen Halbinsel zugrunde: C. Lienemann-Perrin, Die politische Verantwortung der Kirchen in Südkorea und Südafrika. Studien zur ökumenischen politischen Ethik, München 1992, bes. 49-227 (mit zahlreichen Literaturhinweisen zu Politik, Wirtschaft, Kultur und Religionen in Korea).

[196] Zwei repräsentative deutschsprachige Veröffentlichungen mit Beiträgen von diesen vier und weiteren Minjungtheologen sowie ein Überblick über die Minjungtheologie sind: J. Moltmann (Hg.), Theologie des Volkes Gottes in Südkorea, Neukirchen-Vluyn 1984; Ahn Byung-Mu, Draussen vor dem Tor. Kirche und Minjung in Korea, Göttingen 1986. Für einen kurzen Überblick über die Minjungtheologie vgl. W. Kröger, Die Befreiung des Minjung. Das Profil einer protestantischen Befreiungstheologie für Asien in ökumenischer Perspektive, München 1992. In englischer Sprache sind zahlreiche Sammelbände und einige Monographien erschienen, darunter: Minjung Theology. People as the Subjects of History, hg.v. Commission on Theological Concerns of the Christian Conference of Asia, London u.a. 1981; Suh David Kwang-Sun, The Korean Minjung in Christ, Hong Kong 1991; Kim Yong-Bock, Messiah and *Minjung*. Christ's Solidarity with the People for New Life, Hong Kong 1992. Die Minjungtheologie hat in der Ökumene ein breites Echo gefunden, wie die Kommentare aus aller Welt beweisen, vgl. etwa An Emerging Theology in World Perspective. Commentary on Korean Minjung Theology, hg.v. Lee Jung-Young, Mystic 1988 (mit Beiträgen aus den USA, Lateinamerika, Afrika, Europa und Asien).

gionskritik steht sie für einen qualitativ veränderten missionarischen Aufbruch und eine spezifische Form des interreligiösen Dialogs, wobei beide Optionen durch eine innere Logik miteinander verbunden sind.

Der ‚Minjungtheologie' geht es um eine ‚Theologie in Solidarität mit dem *minjung*' bzw. eine ‚Theologie *des minjung*'. Das schwer übersetzbare sinokoreanische Wort kann umgangssprachlich etwa mit ‚Volk/Menschenmenge/Pöbel' wiedergegeben werden. Die Minjungtheologie hat freilich bei der Verwendung dieses Ausdrucks keine klar angebbare Personengruppe vor Augen, wohl aber die gesellschaftliche Ausgrenzung als einen Zustand, in dem sich die Armen häufiger befinden als Wohlhabende und Mächtige. Eine Person wird also unter Umständen in der einen Hinsicht zum *minjung* gezählt, in anderen Hinsichten aber nicht. Wer politisch, wirtschaftlich, kulturell, moralisch und religiös ausgegrenzt ist, gehört – in der jeweiligen Hinsicht – zum *minjung*. Politisch ausgegrenzt waren zur Zeit der Diktatur von Park Chung-Hee beispielsweise die zur verbotenen Opposition gehörenden Intellektuellen; wirtschaftlich ausgegrenzt die Arbeiterinnen, die sich in den Textilfabriken unter frühkapitalistischen Bedingungen körperlich ruinieren mussten; kulturell ausgegrenzt die Analphabeten in städtischen Slums und auf dem Land; moralisch ausgegrenzt die Prostituierten; religiös ausgegrenzt – z.B. vom konfuzianischen Ahnenkult – die Frauen[197]. Ausserdem wird dem sinokoreanischen Wort *minjung* noch eine spezifisch theologische Bedeutung, die es in der Umgangssprache nicht hat, beigelegt: *minjung* verschmilzt mit dem deuterojesajanischen Gottesknecht, mit der Volksmenge (*ochlos*) in Galiläa, mit dem Menschen Jesus, dem Gekreuzigten, dem Lamm, das zur Schlachtbank geführt wird, dem Messias. Wie der Gottesknecht ist es ein verfolgtes Opfer, wie Jesus trägt es die Schuld anderer und wird, obgleich selbst schuldlos, stellvertretend für sie ‚bestraft'. Wie der Messias ist es der Heilsträger der Menschheit. Gottesknecht, Gottessohn und Messias sind nach minjungtheologischem Verständnis

[197] ‚Ausgrenzung' nimmt als Begriff in der Minjungtheologie keinen besonderen Stellenwert ein. Trotzdem ist sie dasjenige Merkmal, das allen Beispielen von Leidenserfahrungen des *minjung*, mit denen sich die Minjungtheologie befasst, gemeinsam ist.

biblische Personifikationen des *minjung*. Auch zum Auferstandenen steht *minjung* in einer einmaligen Verbindung. Wenn es sich als geschichtsverändernde Kraft erhebt, ‚aufersteht', um den Unrechtszuständen in Staat und Gesellschaft mit der Macht der Ohnmächtigen *(ousia)* entgegenzutreten, wird das Reich Gottes Wirklichkeit[198].

Als hermeneutischer Schlüssel steht *minjung* im Zentrum aller exegetischen, kirchengeschichtlichen und systematisch-theologischen Studien. Die kirchlichen Grundvollzüge – Taufe, Abendmahl, Bekenntnis, Gottesdienst – werden ‚mit den Augen des *minjung*' betrachtet und gelten nur solange als notwendige Merkmale der Kirche, als sie im Dienst des *minjung* stehen. Von den in Südkorea allgegenwärtigen Gegensätzen zwischen Macht und Ohnmacht, Reich und Arm, kultureller Vorherrschaft und Entfremdung zeichnet die Minjungtheologie – meistens in Gestalt von ‚stories' – ein schockierendes Bild. Manchmal münden die Gesellschaftsanalysen in ein dualistisches, apokalyptisch überhöhtes Weltbild: Der Kampf, der zwischen *minjung* und seinen Kontrahenten stattfindet, sei ein Kampf zwischen Gut und Böse, Gottesreich und Satan, ist vor allem bei Kim Yong-Bock zu lesen[199]. Als konfrontative Theologie grenzt sie sich ihrerseits von allem ab, was ausgrenzend wirkt, angefangen bei der etablierten theologischen Wissenschaft bis hin zu der Kirche als Institution, der Westmission, der westlichen Kultur, den Grossmächten oder Transnationalen Konzernen.

(1) Mission als Gemeinwesenarbeit in Industriezonen, Slums und auf dem Land

Die Minjungtheologie hat hauptsächlich drei Wurzeln: die Bewegung für Menschenrechte bzw. Demokratie, für soziale Gerechtigkeit sowie für kulturelle Selbstbestimmung. Das minjungtheologische Missionsverständnis ist in der Bewegung

[198] Vgl. dazu die Studien des Neutestamentlers Ahn Byung-Mu, a.a.O. (Anm. 196); ders., Jesus und das Minjung im Markusevangelium, in: Moltmann, a.a.O. (Anm. 196), 110-132.

[199] Kim Yong-Bock, Historical Transformation, People's Movement, Messianic Koinonia, Diss. theol., Princeton (New Jersey) 1976. Zum apokalyptischen Horizont in den Schriften von Kim Yong-Bock vgl. Lienemann-Perrin, a.a.O. (Anm. 195), 207-223.

für soziale Gerechtigkeit verankert, ihr Verständnis der Religionen dagegen in derjenigen für kulturelle Selbstbestimmung. Zunächst zur Mission. Warum lässt Gott unverschuldetes Leiden zu? Was haben die biblischen Überlieferungen mit den sozialen Folgen einer forcierten Industrialisierung zu tun? Als Industriepfarrer in den 1970er Jahren den Systematiker Suh Nam-Dong mit diesen Fragen konfrontierten, antwortete er darauf mit seinen ersten exegetischen Versuchen ‚aus der Sicht des *minjung*'[200]. Die Industriemission, hervorgegangen aus einem tiefgreifenden Wandel von Theorie und Praxis der Inneren Mission, ist der ‚Sitz im Leben' des minjungtheologischen Missionsverständnisses. Diesen Wandel und den damit verbundenen Perspektivenwechsel haben Industriepfarrer und -pfarrerinnen 1983 mir gegenüber in Gesprächen folgendermassen wiedergegeben:

In den 1960er Jahren hatte das Hauptziel der Arbeiterevangelisation in Südkorea darin bestanden, religiös entwurzelte Arbeiter an den christlichen Glauben heranzuführen. Durch Laienevangelisten auf die sozialen Missstände unter den Arbeitern und ihren Familien aufmerksam geworden, gaben sie ihr geistliches Amt auf, um sich einem Selbsterfahrungsprozess als Arbeiter auszusetzen. In der Schicksalsgemeinschaft mit den Industriearbeitern erlitten sie eine tiefe Erschütterung ihrer religiösen Überzeugungen und theologischen Einsichten. Nach einer Zäsur, die mehrere Jahre dauern konnte, begannen sie dann aber eine als sozialkritische Gemeinwesenarbeit konzipierte Industriemission aufzubauen. Unter dem Eindruck, dass das kirchenzentrierte Christentum angesichts drängender Fragen im dramatischen Gesellschaftswandel versagt hatte, experimentierten Pfarrer und Pfarrerinnen mit neuen Missionsmodellen. Mitten in den Industriegebieten richteten sie Missionzentren ein, in denen sie, unterstützt von Studierenden und Lehrkräften, für ein elementares Bildungsangebot sorgten. Industriepfarrerinnen und -pfarrer beteiligten sich an der Gründung von Gewerkschaften, boten Kurse über frühka-

[200] Das war, wie er mir 1983 in einem Gespräch erläuterte, der Beginn der Minjungtheologie. Zur Entstehung der koreanischen Industriemission vgl. The Presence of Christ Among Minjung. Introduction to the UIM in Korea, hg.v. Christian Institute for the Study of Justice and Development, Seoul 1981.

pitalistische Produktionsbedingungen an, vermittelten bei Tarifverhandlungen zwischen Arbeitnehmerinnen und Arbeitgebern. In den städtischen Elendsvierteln rief die ,Urban Mission' sozialdiakonische Zentren ins Leben, die oft ihrerseits zur Grundlage für Selbsthilfeorganisationen der Armen wurden.

Unter den Notverordnungen, mit denen Park Chung-Hee von 1972 bis 1979 eine beispiellose Willkürherrschaft ausübte, wagte die inzwischen erstarkte Industriemission gegenüber den Industriekonzernen und dem Regime den Schritt in die offene Konfrontation. Dank eines weitverzweigten Kommunikations- und Interaktionsnetzes zwischen oppositionellen Zentren im ganzen Land vermochte die Industriemission trotz schwierigster politischer Bedingungen eine wirksame Arbeit aufzubauen. In improvisierten Volkshochschulen boten die Missionszentren abends und nachts bis in die frühen Morgenstunden Kurse an, die von den Arbeitern und Arbeiterinnen zu Tausenden besucht wurden. Durch das studentische Engagement entstanden enge Verbindungen zu den Universitäten und zu oppositionellen Gruppen, die im Untergrund tätig waren. Weitere Glieder im Kommunikationsnetz waren Forschungszentren in kirchlicher Trägerschaft. Im engen Austausch zwischen Sozialwissenschaften, Theologie und kirchlicher Praxis zeichnete sich schliesslich das sozialdiakonische Konzept der integrierten Stadt-, Industrie- und Landmission (Urban Industrial Rural Mission) ab. Aus der Sicht des Regimes war dieses Missionsmodell einer der gefährlichsten Unruhestifter in der südkoreanischen Gesellschaft. Mit Notverordnungen versuchten Park Chung-Hee und sein Nachfolger, Chun Doo-Hwan, ihren Einfluss in der Bevölkerung zu unterbinden. Mitarbeiter und Mitarbeiterinnen der Industriemission durften keine Industrieanlagen mehr betreten, mussten den Kontakt zu Gewerkschaften aufgeben und wurden rund um die Uhr geheimdienstlich observiert. Mit Verhaftungen, Folter und Gefängnisstrafen hatten in den siebziger Jahren die meisten Industriepfarrer und -pfarrerinnen zu rechnen.

Aus der Industriemission wurden selbständige Arbeitergemeinden, aus der ,Urban Mission' in den Slums gingen Armengemeinden (churches of the poor) hervor. Als drittes bildeten sich in den Stadtzentren Hausgemeinden von politisch Verfolgten, wie beispielsweise die von Ahn Byung-Mu ins

Leben gerufene ‚Galiläa-Gemeinde' – nach dem Ort benannt, an dem das biblische *minjung* die Wiederkunft des Auferstandenen erwartet (Mk 16,6). Sie und etliche andere Hausgemeinden sind zum Zufluchtsort und zur geistlichen Quelle für Oppositionelle geworden. Während des vom Regime verhängten Ausnahmezustandes kam es oft vor, dass nach einer Verhaftung, vor dem Prozess eines politischen Häftlings oder nach der Verkündung eines Gerichtsurteils sich die Familienangehörigen der Betroffenen in den Hausgemeinden versammelten, um die Nacht gemeinsam mit Gebet, Predigtmeditation, Informationsaustausch und Überlegungen zur Handlungsstrategie zu verbringen. Der ‚Galiläa-Gemeinde' gehörten neben regelmässig praktizierenden Kirchenmitgliedern auch Religionsneutrale und Andersgläubige an. Aufgrund ihrer Leidensgemeinschaft, die in Einheit mit dem leidenden und sterbenden Jesus gedeutet wurde, verstanden sie sich als *christliche* Gemeinden. Wortverkündigung, Gebet, Abendmahl, Zeugnis und Dienst kristallisierten sich in der kirchlichen Praxis von Hausgemeinden allmählich als zentrale Merkmale von Kirche heraus, wogegen das Glaubensbekenntnis sowie die Taufe in den Hintergrund gerückt wurden, um Ungetauften und Andersgläubigen den Zugang zu den Gemeinden offenzuhalten.

Ausgehend von den Hausgemeinden und der sozialdiakonischen Gemeinwesenarbeit der Stadt-, Industrie- und Landmission ist in der Minjungtheologie das ekklesiologische Modell der *minjung*-Kirche entwickelt worden. Es steht im Kontrast zur Missionspropaganda in verschiedenen presbyterianischen Kirchen, vor allem in den reaktionären Teilen des koreanischen Protestantismus[201]. Statt Andersgläubige und religiös Entwurzelte in die Kirchen hereinzuholen, müssen Kirchen – wie es heisst – zu ihnen hinausgehen, um Ausgrenzung und Leid mit ihnen zu teilen. Nicht die Integration des *minjung* in die etablierte Gesellschaft sei das Ziel, sondern umgekehrt das Aufgehen der Kirchen im *minjung*. Die Auf-

---

[201] Unter den 96 verschiedenen presbyterianischen Kirchen Südkoreas sind die theologisch und politisch konservativen in der Merhzahl. Dazu Bauswein, J.-J. / Vischer, L. (Hg.), The Reformed Family Worldwide. A Survey of Protestant Reformed Churches, Theological Schools, and International Organizations, Grand Rapids/Cambridge U.K. 1999, 294-334.

gabe der Kirchen sei es, ins Zentrum des menschlichen Leidens und der gesellschaftlichen Krisen einzugehen, um dort Christus im *minjung* zu begegnen; denn Christus ist aus minjungtheologischer Sicht ‚draussen vor dem Tor' (Hebr 13,11f.) gegenwärtig, „ausserhalb des Lagers, nicht als ein herrlicher Sieger, sondern geschmäht – ein Verbannter"[202]. Der missionarische Ruf zur Umkehr ist in erster Linie an die Kirche gerichtet: Umkehr zum *minjung*. An die Stelle der Kirche tritt das *minjung* als Träger der Mission. Mission bleibt Grenzüberschreitung, steht aber unter einem neuen Vorzeichen.

(2) Interreligiöser Dialog in Minjunggemeinden und Minjungtheologie

Abgesehen von den Philippinen ist die starke christliche Präsenz in Südkorea in ganz Asien ohne Beispiel. Mit 12,2 Mio. Mitgliedern (28 Prozent der Bevölkerung, 1990) ist das Christentum gleichwohl nur eine Religion unter anderen. Ihm steht der Buddhismus mit seinen verschiedenen Richtungen und Sekten gegenüber (18 bis 30 Prozent). Weitere, in der Gesellschaft bis heute lebendige, aber statistisch nicht erhebbare Religionen sind der Konfuzianismus, Schamanismus und Taoismus. Eine im 19. Jahrhundert entstandene Mischreligion, *Tonghak* bzw. *Chondogyo* (5 Mio.)[203] sowie neureligiöse Bewegungen (2 Mio.) runden das Bild einer religiös pluralen Gesellschaft ab. Während der ganzen Missionsgeschichte hatte das Christentum in Korea an der lebendigen Gegenwart anderer Religionen auf dem ‚Missionsfeld' Anstoss genommen. Dialogische Begegnungen zwischen den Religionen kamen für die Missionen aus dem Westen nicht in Betracht; Abschirmung gegenüber den fremdreligiösen Einflüssen und Ausgrenzung von rückfällig gewordenen Gemeindegliedern bestimmten die interreligiösen Beziehungen. Das Erbe des Missionschristentums lebt heute hauptsächlich im konservativ bis reaktionär geprägten Flügel des presbyterianischen Protestantismus weiter.

---

[202] Ahn Byung-Mu, Draussen vor dem Tor, a.a.O. (Anm. 196), 42.

[203] *Chondogyo* bedeutet wörtlich ‚Religion/Lehre des Himmlischen Weges'. – Alle Angaben zu den Religionen Koreas aus: Staatslexikon II: Die Staaten der Welt, Freiburg u.a. 1993, 777-785.

Und die Minjungtheologie? Der hermeneutische Schlüssel des *minjung* kommt auch in ihren religionstheologischen Aussagen zum Zug. Religionen werden danach befragt und beurteilt, in welchem Verhältnis sie zum *minjung* stehen. Demgemäss ist die minjungtheologische Religionenkritik hauptsächlich Herrschaftskritik; umgekehrt ist sie offen für die *minjung*-zentrierten Traditionen in *allen* Religionen. In der traditionellen, ständisch gegliederten Gesellschaft Koreas durfte nur der oberste Stand, *yangban*, und innerhalb desselben durften wiederum nur die Männer konfuzianische Schriften lesen. Die für die ethische Vervollkommnung unverzichtbaren Voraussetzungen waren somit an Stand und Geschlecht gebunden. Desgleichen waren bestimmte konfuzianische Ahnenrituale dem ältesten Sohn in einer Familie vorbehalten. Zur korrekten Erfüllung der Sohnespflichten gegenüber den Ahnen verlangte die Sitte aufwendige Opfer, was wiederum nur in reichen Häusern möglich war. Während der Konfuzianismus in Korea überwiegend ‚Männerreligion', ‚Adelsreligion' und Staatsreligion war, hatten Leute aus dem Volk, vor allem die Frauen, am leichtesten Zugang zum Schamanismus. Auch heute ist der koreanische Schamanismus überwiegend – wenn auch nicht ausschliesslich – ‚Minjungreligion' und ‚Frauenreligion'[204]. Die minjungtheologische Religionenkritik gilt zum einen den vertikalen Ausgrenzungsprinzipien in *allen* Religionen; zum andern richtet sie sich gegen die Instrumentalisierung einer Religion zum Zweck der Herrschaftsausübung in Ehe, Familie, Gesellschaft und Staat. Minjungtheologische Religionenkritik ist zu einem guten Teil auch Christentumskritik; denn wo immer das Christentum mit politischer oder wirtschaftlicher Macht ein Bündnis eingeht und an der Versklavung des *minjung* mitschuldig wird, stellt sich die Minjungtheologie gegen das Christentum auf die Seite des *minjung*.

Ein guter Teil der minjungtheologischen Literatur geht den Spuren von volksreligiösen Traditionen in der fünftausendjährigen Geschichte Koreas nach und versucht sie für den

[204] Obwohl die Schamaninnen zur Zeit der Yi-Dynastie von Angehörigen aller Stände einschliesslich des Königs und seines Hofes konsultiert wurden, waren der Schamanismus und die Schamaninnen gesellschaftlich diskriminiert.

minjungtheologischen Ansatz fruchtbar zu machen. Vor allem in Schamanismus, Buddhismus, Taoismus und in der *Chondogyo*-Religion ist sie fündig geworden, ja selbst im Konfuzianismus. *Minjung*-Religion ist quer durch alle historischen Epochen Koreas messianische Religion gewesen. Von tiefer Sehnsucht nach Frieden, Gleichheit, Selbstbestimmung und einem erfüllten Leben durchdrungen, sind im einfachen Volk über Jahrhunderte hindurch Geschichten über ein Friedensreich oder einen Heilsbringer weitererzählt worden. Im 8. Jahrhundert hat das unterdrückte Volk der Paekche in der heutigen Provinz Cholla seine Hoffnungen in den auf die Erde herabsteigenden Maitreya Buddha (koreanisch: Miruk) gesetzt, der das irdische Paradies, die ‚Drachenprachtwelt', errichten sollte. Buddhistische Zukunftshoffnungen waren auch in der Yi-Dynastie (1392-1910), als der Buddhismus zeitweise stark unterdrückt war, verbreitet. Eine Erzählung aus dem 17. Jahrhundert berichtet über einen koreanischen Robin Hood namens Hong Kil-Dong, der die Reichen beraubte, den Reichtum unter die Armen verteilte und damit soziale Unruhen auslöste; er soll das geschundene Volk schliesslich auf eine Friedensinsel, wo die sozialen Widersprüche aufgehoben sind, geführt haben. Im ausgehenden 19. Jahrhundert hat der allgemeine Zerfall der Yi-Dynastie die Ausbreitung der religiösen Bewegung *Chondogyo (Tonghak)* begünstigt. Ihr Begründer, Choe Che-U (1824-1864), wollte zum gemeinsamen Ursprung von Konfuzianismus, Buddhismus und Taoismus zurückkehren, indem er vom ersten die sittlichen Grundsätze, vom zweiten die Erleuchtung und vom dritten die Beherrschung der Emotionen übernahm. Obwohl Choe Che-U die ‚Westliche Lehre', wie der Katholizismus damals genannt wurde, als kulturellen Fremdkörper ablehnte, hat er doch auch christliches Gedankengut in sich aufgenommen und in sein Religionsprojekt integriert[205]. Den Gedanken an ein Paradies im Jenseits wie überhaupt an eine transzendentale Wirklichkeit wiesen die *Chondogyo*-Anhänger Ende des 19. Jahrhunderts weit von sich. An seine Stelle trat ‚das Königreich des

[205] Die zentrale Stellung des Gebets in der *Chondogyo*-Religion deutet auf den katholischen Einfluss hin; desgleichen hat Choe Che-U den Begriff *chonju* (Herr des Himmels) vom Katholizismus übernommen.

Himmels auf Erden', das in der grundlegenden Erneuerung der Gesellschaft auf der Basis von Gleichheit, Gerechtigkeit und Menschenwürde verwirklicht werden sollte. Die *Chondogyo*-Religion, die sich durch eine radikal diesseitige Zukunftserwartung auszeichnet, ist mit ihrer Kritik an Feudalismus, Kolonialismus und Verwestlichung zu einem wichtigen Leitbild der Minjungtheologie geworden.

In der Minjungtheologie fliessen die buddhistischen, *Chondogyo*-religiösen und christlichen Zukunftsvorstellungen zu einem Ganzen zusammen. Unter dem Einfluss des Feminismus, der in der Minjungtheologie erst seit den 1990er Jahren an Bedeutung gewinnt, beginnt ausserdem der koreanische Schamanismus als Baustein einer *minjung*-zentrierten Theologie eine Rolle zu spielen. Er unterscheidet sich vom Schamanismus in anderen Ländern dadurch, dass seine religiösen Funktionsträger in der grossen Mehrzahl Frauen sind: Etwa 70 000 Schamaninnen *(mudang)* sind in Südkorea gegenwärtig als Wunderheilerinnen, Exorzistinnen und Therapeutinnen tätig. Im Zustand der Ekstase empfängt die *mudang*, die von Bittstellerinnen um Rat gefragt wird, von Geistern Weisung und Hilfe, die sie ihnen zur Bewältigung von Lebensproblemen weitergibt. Die der Minjungtheologie nahestehende koreanische Theologin Chung Hyun-Kyung integriert die ‚befreiungsorientierten' Aspekte des koreanischen Schamanismus in ihren feministischen Ansatz[206]. Vom Schamanismus – wie auch vom Buddhismus – übernimmt sie das, was sie im Christentum vermisst: „Ich bin Schamanin im Bauch, Buddhistin im Herzen, Christin im Kopf", sagt sie von sich selbst. Dabei verschweigt sie nicht, dass das befreiungstheologische Bild des Schamanismus der Wirklichkeit nur zum Teil entspricht; denn in der Geschichte Koreas ist die weibliche Volksreligiosität gerade keine ernsthafte Herausforderung des männerzentrierten Konfuzianismus gewesen, im Gegenteil: zwischen beiden herrschte eine ideale Symbiose. In schamanistischen Ritualen fanden und finden Frauen nach wie vor ein Ventil für ihren Leidensdruck und ihre aufgestaute Wut über Gewalterfahrungen in Ehe, Familie und Gesellschaft.

---

[206] Chung Hyun-Kyung, Schamanin im Bauch, Christin im Kopf. Frauen Asiens im Aufbruch, Stuttgart 1992 (Originalausgabe: Struggle to be the Sun again. Introducing Asian Women's Theology, 1990).

(3) Ergebnis

In der Minjungtheologie liegen Stärken und Schwächen eng beieinander. Wie alle monothematischen bzw. perspektivischen Theologien beharrt auch sie auf einer kritischen Durchsicht der gesamten bisherigen wissenschaftlichen Theologie aufgrund des von ihr gewählten hermeneutischen Schlüssels. Sie rüttelt auf, provoziert, setzt kreative Energien frei, entdeckt durch gewagte Experimente neue, überraschende Möglichkeiten theologischer und kirchlicher Existenz. Darin liegt ihre Stärke. Ihre Sprecher und Sprecherinnen lassen sich freilich mitunter dazu verleiten, Theologie zu einem Hilfsinstrument des *minjung* zu machen. Eine kritische Funktion gegenüber dem *minjung* ist im Ansatz nicht vorgesehen. Darin liegt seine Schwäche. Mission und interreligiöser Dialog werden in der Minjungtheologie unter dem Gesichtspunkt betrachtet, ob und wie sie Werkzeuge für das Wohl des *minjung* sein können. Weil in der Gemeinwesenarbeit in Industriegebieten, Slums und auf dem Land die *minjung*-zentrierte Mission eine konkrete Gestalt gefunden hat, bildet sie eine Grundlage der Minjungtheologie. Weil die praktische Solidarität mit dem *minjung* Menschen aus mehreren Religionen miteinander verbindet, knüpft der Ansatz an den Volksmessianismus in verschiedenen Religionen an, um alle messianischen Traditionen in einer Gesamtschau christlich gedeuteter *minjung*-Religion zusammenzuführen.

Innerhalb des breiten minjungtheologischen Spektrums ist der feministische Ansatz von Chung Hyun-Kyung am ehesten geneigt, alle Unterschiede zwischen den Religionen beiseite zu schieben. In Gesprächen, Veranstaltungen und Texten zeigt sich die Theologin entschlossen, aus allen Religionen eklektisch zusammenzusuchen, was der Befreiung der Frauen im *minjung* nützt. Dabei riskiert ihr Ansatz allerdings, in eine transreligiöse Subkultur westlichen Zuschnitts abzugleiten[207]. In der Bewegung der Minjunggemeinden und in der jüngeren Generation von Minjungtheologen gibt es dagegen Versuche, die Grundgedanken der Minjungtheologie unter den gewan-

---

[207] Chung Hyun-Kyung ist in den 1990er Jahren nach New York, wo sie in den 1980er Jahren bei James Cone promoviert hatte, zurückgekehrt, um am Union Theological College eine Lehrtätigkeit zu übernehmen.

delten politischen und wirtschaftlichen Bedingungen in Südkorea in veränderter Form fruchtbar zu machen. In den 1990er Jahren traten neue marginalisierte Gruppen in Erscheinung: alte Menschen ohne Familienunterstützung, Behinderte, wohnungslose Jugendliche, Gastarbeiterinnen und -arbeiter. Sie sind als neues *minjung* ins Zentrum von Minjunggemeinden und Minjungtheologie gerückt.

2. Pluralistische Theologie der Religionen: Paul F. Knitter / USA und Stanley J. Samartha / Indien – ein Vergleich

In der Einleitung ist nach den biblischen Voraussetzungen für das Verständnis von Mission und Dialog gefragt worden. Dabei ist die Spannung zwischen Aussagen über JHWH und die Gottheiten der religiösen Umwelt des Alten und Neuen Testaments deutlich geworden. JHWH ist nach dem biblischen Zeugnis einzigartig und unvergleichlich. Er, der über den ‚anderen Göttern' steht, entlarvt die Gottesvorstellungen der *gojim* als menschliche Trugbilder. Die alt- und neutestamentlichen Aussagen über Gott vertragen sich nicht mit dem Gedanken, die ‚Götter' der Menschheit seien Manifestationen des einen Gottes, oder mit dem Gedanken, er sei lediglich *eine* Manifestation der Letzten Wirklichkeit unter anderen, prinzipiell gleichwertigen Manifestationen. Wie die Völkerwallfahrt zum Zion (Mi 4,1ff.) zeigt, kann eine Versöhnung zwischen Menschen verschiedener Religionen im Alten Testament nur als Hinwendung der *gojim* zum JHWH-Glauben geschehen; analog dazu ist nach der neutestamentlichen Überlieferung die Versöhnung zwischen Juden und Andersgläubigen allein in der durch Jesus Christus ermöglichten Hinwendung der *ethne* zum Gott Israels gegeben. Des weiteren ist für die biblische Überlieferung eine Mehrdimensionalität kennzeichnend: der Gott Israels ist zugleich der Gott aller Völker; sein Heilswille gilt dem erwählten Volk und zugleich allen Menschen; Gott hat seinen Namen und Willen seinem Volk offenbart – aber Menschen anderer Völker kennen ihn ebenfalls und dienen ihm auch; der Bund Gottes mit dem Menschengeschlecht ist durch den Bund mit seinem Volk nicht aufgehoben, wie auch der Sinaibund durch den Neuen Bund in Christus nicht aufgehoben ist. Die Mehrdimensionalität des biblischen Zeugnisses kommt ebenfalls darin zum Ausdruck, dass Israel und die Gemeinde neben den Heilsworten auch Gerichtsworte empfangen; denn an sie, nicht an die *gojim* und *ethne*, richtet sich hauptsächlich die Götzen- und Heidenpolemik.

Beim Versuch, die biblische Überlieferung in die heutige Situation hinein sprechen zu lassen, kommt es darauf an, dass die Mehrdimensionalität, die häufig mit einer paradoxen Struktur der Texte verbunden ist, gewahrt bleibt. Stattdessen ist aber in der Geschichte der Christenheit häufig versucht worden, biblische Zeugnisse zu ‚eindeutigen' Aussagen zu verkürzen und ihre paradoxe Struktur aufzulösen. Dies geschieht beispielsweise auf dem Weg des Umkehrschlusses, wobei die Isolierung der einen Dimension der Heils- und Gerichtsworte zu einer exklusivistischen Lösung führt, nach dem Motto: *Wenn* die Heilszusage dem erwählten Volk gilt, sind *folglich* alle anderen Völker verworfen und vom Heil ausgeschlossen. Auf der Linie dieser Schlussfolgerung wird das Christentum gerne als die einzig wahre Religion verabsolutiert. Die Isolierung der anderen Dimension der Heils- und Gerichtsworte führt in der Regel zu einer inklusivistischen Aussage, nach dem Motto: *Wenn* Gott die Rettung aller Menschen will, *dann* befinden sich alle Menschen auf dem Weg zum Heil, und alle Formen der Gottesverehrung (Religionen) sind gleichwertige Heilswege. Aufs Ganze gesehen haben indessen das Lehramt der römisch-katholischen Kirche und der ÖRK auf derartige Lösungsvorschläge verzichtet. Die meisten der erörterten Stellungnahmen lassen die Mehrdimensionalität der biblischen Überlieferung wiedererkennen. Über die konfessionellen Grenzen hinweg gibt es einen breiten Konsens des Inhalts, dass Gott sich auch ausserhalb des Volkes Israel bzw. der Kirche bezeugt hat und unter allen Völkern wirkt, auch wenn die Weise, in der dies geschieht, den Gliedern der Kirche oder den Völkern verborgen bleibt. Vatikan und ÖRK halten den Raum für die Aussage, dass Gott sich den Menschen auch in den nichtchristlichen Religionen mitteilt, offen und verzichten gleichzeitig aus theologischen Gründen darauf, sie mit Konkretisierungen über das Wo, Wann und Wie der göttlichen Selbstoffenbarung zu füllen. Wenn es um den Wahrheitsanspruch nichtchristlicher Religionen und die Heilsgewissheit von Andersgläubigen geht, zeichnen sich die kirchenoffiziellen Verlautbarungen und Konsensdokumente der Gegenwart im allgemeinen durch eine bewusste Zurückhaltung oder gar eine begründete Urteilsenthaltung aus.

Der Verzicht auf Aussagen über Gottes Wirken ausserhalb des Evangeliums und die damit verbundene Selbstdistanzierung des Christentums gegenüber anderen Religionen können im interreligiösen Dialog mitunter als Belastung empfunden werden. Die Frage liegt nahe, ob hinter der Urteilsenthaltung nicht ein abwertendes Urteil über andere Religionen und eine Verabsolutierung des Christentums stehen. Die seit den 1960er Jahren von christlicher Seite entwickelte Theologie der Religionen hat die Zurückhaltung abgelegt und macht konkretisierende Äusserungen darüber, wie der Gott des Alten und Neuen Testaments auch in anderen Religionen wirkt, wie er seinen Willen den Andersgläubigen zu erkennen gibt und sie zum Heil führt. Dahinter stehen als treibendes Motiv meistens genuin *christlich*-theologische Fragen: Ist das Bekenntnis zu Christus als dem einzigen Heilsmittler möglich, ohne andere Heilsmittler auszuschliessen? Kann dem biblischen Gott die Treue gehalten werden, ohne damit ein Unwerturteil über die Gottesvorstellungen in anderen Religionen bzw. die ‚Letzte Wirklichkeit' zu fällen? Bedeutet die Annäherung an andere Religionen notwendigerweise Verrat am christlichen Glauben? Die christlich-theologischen Leitfragen geben auch Inhalt und Adressaten der religionstheologischen Entwürfe vor: Im allgemeinen handelt es sich um Reflexionen aus der Feder von christlich sozialisierten Autoren und Autorinnen, die sich in ihrer Kritik in erster Linie an Kirche und Theologie wenden. Religionstheologische Beiträge aus anderen Religionen, die nicht ihrerseits von christlicher Seite angeregt worden sind, begegnen dagegen vergleichsweise selten[208].

Mit Paul F. Knitter und Stanley J. Samartha werden zwei Vertreter der pluralistischen Theologie der Religionen herangezogen, die versuchen, ihren Ansatz im Rahmen des christlichen Glaubens zu verantworten, ohne durch ihre Standortbestimmung bei andersgläubigen Partnern im interreligiösen

[208] Durch die Ausbreitung des Buddhismus in Asien ist es zu Gesprächen zwischen Buddhisten mit Hindus, Konfuzianern, Taoisten und Vertretern von weiteren lokalen Religionen gekommen.

Dialog Anstoss zu erregen. Knitter hat seinen Werdegang vom Novizen in einer US-amerikanischen Missionsschule zum Vertreter einer pluralistischen Theologie der Religionen selbst beschrieben und als Reifeprozess in das religionstheologische Schema ‚Exklusivismus – Inklusivismus – Pluralismus' eingezeichnet. Als Zögling einer christlichen Missionsstation in Indien ist Samartha sogar noch intensiver mit dem Missionsmilieu in Berührung gekommen und hat seinerseits eine Entwicklung vom Exklusivismus über den Inklusivismus zum Pluralismus durchlaufen. Die Gemeinsamkeiten beider geben Aufschluss über das Ziel des religionstheologischen Paradigmas, und zugleich lassen die Unterschiede zwischen ihnen auf kontextuelle Prägungen schliessen.

2.1 Paul F. Knitter

„Alle Theologie wurzelt ... in der Biographie", schreibt Knitter zu Beginn seines 1997 auf deutsch erschienenen Aufsatzbandes ‚Horizonte der Befreiung'[209]. Er stellt den 22 Beiträgen aus drei Jahrzehnten ein ‚Autobiographisches Vorwort' voran, in dem er seinen theologischen Werdegang als ‚Etappen einer Odyssee' nachzeichnet und auf bemerkenswert selbstkritische Weise Bilanz zieht[210]. Ihn treibt die Frage um, wie das Evangelium im Kontext der vielen Religionen geglaubt und gelebt werden kann, und sein Hauptanliegen ist die Vermittlung zwischen Religionen und Menschen verschiedenen Glaubens. Er lässt seinen Werdegang im Zeichen des *Exklusivismus* beginnen. Knitter wurde 1939 in Chicago geboren. Als Mitglied der römisch-katholischen Kirche fasste er während der Gymnasialzeit in einer Ordensschule der Steyler Mission den Entschluss, Missionar zu werden. Nach einem strengen Noviziat trat er 1958 dem Missionsorden der Societas Verbi Divini (SVD) bei, dessen von ihm geteiltes Missionsverständnis er im Rückblick im Satz zusammenfasst: „*Wir* hatten das Wort und den Geist; *sie* (sc. die Andersgläubigen) hatten

---

[209] P.F. Knitter, Horizonte der Befreiung. Auf dem Weg zu einer pluralistischen Theologie der Religionen, hg.v. B. Jaspert, Frankfurt a.M. 1997, 13.

[210] Ebd., 13-27. Die Seitenzahlen im folgenden Text beziehen sich hierauf.

Sünde und Heidentum." (15) Einen ersten Riss bekam das geschlossene Missionsverständnis durch Steyler Missionare, die auf ihrem Heimaturlaub den Schülern und Novizen fasziniert von der religiösen Welt der Anderen berichteten. Dadurch angeregt entdeckte Knitter in sich selbst die Faszination für das religiös Fremde. Er begann sich mit dem Zen-Buddhismus zu befassen und wurde einer religiösen Dimension gewahr, die er in seine christlichen Kategorien nicht einordnen konnte. Am Ende seines Grundstudiums wusste er, dass er den ‚exklusivistischen' Zugang zu den anderen Religionen, der den ‚Wahrheitsanspruch des Christentums' absolut setzt, verlassen musste. Zwei Wochen vor Beginn des II. Vatikanischen Konzils (1962) wurde er zur Fortsetzung seines Studiums nach Rom an die Päpstliche Universität Gregoriana geschickt.

Damit begann für Knitter eine neue Phase des theologischen Denkens, die er im Begriff des *Inklusivismus* zusammenfasst. In der Erklärung des Konzils über die Beziehung der Kirche zu den nichtchristlichen Religionen (Nostra Aetate) fand Knitter eine Antwort auf seine Fragen: „Hier gab es positive Aussagen über die Wahrheit und die Werte des Hinduismus, des Buddhismus und des Islam, die niemals zuvor ein offizielles Dokument der Kirche geziert hatten; hier, so erkannte ich, gab es einen Wendepunkt in der römisch-katholischen Theologie der Religionen." (17) Während seiner Zeit in Rom teilte er Karl Rahners Auffassung, dass Christen auch andere Religionen als Wege zum Heil betrachten sollten (A 1.2). Darin sah Knitter eine Möglichkeit, „mich von der nach meinem Gefühl unbegründeten Überheblichkeit christlicher Ansprüche zu befreien, die einzig wahre Religion zu sein" (17). Später promovierte er in Marburg unter der Leitung von C. H. Ratschow über die Einstellung protestantischer Theologen zu anderen Religionen[211]. Dabei befasste er sich mit religionstheologischen Ansätzen bei Paul Althaus, Emil Brunner und Wolfhart Pannenberg, fand aber, im Schatten Karl Barths gelinge es den Protestanten nicht, weit genug auf andere Religionen zuzugehen. Sie würden zwar in anderen Religionen

---

[211] P.F. Knitter, Towards a Protestant Theology of Religions. A Case Study of Paul Althaus and Contemporary Attitudes, Marburg 1974.

‚Offenbarung', nicht aber – wie Rahner – ‚Erlösung' anerkennen. Knitter schreibt rückblickend über sich selbst: „Doch während ich die Protestanten tadeln konnte, sie seien nicht fähig zuzugeben, dass es rettende Gnade vermittelt durch andere Religionen gibt, war ich selbst nicht fähig, mir vorzustellen, dass solche Weisheit und Gnade in anderen Traditionen etwas anderes sein könnte als ‚Spiegelung' der Fülle der Wahrheit und der Gnade, die in Jesus Christus inkarniert ist." (18) Seinen damaligen Standpunkt bewertet er später als Inklusivismus im Sinne einer Position, die bereit ist, in anderen Religionen Vorstufen für die absolut gesetzte christliche Wahrheit zu sehen.

Den eigentlichen Perspektivenwechsel in der Theologie der Religionen, den Knitter unter dem Stichwort des *Pluralismus* beschreibt, vollzog er Mitte der 1970er Jahre. Nach seiner Lehrtätigkeit als Professor für Religionstheologie und -wissenschaft in Chicago wechselte er 1975 mit einem Lehrauftrag für Systematische Theologie und Religionswissenschaft an die Xavier Universität in Cincinnati. In der Zwischenzeit war er aus seinem Orden ausgetreten, hatte geheiratet, eine Familie gegründet und sich für das Studium des Hinduismus und Buddhismus in Asien aufgehalten. Mit Hilfe einer regelmässigen Meditationspraxis hatte er jenseits kognitiver Erkenntnis Zugang zu neuen religiösen Einsichten gefunden. Bei zunehmender Vertrautheit mit den Religionen Asiens liess ihn die Frage nach einem tragfähigen Paradigma für die theologische Deutung derselben aus christlicher Sicht nicht mehr los. Er wollte einen Spannungsbogen zwischen bleibender christlicher Identität und voller Anerkennung anderer Religionen und Heilswege errichten und brauchte dazu eine ‚neue theologische Landkarte'. Diese entwarf er in jenem Werk, das ihn 1985 bekannt machte: ‚No Other Name'?[212] Darin vertritt er die These, das christliche Zeugnis in Schrift und Tradition werde keineswegs aufgegeben, wenn man den christozent-

---

[212] P.F. Knitter, Ein Gott – viele Religionen. Gegen den Absolutheitsanspruch des Christentums, München 1988 (Originalausgabe: No Other Name? A Critical Survey of Christian Attitudes Towards the World Religions, Maryknoll N.Y. 1985). Knitter reagiert darin auf W. A. Visser't Hooft, Kein anderer Name. Synkretismus oder christlicher Universalismus?, Basel 1965.

rischen Zugang zu Menschen anderer Religionen durch einen theozentrischen Zugang ersetze. „Obwohl wir Christen Jesus, den Christus als unseren notwendigen und passenden Ausgangs- und Brennpunkt zum Verständnis unserer selbst und anderer Völker bekennen, müssen wir uns doch auch daran erinnern, dass das göttliche Geheimnis, das wir in Jesus kennen und das wir *Theos* oder Gott nennen, immer grösser ist als die Wirklichkeit und die Botschaft Jesu. Daher sind wir offen für die *Möglichkeit* ..., dass andere Religionen ihre eigene Sicht dieses Geheimnisses und ihre Antwort darauf haben." (20) Nun war Knitter bei der Aussage angelangt, *alle* Religionen bemühten sich darum, das unerschöpfliche Geheimnis bzw. die Wahrheit zu entdecken oder ihr treu zu bleiben. „Ich ... war vom Inklusivismus zu einer Art Pluralismus gelangt." (20) Pluralismus versteht Knitter als Verzicht auf den Anspruch absoluter Wahrheit für eine bestimmte Religion.

Knitter war 1985 weder der erste noch der einzige Vertreter einer pluralistischen Theologie der Religionen. Vielmehr reihte er sich mit ‚No Other Name?' in eine theologische Strömung ein, die 1961 von Wilfred Cantwell Smith vorgezeichnet und anschliessend durch eine Reihe anderer christlicher Theologen weiterentwickelt und ausdifferenziert worden war[213]. 1986 gehörte Knitter zu jenem Autorenteam, das im Anschluss an eine Tagung in der Graduate School von Claremont/Kalifornien, der Wirkungsstätte von John Hick, die Vorträge unter dem Titel ‚The Myth of Christian Uniqueness' publizierte; das Buch ist zu einer Art Programmschrift der pluralistischen Theologie der Religionen geworden[214]. Der Titel des Beitrags, den Knitter zu diesem Sammelband beigesteuert hat, zeigt innerhalb seines religionstheologischen Ansatzes

[213] W.C. Smith, The Christian in a Religiously Plural World (1961), abgedruckt in: ders., The Faith of Other Men, Toronto 1962, 113-140.
[214] J. Hick / P.F. Knitter (Hg.), The Myth of Christian Uniqueness. Toward a Pluralistic Theology of Religions, Maryknoll N.Y. 1987, mit Beiträgen von W.C. Smith, P. Knitter, J. Hick, G.D. Kaufman, S.J. Samartha, R. Panikkar, S. Yagi, A. Pieris, R. Radford Ruether u.a. Der Sammelband löste umgehend eine lebhafte Diskussion mit kritischen und zustimmenden Beiträgen aus, z.B. G. D'Costa (Hg.), Christian Uniqueness Reconsidered. The Myth of a Pluralistic Theology of Religions, Maryknoll N.Y. 1990.

bereits wieder eine Akzentverschiebung an: ‚Toward a Liberation Theology of Religions'[215]. Nach mehreren Aufenthalten in Lateinamerika, die ihm Armut und Leiden der dortigen Bevölkerung vor Augen geführt hatten, und unter dem Eindruck der dort entwickelten Befreiungstheologie stand für Knitter fest: „Die grundlegende Parteinahme für die Unterdrückten wurde für mich nicht einfach eine mögliche Entscheidung, sondern eine Forderung. Sie betrifft die Weise, in der ich Theologie treibe, bis dahin, dass ich mich nur noch einer Theologie der Religionen widmen kann, wenn sie mit einer Theologie der Befreiung verbunden ist." (21) Als er zu Beginn der 1990er Jahre durch nordamerikanische Ureinwohner auch noch einen Blick für das Leiden der aussermenschlichen Natur gewann, forderte er fortan eine Theologie der Religionen, die pluralistische, befreiungstheologische und ökotheologische Anliegen in sich vereint[216].

Knitters biographischer Rückblick klingt im Abschnitt über die 1990er Jahre zunehmend resignativ. Die Odyssee scheint ihn nicht in die lang ersehnte religiöse Heimat geführt, sondern dauerhaft heimatlos gemacht zu haben. Das Einstehen für Gerechtigkeit und die Minderung des Leidens von Mensch und Natur gewinnen für ihn nun einen unbedingten Vorrang vor der Aussöhnung konkurrierender Gottesvorstellungen und religiöser Wahrheitsansprüche. Zunehmend empfindet er die Aussöhnungsversuche als ein vergebliches Bemühen; denn je mehr er versucht hatte, in eine andere religiöse Tradition einzutauchen, desto häufiger war er gegen eine Mauer der Unterschiede geprallt. Warum das so ist, bleibt ihm unbegreiflich. Nüchtern stellt er fest: „Während Ähnlichkeiten in religiöser Erfahrung und Ausdrucksweise zahlreich sind, sind die Unterschiede noch zahlreicher und viele von ihnen sind nicht zu ändern." (24) Die Faszination des religiös Fremden verwandelt sich bei ihm mehr und mehr in ein Zittern „vor dem totalen

---

[215] Hick / Knitter, a.a.O. (Anm. 214), 178-200 (dt: Befreiungstheologie der Religionen, in: Knitter, Horizonte der Befreiung, a.a.O. (Anm. 209), 177-200.

[216] P.F. Knitter, Die Zukunft der Erde. Die gemeinsame Verantwortung der Religionen, München 1998 (Originalausgabe: One Earth Many Religions. Multifaith Dialogue and Global Responsibility, Maryknoll N.Y. 1995).

oder ‚furchterregenden' Geheimnis des Unterschieds. Es ist ein Unterschied, den ich nicht begreifen kann, der mich manchmal bedroht, der meine Theorien verspottet und sogar verlacht" (24). Nun hat er keine andere Wahl mehr, als sich schweigend vor der harten Realität des Andersseins der für ihn fremd gebliebenen Religionen zu beugen. So wie es aussieht, löst sich der religionstheologische Pluralismus bei Knitter am Ende in staunende Sprachlosigkeit auf. Nach seinen eigenen Aussagen empfindet er nur noch eine ihm selbst nicht mehr erklärbare Verbundenheit mit der Fremdheit anderer Religionen und bezeichnet sich als jemand, der darauf vertraut, dass religionsverschiedene Menschen trotz – oder gerade wegen – ihrer Unterschiede „miteinander reden, voneinander lernen und durch einander verändert werden können und müssen" (25). Was über die Religionsgrenzen hinweg für Knitter wichtig bleibt, ist jedoch immerhin die religionsverbindende Verantwortung aller für das Überleben der Menschheit und der aussermenschlichen Natur.

Das Schema von Exklusivismus, Inklusivismus und Pluralismus verdankt sich nicht zuletzt lebensgeschichtlichen Prozessen von der Art, wie Knitter sie in seinem Rückblick beschreibt. Zwischen dem Schema selbst und Knitters Lebensgeschichte besteht ein hermeneutischer Zirkel. In seinem Sprachgebrauch steht der Exklusivismus für das, was er durch eine engherzige Missionserziehung erfahren und erlitten hat und von dem er sich später aus dem gewonnenen Abstand heraus endgültig verabschiedet. Den Inklusivismus bringt er mit den theologischen Neuaufbrüchen zur Zeit des II. Vatikanischen Konzils in Verbindung, dank derer er sich aus der geistigen Enge seiner Missionsschule zu befreien vermochte. Doch für seinen theologischen Reifeprozess bedurfte es noch eines weiteren Schrittes, mit dem er auch den Reformgeist des Konzils hinter sich liess. Erst mit der ‚kopernikanischen Wende' zum Pluralismus war für ihn jenes Paradigma erreicht, mit dem er sich so lange identifizieren konnte, bis in den 1990er Jahren sein religionstheologisches Interesse von demjenigen an Ethik und Gesellschaftsveränderung verdrängt wurde. Das Dreierschema ist also selbst ein Bestandteil der pluralistischen Theologie der Religionen; denn der Pluralismus ist das Kriterium, von dem aus Knitter den Exklusivismus und Inklusivismus kritisch beurteilt.

Knitter ist von seinem Ansatz her zusammen mit W.C. Smith, J. Hick und S. J. Samartha jenen Pluralisten zuzurechnen, die vom Postulat der komplementären Einheit aller Religionen ausgehen. Sie stellen die These auf, dass jede Religion nur partiell an der religiösen Wahrheit Anteil hat und deshalb auf die anderen Religionen und deren partikulare Wahrheitserkenntnisse angewiesen ist. Die Religionen werden in einem Ergänzungsverhältnis einander zu- und auf den Dialog hingeordnet. Sinn und Zweck des interreligiösen Dialogs sei es, den am Dialog Beteiligten einen privilegierten Zugang zur Wahrheit zu eröffnen. Sie sollen gleichsam zu einer Wahrheitsakkumulation befähigt werden. Im Unterschied dazu vertreten andere Pluralisten, vor allem R. Panikkar, das Postulat von der unhintergehbaren Pluralität der religiösen Traditionen[217]. Ihre These besagt, ein gemeinsamer Einheitsgrund lasse sich in den Religionen nicht finden, und ihn ‚hinter' den Religionen anzunehmen, sei reine Spekulation. Religionen und ihre Gottesbilder seien inkommensurabel bzw. nicht vergleichbar; denn jede Religion habe ihre eigene Offenbarung des Transzendenzgrundes und ihr eigenes universales Heilsverständnis[218]. Freilich gehen die Vertreter dieser These in der Regel davon aus, dass die Religionen trotz ihrer unüberwindlichen Lehrdifferenzen zu Übereinstimmungen im Bereich der Ethik und zur Zusammenarbeit in praktischen Aufgaben fähig seien. – Dem biographischen Rückblick von Knitter ist zu entnehmen, dass er sich unter dem Eindruck der Unterschiede zwischen den Religionen der These von der unhintergehbaren Pluralität der Religionen annähert und seine Dialogbemühungen – wie die Vertreter der Letzteren – auf ein gemeinsames Ethos der Weltreligionen konzentriert. Ob die Verständigung zwischen den Religionen allein auf der Ebene des Ethos und des Handelns wirklich leichter gelingt als auf derjenigen der

---

[217] R. Panikkar, The Jordan, the Tiber, and the Ganges. Three Kairological Moments of Christic Self-Consciousness, in: Hick / Knitter, a.a.O. (Anm. 214), 89-116.

[218] Freilich entwarf Panikkar über die von ihm konstatierte Unvergleichlichkeit der Religionen hinaus eine ‚kosmotheandrische Vision' und versuchte, Kosmos, Gott und Mensch als zusammenhängendes Ganzes zu fassen. Damit hat er sich den Vorwurf zugezogen, seinerseits ein universalistisches Konzept zu vertreten.

Lehre, und ob das gemeinsame Handeln langfristig ohne die Aussprache über die Lehre auskommt, ist damit allerdings noch nicht erwiesen[219].

2.2 Stanley J. Samartha

Wie Knitter ist auch Samartha in seiner Jugend durch eine enge Missionstheologie beeinflusst gewesen, ehe er sich über mehrere Stationen zu einem Religionstheologen entwickelt hat. Auch er hat seine christliche Identität nie zur Disposition gestellt, im Gegenteil: eingehender als Knitter bemüht sich Samartha darum, den Erfordernissen einer christlich-theologischen Systematik auch als Vertreter einer pluralistischen Theologie der Religionen gerecht zu werden. Neben den Gemeinsamkeiten zwischen Knitter und Samartha gibt es aber auch bemerkenswerte Unterschiede. Während Knitter als Katholik vom II. Vatikanum geprägt worden ist, hat Samartha als Protestant wichtige Impulse vom ÖRK empfangen, und seinerseits hat er den ÖRK während seiner Leitung des Dialogprogramms nachhaltig beeinflusst. Während in Knitter der US-Amerikaner spricht, ist Samartha in seinem Werk als Inder zu erkennen. Wie Knitter hat auch Samartha die verschiedenen Phasen seines theologischen Werdegangs selbst kommentiert, zuletzt in seinem Spätwerk ‚Between Two Cultures'[220], das autobiographische Züge trägt.

Samartha kam 1920 in der Nähe von Mangalore (Karnataka) an der Westküste Südindiens zur Welt. Seit mehreren Generationen gehörte seine Familie zu einer Gemeinde der Basler Mission, die sich 1834 in Südindien niedergelassen hatte. Stanleys Mutter war Dorfschullehrerin, sein Vater Evangelist, Schuldirektor und später Hausvater in verschiedenen

---

[219] Zu den beiden Modellen der pluralistischen Theologie der Religionen vgl. R. Bernhardt, Aufbruch zu einer pluralistischen Theologie der Religionen, in: ZThK, Juni 1994, 230-246; A. Feldtkeller, Verlangt der gesellschaftliche Pluralismus nach einer ‚pluralistischen' Religionstheologie?, in: EvTh 6/1998, 445-460.

[220] S.J. Samartha, Between Two Cultures. Ecumenical Ministry in a Pluralist World, Genf 1996. Weitere Aufschlüsse über Samarthas Lebensweg und Theologie bietet E. Klootwijk, Commitment and Openness. Interreligious Dialogue and Theology of Religions in the Work of Stanley J. Samartha, Zoetermeer 1992.

Einrichtungen der Basler Mission. Im Rückblick auf Kindheit und Jugend fand Samartha später dankbare Worte für seine schulische und akademische Förderung durch die Basler Mission, aber er äusserte auch Kritik am Erbe, mit dem sie ihn und seine Heimatkirche belastet hat. Ihm und anderen Zöglingen der Basler Mission sei der Zugang zum Evangelium genau vorgeschrieben gewesen; für eigene Annäherungen habe es keinen Freiraum gegeben. Kritisch bemerkt Samartha auch, dass es ihn viel Mühe gekostet habe, sich vom ‚mission-compound-complex', d.h. der von den Baslern ererbten Selbstisolierung der christlichen Gemeinden gegenüber der indischen Gesellschaft, zu befreien[221].

Von 1941 an erweiterte sich Samarthas Gesichtskreis zusehends. In Bangalore, der Hauptstadt des Bundesstaates Karnataka, nahm er das Theologiestudium am United Theological College auf, das damals erfüllt war vom Geist der Satyagraha-Bewegung Mahatma Gandhis und als ein Ort der Kritik an westlichen Formen des Christentums bekannt war. In seiner Abschlussarbeit über Clemens von Alexandrien kündeten sich bereits die Fragen an, die ihn fortan nicht mehr loslassen sollten: Wie kann das Christentum in einer fremden Kultur und Philosophie zum Ausdruck gebracht werden? Ist es legitim, vor- bzw. nichtchristliche Traditionen und Christentum einander in positiver Weise zuzuordnen? In Bezug auf beide Fragen ist Clemens für Samartha zu einem Vorbild geworden. Nach einer kurzen Zeit als Hilfspfarrer und Lehrer übernahm er 1947 am Theologischen Seminar der Basler Mission in Bangalore einen Lehrauftrag. Pietistische Engherzigkeit und autoritäre Strenge erfuhr er vom damaligen Leiter des Seminars, dem Basler Paul Burckhardt, was sich negativ auf sein Bild von westlicher Theologie auswirken sollte. Während eines Studienaufenthaltes in New York begegnete er P. Tillich und Reinhold Niebuhr. 1952 kehrte er nach Indien zurück, um für acht Jahre die Leitung des Theologischen Seminars in Bangalore zu übernehmen. In dieser Zeit entstand seine Dis-

---

[221] S.J. Samartha, Digging up Old Wells: Reflections on the Legacy of the Basel Mission in India, in: G. Shiri (Hg.), Wholeness in Christ. The Legacy of the Basel Mission in India, Bangalore 1985, 85-95; ders., Our Task Ahead. Statement to the Home Committee of the Basel Mission, 5.12.1951, Ms.

sertation über ‚The Modern Hindu View of History According to Representative Thinkers' (1958), in der ihn die Frage interessiert, ob es im hinduistischen Denken möglich sei, der Menschheitsgeschichte dieselbe Bedeutung beizumessen wie im Christentum. Die 1960er Jahre führten ihn als Dozent für Religionsgeschichte und Philosophie erneut nach Bangalore, ehe er 1968 nach Genf zum ÖRK ging, dem er bis 1980 als Stabsmitglied zur Verfügung stand.

In der ersten Zeit in Genf betreute er das Studienprojekt zum Verhältnis des christlichen Glaubens zu den nicht-christlichen Religionen. Die Projektleitung übernahm er von westlichen Theologen, die keine nennenswerten praktischen Erfahrungen mit Menschen anderen Glaubens vorweisen konnten und noch immer unter dem Eindruck der Richtlinien standen, die 1938 in Tambaram formuliert worden waren (A 1.3). Samartha bemühte sich, die durch Synkretismusangst verursachten Dialogblockaden zu durchbrechen. Im ÖRK fand er erste Verbündete für seinen Plan, die Begegnung mit Menschen anderen Glaubens zu einem eigenständigen Schwerpunkt der Arbeit im ÖRK zu machen – was ihm mit der Einrichtung des Dialogprogramms auch gelang. Nun geriet er allerdings in den Verdacht, er leiste der Religionsvermischung Vorschub. Kritische Stimmen aus den westlichen Kirchen verletzten ihn tief. Als er 1980 den ÖRK verliess, schrieb er in einem Brief an Wilfred C. Smith, in der ersten Zeit habe er in Genf unter dem Druck gestanden, Fragen von Europäern beantworten zu müssen. Eines Tages sei er aber nicht mehr bereit gewesen, den ‚theologischen Polizisten', die über den asiatischen Synkretismus wachten, Rede und Antwort zu stehen. Dies sei für ihn ein befreiender Augenblick gewesen und habe ihn erstmals dazu befähigt, die Beziehungen zu Menschen anderen Glaubens als ein zentrales ökumenisches Anliegen zu erkennen[222]. Trotz der Widerstände in manchen Mitgliedskirchen des ÖRK ist Samartha für den ÖRK zum Wegbereiter des interreligiösen Dialogs geworden.

---

[222] Dazu Klootwijk, a.a.O. (Anm. 220), 49.

Die Rückkehr von Genf nach Bangalore fiel Samartha schwerer, als er erwartet hatte. Das United Theological College und das räumlich daran angrenzende, von M.M. Thomas gegründete Christian Institute for the Study of Religion and Society, in dem Samartha fortan mitarbeitete, hatten sich in der Zwischenzeit neuen Arbeitsschwerpunkten zugewandt. Das Interesse am Dialog mit den klassischen Positionen des Hinduismus war dem Interesse am Volkshinduismus gewichen, und soziale Aktivitäten erhielten gegenüber der Forschung Vorrang. Samartha: „Manchmal fühle ich mich hier fehl am Platz. Wenn nicht zuerst die zentrale Bedeutung des gekreuzigten und auferstandenen Christus klar erkannt und die Transzendenz wahrgenommen worden ist, bleibt jeglicher sozialer Aktivismus in den geschichtlichen Strukturen gefangen."[223] Samartha hat nie ein Hehl daraus gemacht, dass er in erster Linie an der Klärung systematisch-theologischer Fragen im Kontext religiöser Pluralität interessiert ist, während die befreiende und gesellschaftsverändernde Praxis für ihn an zweiter Stelle steht.

„Von der Kultur her bin ich Hindu, vom Glauben her Christ, als Bürger bin ich Inder und aufgrund meiner Entscheidung Ökumeniker." Dieser Satz ist ein hermeneutischer Schlüssel zu Samarthas Theologie[224]. Im Kraftfeld der vier Identitäten betreibt Samartha Theologie als ‚interreligiöses Selbstgespräch', d.h. im Einflussbereich verschiedener Religionen und Kulturen stehend, hilft ihm die Theologie bei der religiösen Identitätsfindung. Für sein Denken ist von Anfang an die Frage leitend gewesen, was der Glaube an Jesus Christus in einer multireligiösen Welt bedeutet, wie das Christusbekenntnis in diesem Kontext ausgelegt und in konstruktiver Weise zur nichtchristlichen Welt in Beziehung gesetzt werden kann. Sein Verständnis der Christologie hat sich mehrmals

[223] Brief Samarthas an Jacques Rossel vom 18.3.1983, zit. nach Klootwijk, a.a.O. (Anm. 220), 51f. Rossel war von 1946 bis 1959 in der Theologen-Ausbildung in Bangalore tätig und anschliessend bis 1979 Präsident der Basler Mission. Die Enttäuschung über das nachlassende Interesse am interreligiösen Dialog, das Samartha in indischen Kirchen und selbst unter indischen Theologen beobachtet hat, durchzieht auch sein Spätwerk ‚Between Two Cultures', a.a.O. (Anm. 220), bes. 176-186.
[224] Samartha, Between Two Cultures, a.a.O. (Anm. 220), 161.

gewandelt, wobei sich die einzelnen Phasen desselben – wie bei Knitter – den drei Stationen von Exklusivismus, Inklusivismus und Pluralismus zuordnen lassen.

Unter dem Einfluss von H. Kraemer vertrat Samartha in seinen frühesten Veröffentlichungen eine christozentrische Theologie. Wie Kraemer war auch er der Auffassung, die Einzigartigkeit Christi verbiete jede positive Zuordnung von Christentum und anderen Religionen. Sein Denken im Horizont des *Exklusivismus* kam auf einer Missionskonferenz in Montreux 1951 zum Ausdruck, als er den Standpunkt vertrat, im Dialog mit Andersgläubigen dürfe die Einzigartigkeit Christi auf keinen Fall zur Disposition gestellt werden. Weil der Glaubensgehorsam die umfassende Ergebenheit des Menschen verlange, müsse die Kirche im Gespräch mit Andersgläubigen auf Mission und Religionswechsel bestehen. Die grösste Gefahr für die indischen Kirchen sei, so meinte Samartha damals, der Versuch von Hindus, christologische Aussagen in den Hinduismus einzuschmelzen und dadurch einen aus christlicher Sicht untragbaren Synkretismus hervorzubringen[225]. – Neue Akzente setzte Samartha dann aber 1970 in seinem Buch ‚Hindus vor dem universalen Christus'[226], in dem er mit einer kosmischen Christologie den Übergang zum *Inklusivismus* vollzog. Dem zu den Religionen und Kulturen Indiens hin entgrenzten und damit ungebundenen Christus, dem *unbound Christ*, wie es im Titel der englischen Ausgabe heisst, gilt nun sein Interesse. Er möchte die Fesseln, mit denen das Kirchen- und Missionschristentum Christus an sich bindet, aufsprengen. Christus nimmt universale, kosmische Dimensionen an. Weil Christus, wie Samartha erkannt hat, auch von Menschen ausserhalb der Kirche im Denkhorizont

---

[225] S. J. Samartha, The Christian Prospect in India. Address to the Missionary Conference at Montreux, Switzerland, 10 October 1951 (Ms.); dazu Klootwijk, a.a.O. (Anm. 220), 242. In einem Aufsatz aus jener Zeit führt Samartha weiter aus, angesichts des religiösen Synkretismus in Indien bestehe die Aufgabe der Kirche darin, die Einzigartigkeit des Evangeliums ohne Kompromisse zu verkünden, vgl. Lage und Aufgabe der Kirche in Indien, in: EMM 97/1953, 68-76.

[226] S.J. Samartha, Hindus vor dem universalen Christus. Beiträge zu einer Christologie in Indien, Stuttgart 1970, engl. Ausgabe: The Hindu Response to the Unbound Christ. Towards a Christology in India, Bangalore 1974.

ihrer eigenen Religionen wahrgenommen wird, darf sich die Theologie nicht länger auf das Kirchenchristentum und die kirchliche Lehre beschränken. Deshalb schreibt Samartha eine *ausserkirchliche* Theologiegeschichte am Beispiel von Hindu-Gelehrten wie Ram Mohan Roy, Ramakrishna, Gandhi und Radhakrishnan, die im Rahmen des Hinduismus auf ihre Begegnung mit Christus antworten[227]. Vor dem Hintergrund dieser Entwürfe denkt Samartha neu über die Kirche nach. Der auf die Kirche verengte Horizont müsse geöffnet werden; als soziale Grösse sei die Kirche indessen unverzichtbar, weil es ohne sie in Indien unmöglich sei, Jesus Christus als den ‚Gott der Unberührbaren' zu erkennen[228]. Anders gesagt: in Indien kann Christus nur dann in seiner ganzen Bedeutung verstanden werden, wenn sich im Leben der sozial Ausgegrenzten etwas ändert; nach Samartha ist die sichtbare Gestalt der Kirche notwendig als Ort der Veränderung von menschenunwürdigen Lebensverhältnissen.

Zwischen 1970 und 1991 lagen zwanzig Jahre intensiver und mannigfaltiger Erfahrungen Samarthas mit dem interreligiösen Dialog. Vor allem nach seiner Rückkehr nach Indien hat sich sein christologischer Ansatz nochmals wesentlich gewandelt. Seine Hinwendung zum *Pluralismus* in Christologie und Missiologie deutet sich im Beitrag, den er für die Tagung über die pluralistische Theologie der Religionen in Claremont 1986 geschrieben hat, bereits an[229]. Zur vollen Entfaltung kam der pluralistische Ansatz dann aber erst in Samarthas grossem christologischen Werk ‚One Christ – Many Religions'[230]. In ‚Hindus vor dem universalen Christus'

---

[227] Kurz davor hat M.M. Thomas eine ähnliche, ‚ausserkirchliche' Theologiegeschichte Indiens veröffentlicht: The Acknowledged Christ of the Indian Renaissance, London 1970 (dt.: Christus im neuen Indien. Reformhinduismus und Christentum, Göttingen 1989), wobei er für seinen eigenen Versuch als Vorbild gefunden hat: R. Panikkar, Christus, der Unbekannte im Hinduismus, Luzern/Stuttgart 1965 (Originalausgabe: The Unknown Christ of Hinduism, London 1964).

[228] Samartha, Hindus vor dem universalen Christus, a.a.O. (Anm. 226), 130.

[229] S. J. Samartha, The Cross and the Rainbow. Christ in a Multireligious Culture, in: Hick/Knitter, a.a.O. (Anm. 214), 69-88.

[230] S. J. Samartha, One Christ – Many Religions. Toward a Revised Christology, Maryknoll N.Y. 1991.

hatte Samartha wissen wollen, ob auch Menschen anderer Religionen zum Christusbekenntnis und der Christusnachfolge fähig seien, und im Horizont des universalen Christus hatte er diese Frage bejaht. Doch im Zeichen des Pluralismus sucht er jetzt nach einer Theologie, die auf exklusive *und* universale Aussagen über Christus verzichtet, um jeglichen Anstoss bei jenen Menschen zu vermeiden, die ihren Heilsweg *ohne Christusbezug* in anderen Religionen suchen und auch finden. Er will also wissen, wie man als Christ das Bekenntnis zu Christus als dem Einzigen, in dem sich Gott offenbart hat, beibehalten *und* gleichzeitig mit Andersgläubigen zusammen an deren Glaubenseinsichten Anteil haben kann. Wie lassen sich Verpflichtetheit gegenüber Christus (commitment to Christ) und Offenheit für den Dialog miteinander verbinden? Die Lösung dieser Aufgabe findet Samartha darin, dass er eine strikte Trennung vornimmt zwischen christologischen Aussagen, die von Gemeindegliedern kommuniziert werden, solange sie unter sich sind, und – wesentlich anders lautenden – christologischen Aussagen von denselben Menschen, wenn sie im interreligiösen Dialog Andersgläubigen gegenüberstehen. Der Preis für diese Lösung ist allerdings eine durch die Dialogsituation bedingte Zweiteilung der Christologie wie der Theologie insgesamt und eine Aufspaltung in Binnenkommunikation und Aussenkommunikation.

Was die Binnenverständigung betrifft, übernimmt Samartha die Kernaussagen christlicher Bekenntnisse, zum Beispiel dass sich in Jesus Christus Gott ein für allemal offenbart hat, dass er Gottes Sohn, Herr und Erlöser aller Menschen ist. Durch Christus erfährt die christliche Gemeinde das Wirken des Heiligen Geistes; ein Leben in Nachfolge und Glauben ist und bleibt für sie auf Christus bezogen. Das Christusbekenntis kann nach Samartha freilich nur in der Gemeinde Geltung beanspruchen und muss daher strikt auf die Binnenverständigung beschränkt bleiben. In langjähriger Erfahrung hat er beobachtet, dass die Glaubenswahrheit des christlichen Bekenntnisses von Andersgläubigen als Ausschliesslichkeitsanpruch (exclusive claim) verstanden wird. Damit erregt das christliche Bekenntnis vor allem in Indien immer wieder Anstoss und ruft vehemente Ablehnung hervor. „Für die andersgläubigen Nächsten *ist* es eine Torheit, und es *ist* ein Stein des Anstosses, wenn der christliche Anspruch (claim) erhoben wird, Gott habe sich *einzig* in Jesus Christus offenbart, um die Menschheit *ein für allemal* zu erlösen."[231] „In keinem anderen Land klingt deshalb der Anspruch einer religiösen Tradition auf Einzigartigkeit, oder die Behauptung der Normativität von einem bestimmten Glauben für andere so unverschämt, fehlplaziert und theologisch arrogant, wie in Indien."[232] Samartha kommt zum Schluss, ‚exclusive claims' sollten stets nur innerhalb einer bestimmten Glaubensgemeinschaft artikuliert werden und nicht mehr sein wollen, als ein Ausdruck der Hingabe und Loyalität[233]. Für das Gespräch mit Andersgläubigen sei dagegen ein pluralistischer Ansatz nötig, der davon ausgeht, „dass das Geheimnis Gottes oder der Wahrheit oder des *Dharma* zu tiefgründig ist, um in partikularen Vorstellungen erschöpfend erfasst zu werden"[234]. So gesehen kann der in Christus geoffenbarte Gott von Menschen nur unvollkommen wahrgenommen werden, und neben Christus gibt es auch andere Offenbarungsträger, Heilsbringer und andere Wege zum Heil. Samartha skizziert in ‚One Christ – Many Religions' eine pluralistische Heilslehre, in der für den ‚universalen Christus' kein Raum mehr vorhanden ist. Nach der Universalisierung folgt nun die Reduzierung Christi auf den Bereich kirchlicher Bekenntnisgemeinschaften.

Die Zweiteilung der Theologie für die Binnen- und Aussenkommunikation nötigt auch zu einer zweigeteilten Trinitätslehre. Ad intra gewendet lässt Samartha die Lehre von der Gleichrangigkeit der drei Personen gelten; ad extra wechselt er zu einer theozentrischen Redeweise über und gibt der Subordination Christi gegenüber dem Vater den Vorzug. Um der Vergleichbarkeit Christi mit anderen Heilsbringern willen spricht Samartha von der Adoption Jesu durch Gott und

---

[231] Samartha, One Christ – Many Religions, a.a.O. (Anm. 230), 118.
[232] Samartha, Cross and Rainbow, a.a.O. (Anm. 229), 75.
[233] Wörtlich schreibt er: „The proper place for affirmations of faith ... is *within* the life and worship of the community as confessions of faith. As such, they should not be extended beyond the faith's boundaries", Samartha, One Christ – Many Religions, a.a.O. (Anm. 230), 133; desgleichen ders., Between Two Cultures, a.a.O. (Anm. 220), 160; ferner S.J. Samartha, Mission in einer religiös pluralen Welt, in: R. Bernhardt, Horizontüberschreitung. Die Pluralistische Theologie der Religionen, Gütersloh 1991, 191-202 (199).
[234] Ebd., 199.

davon, dass Jesus menschliche und göttliche Qualität habe, aber nicht Gott sei[235]. In der Dialogsituation verlange das pluralistische Vorverständnis ausserdem eine Umdeutung von Offenbarung, Glauben, Kirche und Mission. Weil keine Religion den anderen gegenüber einen Offenbarungsvorsprung hat, müssen sich alle dem Dialog mit den anderen, in denen sich Gott ebenfalls zu erkennen gibt, öffnen[236]. In der Begegnung mit Andersgläubigen sollen Christen ihren Glauben (faith) als eine unter vielen Glaubensweisen (faiths) kommunizieren. Der Heilige Geist, der für Christen durch Christus wirkt, gilt nach dem pluralistischen Verständnis als Manifestation des Geistes, der Andersgläubige zugleich auf andere Weise erreicht, weshalb in der interreligiösen Begegnung die verschiedenen Geistmanifestationen miteinander geteilt werden können und sollen. Die Kirche versteht Samartha als eine Glaubensgemeinschaft bzw. Religion neben anderen, die alle auf dem Weg zu ein und demselben Reich Gottes unterwegs sind. Wie in einem Netzwerk sind sie alle miteinander verbunden und bilden zusammen eine Gemeinschaft von verschiedenen (religiösen) Gemeinschaften bzw. eine Ökumene von Gläubigen in verschiedenen Religionen[237].

Samarthas Verständnis von Mission, das im Dialog zur Anwendung kommt, ist damit bereits vorgezeichnet. Er fasst es wie folgt zusammen: „Mission ist Gottes fortgesetztes Handeln durch den Geist, um die zerbrochene Schöpfung zu heilen, um die Zersplitterung der Menschheit zu überwinden und um die Kluft zwischen Menschen, Natur und Gott zu überbrücken.“[238] Zusammen mit Andersgläubigen nehmen Christen an der Mission teil, um Menschen für das Reich einzuladen[239]. Dazu braucht es nach Samartha weder einen Religionswechsel zum Christentum hin noch eine Ausbreitung des Christentums, im Gegenteil: „Die Mission der Kirche ist nicht, andere Religionen in der Welt zu vernichten und ihre

[235] Samartha, One Christ – Many Religions, a.a.O. (Anm. 230), 119.

[236] Samartha, Cross and Rainbow, a.a.O. (Anm. 229), 75f.; vgl. auch ders., Mission, a.a.O. (Anm. 233), 202.

[237] Samartha, Between Two Cultures, a.a.O. (Anm. 220), 187-202, bes. 193f.

[238] Samartha, Mission, a.a.O. (Anm. 233), 200.

[239] Samartha, One Christ – Many Religions, a.a.O. (Anm. 230), 153.

Anhänger zu Christen zu machen, sondern Gottes Liebe und Erbarmen, wie es sich in Jesus Christus manifestiert hat, in Wort und Tat mit ihnen zu teilen."[240]

Samarthas Ansatz wirft Fragen auf, die der weiteren Klärung bedürfen. (1) Das von Samartha empfundene Grundproblem der indischen Christenheit, durch Aussagen über die Einzigkeit Christi für Andersgläubige unannehmbar zu sein, ‚löst' er mit einer Zweiteilung der Theologie. Er überlässt es den Gläubigen, mit den dabei neu aufbrechenden theologischen Ungereimtheiten zu leben. Hilft es wirklich weiter, wenn ‚Christen unter sich' und ‚Christen in der Begegnung mit Andersgläubigen' auseinandergerissen werden? Es handelt sich doch um dieselben Menschen. Hier wird das Bekenntnis vom Dialog abgetrennt und der Dialog gegenüber dem Bekenntnis verselbständigt. Damit das Bekenntnis lebendig bleibt, bedarf es aber der Weitergabe des Glaubens ‚nach aussen'; andernfalls schneiden sich Kirche und Theologie früher oder später selbst von gesellschaftlichen Zusammenhängen ab. Umgekehrt bleibt ein interreligiöser Dialog, der das Selbstverständnis der Glaubensgemeinschaften ausspart, äusserlich. (2) Aus Samarthas Schriften wird nicht deutlich, weshalb es so häufig misslingt, den – nicht auf die Zerstörung des Anderen zielenden – Bekenntnischarakter von christologischen Aussagen einer Glaubensgemeinschaft im interreligiösen Dialog deutlich zu machen. Wie kommt es zum Missverständnis, es handle sich bei einem Bekenntnis (confession) um einen Ausschliesslichkeits*anspruch* (claim) im Sinne einer durch allgemeine Vernunft überprüfbaren Satzwahrheit? Werden da nicht verschiedene Aussage-Kategorien vermengt? Für den Dialog wäre viel gewonnen, wenn versucht würde, den Kategorienwechsel zu klären oder – noch besser – zu vermeiden.

2.3 Knitter und Samartha im Vergleich

An Knitter und Samartha wird sichtbar, warum die pluralistische Theologie der Religionen in diesem Buch unter den ‚kontextuellen Profilen' verhandelt wird. Bei Knitters Religi-

[240] Samartha, Mission, a.a.O. (Anm. 233), 200.

onstheologie ist der US-amerikanische Hintergrund ebenso offenkundig wie der indische in derjenigen von Samartha. Die religiöse Pluralität und ihre Vorgeschichte haben in beiden Ländern ihre eigenen Prägungen, und dementsprechend verschieden sind beide Entwürfe.

In den USA zählt man heute über 2500 Glaubensgemeinschaften, von denen die meisten im weitesten Sinn des Wortes einen christlichen Hintergrund aufweisen. Verglichen mit Indien ist die Religionenvielfalt in den USA ein junges Phänomen. Sie ist eingebettet in eine Kultur, welche die individuelle Freiheit einschliesslich der Religions- und Gewissensfreiheit betont und in ihren historischen Voraussetzungen auf die Anfänge der amerikanischen Verfassungsgeschichte zurückgeht. An der Wende zum 20. Jahrhundert wurde die Schule des Pragmatismus von Charles S. Peirce und William James für den religiösen Bereich prägend. Sie versuchte, den Handlungsaspekt und die Dynamik menschlichen Werdens in das Denken einzubeziehen. Ideen wurden als Handlungsanweisungen begriffen. In popularisierter Form entstand daraus eine Weltanschauung, deren Grundgedanke der Verleger von Knitters Werken, W. R. Burrows, im Satz zusammenfasst: „Es macht nichts aus, *welche* religiöse Überzeugung man hat; wichtig ist nur, *dass* man glaubt und dass der Glaube einem dazu verhilft, in sozial akzeptabler Weise zu funktionieren."[241] Während zu Beginn des 20. Jahrhunderts dieser Gedanke noch auf einem christlich geprägten gesellschaftlichen Grundkonsens beruht hat, trifft er heute auch auf andere Religionen in den USA zu. Anders gesagt: Kennzeichnend für die in den USA heimisch gewordenen Religionen – beispielsweise das Judentum, der Buddhismus und der Islam – ist eine pragmatische Grundierung, die in der Auffassung besteht, dass Ideen daran zu messen seien, was sie in der Gesellschaft bewirken und welchen praktischen Nutzen sie der Gesellschaft bringen. – Wie Burrows bemerkt, ist auch Knitter von diesem Denken

---

[241] W.R. Burrows, Globale Verantwortung und Religionspluralismus. Das Problem von Partikularität und universaler Vision in Paul Knitters Theologie der Religionen, in: H.G. Schwandt, Pluralistische Theologie der Religionen. Eine kritische Sichtung, Frankfurt a.M., 59-73 (68). Burrows ist Verlagsleiter bei Orbis Books, Maryknoll N.Y.

beeinflusst, was sich daran zeigt, dass er weniger an den christlichen Dogmen – den ‚Ideen' im Sprachgebrauch des Pragmatismus – interessiert ist als daran, die christlichen Verhaltensweisen (attitudes) Andersgläubigen und anderen Religionen gegenüber zu verändern. Dafür spricht jedenfalls, dass sein Bemühen um eine in sich schlüssige religionstheologische Lehrbildung in seinen späteren Werken zunehmend zurücktritt hinter das Interesse an der interreligiösen Zusammenarbeit zum Zwecke der Gesellschaftsveränderung.

Im Unterschied zu Nordamerika haben auf dem indischen Subkontinent während Jahrtausenden verschiedene Gesellschaften mit ihren verschiedenen Religionen gelernt, neben- und miteinander zu existieren. Als Grundmuster der multireligiösen Gesellschaft Indiens hat sich in der Alltagspraxis eine weit verbreitete Fähigkeit zur Konvivenz herausgebildet. Sie ist in der hinduistischen Religionsphilosophie durch den Gedanken vertieft worden, dass alle Religionen und Gottesvorstellungen Manifestationen der einen göttlichen Wirklichkeit sind und grundsätzlich den Respekt aller Glieder der Gesellschaft verdienen. Auf der sozialen Ebene ist dieser Gedanke mit dem in Jahrhunderten entstandenen Kastenwesen verbunden, durch das sich die indische Gesellschaft eine Möglichkeit geschaffen hat, die verschiedenen Lebensformen und sozialen Gruppen von einander zu trennen und gleichwohl in ein und demselben Gemeinwesen zusammenzuleben. Anders als in den USA wird in Indien der Zusammenhalt der Gesellschaft weder primär an der individuellen Freiheit noch an der sozialen Lebenslage der Bevölkerung gemessen, sondern an der gelungenen Konvivenz bzw. am hinduistischen Modell der Religionstheologie. Wenn es zu gravierenden Verletzungen dieser Leitbilder kommt – wie beispielsweise im hinduistisch-muslimischen Konflikt um die Babri-Moschee in Ayodhya im Dezember 1992 oder bei Ausschreitungen, die gegen Christen gerichtet sind und von radikalen Strömungen innerhalb der Hindu-Bewegung ausgehen (Februar 1998) – macht sich in der indischen Öffentlichkeit tiefe Besorgnis breit, wogegen krasseste Armut unter grossen Teilen der Bevölkerung mit erstaunlichem Gleichmut hingenommen werden.

„Für uns in Indien sind die Beziehungen zwischen den Religionen zu einer Frage auf Leben und Tod geworden", schrieb schon 1938 der indische Christ P. Chenchiah, den Samartha später wieder zitiert[242]. Als winzige religiöse Minderheit hat das Christentum in Indien nur innerhalb des hinduistischen Grundkonsenses eine Zukunft: das ist die Überzeugung der Dialogtheologen einschliesslich Samarthas, weshalb er die Christologie und mit ihr die christliche Theologie insgesamt revidiert, um sie in Einklang damit zu bringen. Der ‚Sitz im Leben' seiner Theologie ist die religionenverbindende Verständigung über zentrale theologische Inhalte. Er bringt Kernaussagen verschiedener Religionen miteinander ins Spiel, um die tiefsten Entsprechungen zwischen ihnen aufzuspüren und ihre jeweiligen Defizite durch die Stärken der anderen Traditionen zu ergänzen. Am Beispiel der Christologie und der indischen Philosophie der Nicht-Zweiheit *(advaita)* hat er diesen Ansatz weiterentwickelt. Als Aktivist und Weltveränderer habe er sich, wie er gelegentlich bekundet, dagegen nie verstanden[243]. Mit dieser Klarstellung hat er 1991 auf einem Symposium den Vorwurf Knitters zurückgewiesen, er, Samartha, führe den Dialog ohne Bezug zum Schicksal der unter Ungerechtigkeit, Gewalt und Not leidenden Menschen, und seiner Theologie fehle die befreiungstheologische Dimension[244]. Der Unterschied des pluralistischen Profils von Knitter und Samartha, der sich in jenem Wortwechsel ausdrückt, zeigt, dass religionspluralistische Ansätze weder ohne weiteres aus ihren Kontexten herausgerissen, noch unverändert in anderen Kontexten rezipiert werden können. Nicht zuletzt daraus erklärt sich auch die positionelle Vielfalt innerhalb der pluralistischen Theologie der Religionen.

Abschliessend eine Bemerkung zur Frage, ob die Ökumene der Kirchen einer ‚Ökumene' der Religionen weichen sollte. Als Vertreter der pluralistischen Religionstheologie versuchen Knitter und Samartha mit Hilfe von religiösen Quellen aus verschiedenen Traditionen Aussagen über Offenbarung, Gotteserkenntnis, Wahrheit, Inkarnation, Heil und Erlösung zu machen. Können sie damit den Kirchen der Ökumene einen Weg zur Versöhnung mit den anderen Religionen aufzeigen?

---

242 Samartha, Mission, a.a.O. (Anm. 233), 194; zu Chenchiah vgl. A 1.3.
243 P. Knitter / S.J. Samartha, Stanley Samartha's ‚One Christ – Many Religions', in: Current Dialogue 21, Dezember 1991, 24-37 (bes. 35).
244 Ebd., 29f.

Knitters Beispiel basiert auf dem ebenso unableitbaren wie unbegründbaren Vorverständnis von der prinzipiellen Gleichrangigkeit aller Religionen sowie der Annahme, in allen Religionen sei der eine Gott wirksam. Dazu muss er einen Standpunkt jenseits aller religiösen Quellen einnehmen und sich erkenntnistheoretisch gewissermassen an die Stelle Gottes setzen. Die Fragwürdigkeit seines Vorverständnisses ist inzwischen vielfach aufgezeigt und kritisch kommentiert worden[245]. Auch die empirische Fragwürdigkeit seines Ansatzes hat Knitter erfahren müssen, wie das sprachlose Staunen zeigt, in das ihn die ‚unhintergehbare Pluralität' (Knitter) versetzt. Nach seinen religionspluralistischen Experimenten nähert er sich neuerdings wieder dem breiten Konsens in der Ökumene an, der sich darauf beschränkt, das Geheimnis von Gottes Wirken jenseits der biblisch bezeugten Botschaft anzudeuten[246].

Für Samartha kommt die wahre Ökumene erst in der ‚Ökumene' der Religionen zum Ziel. Was aber könnte das Ziel einer Religionen-Ökumene sein? Samarthas Antwort darauf heisst ‚Mission', verstanden als Überbrückung der Kluft zwischen Menschen, Natur und Gott[247]. Doch sowohl die religi-

---

[245] Ein Beispiel für viele andere ist der Sammelband ‚Pluralistische Theologie der Religionen', in dem sich mehrere Beiträge mit Knitter befassen, vgl. Schwandt, a.a.O. (Anm. 241).

[246] Eine wachsende Zurückhaltung bei Aussagen über Gottes Wirken unter den Völkern ist auch bei Experten der pluralistischen Theologie der Religionen zu beobachten, die ihr theologisch nahestehen. Zu ihnen gehört R. Bernhardt, der es nach eingehender Beschäftigung mit der Religionstheologie bei der Aussage belässt, es liege in Gottes Macht, auch ausserhalb des Evangeliums von Jesus Christus Wege zu den Menschen zu finden; vgl. Bernhardt, Aufbruch zu einer pluralistischen Theologie der Religionen, a.a.O. (Anm. 219), 246.

[247] Samartha, Mission, a.a.O. (Anm. 233), 200. Knitter beantwortet die Frage befreiungstheologisch und spricht von der Verantwortung aller Religionen für das Überleben der Menschheit und der aussermenschlichen Natur. In diesem Zusammenhang sind auch Küngs Vorschläge zu einem ‚Projekt Weltethos' zu nennen, vgl. H. Küng, Projekt Weltethos, München 1990. Das Weltparlament der Religionen hat 1993 in Chicago mit seiner ‚Erklärung zum Weltethos' Küngs Vorschlag übernommen; vgl. H. Küng / K.-J. Kuschel (Hg.), Erklärung zum Weltethos. Die Deklaration des Parlamentes der Weltreligionen, München 1993. Samartha steht diesem Konzept allerdings skeptisch gegenüber wegen des darin zum Ausdruck kommenden Primats des Ethischen. Damit weiche man den Auseinandersetzungen um religiöse Wahrheitsfragen aus; vgl. Between Two Cultures, a.a.O. (Anm. 220), 184f.

onstheoretischen Versuche als auch die Praxis der interreligiösen Zusammenarbeit zeigen, dass das, was den Menschen aller Religionen als einheitsstiftende Kraft vorgegeben sein könnte, unter ihnen nach wie vor höchst umstritten ist. So sind Anspruch und Durchführbarkeit einer ‚Ökumene der Religionen' immer wieder durch Einwände infrage gestellt, die entweder das Vorverständnis der pluralistischen Theologie der Religionen oder Einzelaspekte derselben betreffen: Der Annahme einer letzten Wirklichkeit hinter allen Religionen beispielsweise ist zu Recht spekulativer Monismus vorgeworfen worden. Pluralisten werden sogar mit dem Vorwurf des subtilen Imperialismus konfrontiert, vor allem dann, wenn sie ihre eigenen, an christliche Theologie und westliche Lebensweisen gebundenen Perspektiven verallgemeinern und daran auch andere Religionen messen. Ein weiterer Vorwurf trifft jene Pluralisten, welche die Verschiedenheiten in den Religionen unterschätzen oder religiöse Traditionen auf einen rudimentären Kern reduzieren möchten. Kurz: Für eine ‚Ökumene' der Religionen fehlt bislang ein gemeinsamer Grund in Gestalt von Quellen, die für Menschen aus allen Religionen Massstab und Orientierung auf dem Weg zu einem gemeinsamen Ziel sein könnten. Solange dieser gemeinsame Grund nicht gefunden ist, kann auf die Unterscheidung zwischen der *Ökumene* der Kirchen und dem *Dialog* der Religionen sinnvollerweise nicht verzichtet werden. Das Spezifische der Kirchen liegt darin, dass sie sich auf einen gemeinsamen Grund berufen, der ihnen vorgegeben ist. Auf dieser Grundlage geben sie einander Rechenschaft über ihre Spaltungen, und im Hören auf das biblische Zeugnis machen sie sich auf den Weg, um „die eine Kirche Jesu Christi in der Gemeinschaft der Kirchen zu leben"[248]. Der Dialog der Religionen muss demgegenüber davon ausgehen, dass sich die beteiligten Religionsgemeinschaften nicht an ein und demselben Überlieferungszusammenhang ausrichten können. Eine pluralistische Theologie der Religionen wird deshalb auch die ökumenische Theologie nicht ersetzen können.

---

[248] J. Brosseder, Konstruktive Kritik einer pluralistischen Theologie der Religionen, in: Schwandt, Pluralistische Theologie der Religionen, a.a.O. (Anm. 241), 117-133 (122).

3. Theologie im Dialog mit dem Judentum: Friedrich-Wilhelm Marquardt / Deutschland

Knitter und Samartha erwähnen das Judentum nur beiläufig, und für ihre religionstheologischen Entwürfe hat es keine tragende Bedeutung. Die Theologie der Religionen hat hauptsächlich das Gespräch des Christentums mit den Religionen der Nichtjuden *(gojim* bzw. *ethne)* zum Gegenstand und setzt sich in dem Zusammenhang mit dem christlichen Anti*paganismus* auseinander, wogegen der christlich-jüdische Dialog seiner Sonderstellung wegen in religionstheologischen Entwürfen eher am Rand steht, wenn nicht sogar ausgeblendet wird. Allerdings spielen unter deutschsprachigen Theologen und Theologinnen in der zweiten Hälfte des 20. Jahrhunderts zunehmend gerade die Auseinandersetzungen mit dem christlichen Anti*judaismus* und der christlich-jüdische Dialog eine herausragende Rolle. Inzwischen hat er sich – in Verbindung mit einer breiten christlich-jüdischen Zusammenarbeit – als eigenständiger Dialog etabliert und überragt in Deutschland umfangmässig alle anderen interreligiösen Dialoge. Dasselbe gilt für die Dialogtheologie: Sie ist hauptsächlich Theologie im Dialog mit dem Judentum[249]; sehr viel seltener ist sie die Frucht anderer Dialoge[250]. Im Folgenden wird das sehr komplexe und literarisch breit dokumentierte Themenfeld der christlich-jüdischen Beziehungen einzig im Blick auf seine Bedeutung für Mission und Dialog erörtert[251].

Friedrich-Wilhelm Marquardt steht als Systematiker seit den 1960er Jahren, als er in seiner Dissertation Karl Barths

---

[249] Für die Bibelwissenschaften vgl. etwa R. Rendtorff und K. Wengst; für die Kirchengeschichte L. Siegele-Wenschkewitz; für die Systematik B. Klappert und M. Stöhr. Als Übersicht über christliche, jüdische und gemeinsame christlich-jüdische Verlautbarungen vgl. R. Rendtorff / H. H. Henrix (Hg.), Die Kirchen und das Judentum. Dokumente von 1945-1985, Paderborn/München 1988.

[250] Der Dialog mit dem Hinduismus und Buddhismus ist z.B. für M. von Brück und H. Küng zentral geworden.

[251] Zum Thema ‚Israel und die Kirche' vgl. in dieser Reihe auch das Studienheft ‚Kirche' von J. Haustein.

Israel-Lehre untersuchte, im Dialog mit dem Judentum[252]. Sein umfangreiches Werk ist die sichtbare Seite einer fortwährenden Reflexion auf den jüdischen Glauben und seine Wurzeln in der Hebräischen Bibel. Die jüdisch-christliche Zwiesprache, genauer: das christlich-jüdische ‚Selbstgespräch', das er über Hunderte von Seiten führt, ist in der konkreten und verbindlichen Begegnung mit jüdischen Menschen verankert, denen gegenüber er sich auch in seinem Denken als Christ und Theologe deutscher Herkunft verantworten möchte[253]. Was unter dem kontextuellen Profil einer Theologie bzw. einer kontextuellen Theologie zu verstehen ist, illustriert sein Werk in geradezu idealtypischer Weise; denn mit einer klaren Orts-, Situations- und Zeitangabe weist es sich als ‚Theologie nach Auschwitz' aus. In den Prolegomena zur Dogmatik heisst es dazu: „Die Judenmorde unseres Jahrhunderts und ihre von Theologie und Kirche zu verantwortenden Voraussetzungen und Folgen sind die Zeichen unserer Zeit, die jede Theologie in bisher unbekannter Weise radikal fraglich machen."[254] Dem Zeichen der Zeit, Auschwitz, wird nur dort Rechnung getragen, „wo christlicher Glaube, christliche Lehre und christliche Kirche mit den Augen ihrer Opfer gesehen werden"[255]. Dazu gehört, dass christlicher Glaube in einen Dialog mit Israel eingebettet ist und „am inneren Leben der überlebenden Opfer teilnimmt, an ihrem Entsetzen, ihrer Trauer"[256]. Kann in der Zeit ‚danach' überhaupt noch glaub-

---

[252] F.-W. Marquardt, Die Entdeckung des Judentums für die christliche Theologie. Israel im Denken Karl Barths, München 1967 (Darin wird die Nähe zu Karl Barth im Frühwerk von Marquardt sichtbar). Vgl. auch das im selben Zeitraum geschriebene, aber erst 1983 veröffentlichte Buch: Die Gegenwart des Auferstandenen bei seinem Volk Israel. Ein dogmatisches Experiment, München 1983, in dem er sich kritisch mit Barths Israel-Lehre auseinandersetzt.

[253] F.-W. Marquardt, Von Elend und Heimsuchung der Theologie: Prolegomena zur Dogmatik, 2. erw. Aufl., München 1992, 1. Aufl 1988 (zit.: Prolegomena); ders., Das christliche Bekenntnis zu Jesus, dem Juden. Eine Christologie. Band I, München 1990, Band II, München 1991 (zit.: Christologie I u. II); ders., Was dürfen wir hoffen, wenn wir hoffen dürften? Eine Eschatologie. Band I, München 1993, Band II, München 1994, Band III, München 1996 (zit.: Eschatologie I, II u. III).

[254] Marquardt, Prolegomena, ebd., 74.

[255] Ebd., 146.

[256] Ebd.

würdig Theologie getrieben werden? Marquardts Antwort lautet: Möglich ist dies nur, wenn Theologie und Kirche die über Jahrhunderte eingeschliffenen, antijudaistischen Denkweisen ins Bewusstsein heben und überwinden. Das Umdenken nach Auschwitz nötigt dazu, die Bibel – vor allem das Neue Testament – neu zu lesen, die Christentums- und Theologiegeschichte kritisch zu beleuchten und die christlichen Glaubensinhalte im Horizont der jüdisch-christlichen Begegnung neu zu buchstabieren[257].

Die Gesprächspartner, die in Marquardts dialogischer Theologie vorausgesetzt werden, und die Adressaten, an die er sich als Dogmatiker wendet, sind zu unterscheiden. Vor Ersteren, den Opfern aller Formen von Judenfeindlichkeit, legt er Rechenschaft über sein theologisches Denken ab. Marquardts Anspruch an seine eigene Theologie besteht darin, so zu schreiben, dass jüdische Gesprächspartner und -partnerinnen sie in allen Teilen sollen mithören und im Prinzip dazu Ja sagen können. Aber er schreibt nicht *für* die jüdische Gemeinde. Sein Adressatenkreis ist die Kirche und sind insbesondere diejenigen, die im Raum der Kirche christliche Theologie zu vertreten haben. Anders gesagt: Marquardt schreibt zwar für eine christliche Öffentlichkeit, verantwortet sich aber letztinstanzlich vor dem Vermächtnis jüdischen Lebens in Geschichte und Gegenwart. Obwohl die Glieder der Kirche zu einem umfassenden Schuldgeständnis und einem Umdenken, das an Selbstverleugnung grenzt, aufgerufen sind, plädiert er nicht etwa für die Abkehr von der Kirche und die Konversion zum Judentum. Ganz im Gegenteil: Der Argumentationsgang seines theologischen Werkes läuft darauf hinaus, vor dem Wunsch, vom Christentum zum Judentum überzutreten, zu warnen, und dies gerade mit Rücksicht auf das Judentum und das Verständnis, das dieses von sich selbst hat. Der Respekt vor dem Anderssein Israels unter *allen* Völkern, hauptsächlich aber vor seinem Anderssein gegenüber der Christenheit, ist ein Kernanliegen und zugleich ein Konstruktionsprinzip von Marquardts Theologie. Gerade die Sensibilität für ein zentra-

---

[257] Auch der Appell zur umfassenden ‚Relectura' der Bibel und Neuinterpretation aller Glaubensinhalte aus *einem* theologischen Grundgedanken ist ein spezifisches Merkmal von kontextueller Theologie.

les jüdisches Anliegen bringt ihn dazu, dem Judentum gegenüber einen gebührenden Abstand zu wahren und sich als Glied der Kirche Jesu Christi mit der Existenz *ausserhalb* der von jüdischer Seite gezogenen Grenze zu begnügen. Er möchte Grenzverletzungen vermeiden, die jüdischerseits als lästige, identitätsgefährdende Aufdringlichkeit empfunden oder als Existenzbedrohung erfahren werden könnten[258]. Mit der Distanzwahrung ruft Marquardt nicht zur Gleichgültigkeit der Kirche gegenüber Israel auf; vielmehr schreibt er: „*Mag Israel das Recht der Distanz behaupten, uns gehört die Pflicht der Beziehung.*“[259]

Um das Verhältnis zwischen Israel und der Kirche zu bestimmen, fragt Marquardt in den Prolegomena nach der besonderen Beziehung zwischen Israel und Gott, der es aus allen Völkern ausgesondert, zu seinem Volk erwählt und zu einem Tun, das seinem Willen entspricht, berufen hat[260]. Israels Erwählung und Berufung bleiben aufgrund des ungekündigten Bundes Gottes mit Israel für alle Zeiten in Geltung. Dadurch, dass Gott in Jesus Christus die Berufung auf die Völker ausgeweitet hat, ändert sich nichts an Besonderheit, Einmaligkeit und Vorrang von Israels Berufung. In diese rangmässig abgestufte ‚Berufungsordnung‘ Gottes hat sich die christliche Kirche einzufügen. Das Christentum hat also kein Recht, sich an die Stelle Israels zu setzen, um es abzulösen, wie es in der Kirche und Theologiegeschichte bis in die jüngste

---

[258] Mit der Konversion zum Judentum sind weitreichende Konsequenzen verbunden; denn sie impliziert nicht nur eine Zugehörigkeit zur jüdischen Kultgemeinde und zur Religionsgemeinschaft im Sinne des Religionsrechts eines bestimmten Staates; darüber hinaus hat sie – je nach innerjüdischem Standpunkt – auch Auswirkungen auf die Zugehörigkeit zur jüdischen Volksgemeinschaft im ethnischen Sinn und gewährt gegebenenfalls auch den Anspruch auf Staatsbürgerschaft im Staat Israel. Mit der Konversionsfrage hängt ein weiteres Problem zusammen: Die jüdische Religionsgemeinschaft muss – vor allem in der Diaspora – die Balance finden zwischen abgrenzender Identitätswahrung und überlebensnotwendiger Öffnung nach aussen. Dazu E.L. Dorff, A Jewish Theology of Jewish Relations to Other Peoples, in: H. Ucko (Hg.), People of God, Peoples of God. A Jewish-Christian Conversation in Asia, Genf 1996, 46-66 bes. 50f.; N. Solomon, Faith in the Midst of Faiths: Traditional Jewish Attitudes, in: Ucko, a.a.O., 84-99.

[259] Marquardt, Eschatologie II, a.a.O. (Anm. 253), 164.

[260] Marquardt, Prolegomena, a.a.O. (Anm. 253), 263ff.

Vergangenheit vertreten worden ist[261]. Vielmehr müssen sich Theologie und Kirche auf Israel hin relativieren, denn nur so erkennen sie Gottes ungekündigten Bund mit Israel an[262]. Die Glieder der Kirche erhalten durch Jesus Christus mittelbar Anteil an der Gemeinschaft mit Israel: Indem sie *direkt* in der Gemeinschaft mit Christus stehen, bekommen sie *indirekt* auch Anteil am Volk Gottes, dem Jesus als Jude angehört[263]. Es geht also um eine Gemeinschaft von ‚bleibend Verschiedenen' gemäss der Verheissung, die an Abraham ergangen ist: eine Gemeinschaft zwischen den leiblichen Nachkommen Abrahams und denen, die sich mit Abrahams Namen Segen wünschen[264]. Für Marquardt ist die Kirche empirisch und auch ekklesiologisch primär eine Gemeinschaft von christlichen *gojim*, *Heiden*christen, welche die Erstberufung und Sonderstellung Israels im Gottesverhältnis anerkennen und ihrer Zuordung zu Israel gemäss leben und handeln. „Diese *Zuordnung* verstehen wir als eine *Grundordnung* von Kirche, nämlich als die Ordnung ... ihres Mitläufertums mit dem jüdischen Volk, dem es wie auf Verderb, so auf Gedeih zugehört."[265] Nach Marquardt sind die Judenchristen für die Kirche wesentlich, allerdings denkt er dabei nicht an die heute

---

[261] Von der Ablösungstheorie im Mittelalter zeugen noch bis heute viele Kirchen, vgl. etwa das Motiv der Synagoge als Frauengestalt mit verbundenen Augen, mit gebrochenem Stab oder als gebeugte Gestalt; Israel als Magd der Kirche, oder drastisch-diffamierend die ‚Judensau'.

[262] Marquardt, Prolegomena, a.a.O. (Anm. 253), 366ff. Die Kirche habe eine Entscheidung zu treffen „zugunsten des ungekündigten Bundes und der *Relativierung* der christlichen Kirche, des christlichen Glaubens, der christlichen Theologie auf Israel, den Augapfel Gottes" (368) (Hervorhebung C.L.).

[263] Daher der programmatische Titel von Marquardts Christologie: Das christliche Bekenntnis zu Jesus, dem Juden.

[264] Vgl. Gen 12,3; Marquardt, Prolegomena, ebd., 339. Bei der Abraham-Gemeinschaft geht es Marquardt um eine soziale Grösse, die neben der Kirche steht und weiter ist als diese: „Abraham-Gemeinschaft ist *nicht* Kirchengemeinschaft, sondern Volk-Gottes-Gemeinschaft." (ebd.)

[265] Marquardt, Eschatologie II, a.a.O. (Anm. 253), 164. Ferner schreibt Marquardt von der Kirche als einem ‚Schwarmgemeng'. Damit spielt er auf das ‚fremde, herbeigelaufene Volk' *(erev rav)* in Ex 12,38 und Num 11,4 an, das sich an Israel anhängt, um an seinem Segen teilzuhaben (ebd., 161). Er will damit aber keine Definition oder gar Wesensbestimmung der Kirche geben. Wesensbestimmend für die Kirche ist Jesus. „Er ist und bleibt ihre Mitte" (ebd., 164).

lebenden Judenchristen, sondern lediglich an jene, „die als Zeugen erster Hand der Kirche die Jesus-Schriften geschenkt haben. ... Die jüdischen Zeugen der Jesus-Schriften sind Platzhalter der Judenchristen in der Kirche, bezeugen deren ewige Wichtigkeit für das Christentum – damit zugleich aber die bleibende Wichtigkeit des jüdischen Volkes, dem sie entstammen, für das Wesen der Kirche."[266] Die ekklesiologische Formel ‚die Berufenen bzw. Kirche aus Juden und Heiden' (Röm 9,24) deutet er als eine Zusammengehörigkeit in Distanz: Auch Heiden seien in die ursprüngliche, von christlichen Juden gebildete Gottesgemeinschaft hineingenommen und gehörten durch sie in die Gemeinschaft mit Israel. Dabei hält er aber am Grundsatz fest: „Die ‚Juden zuerst' – das ist der Grund der Kirche, ‚und auch' die Völker."[267]

Dass die Kirche in Marquardts Werk trotz ihrer bleibenden Verschiedenheit von Israel auf Israel bezogen bleibt, zeigen nicht zuletzt seine Ausführungen über die Mission der Kirche[268]. Auch die christliche Mission steht unter der Voraussetzung, dass die Berufung des Volkes Israel derjenigen der Völker sachlich vorgeordnet ist. Ihr Grund ist Jesus Christus als Friedensstifter zwischen Israel und den Völkern. Christus ist für die *gojim* der Erlöser und Heilsbringer, indem er sie in eine direkte Beziehung zu Gott führt, wogegen Israel kraft seiner Erwählung und Berufung schon bei Gott ist und des ‚soteriologischen' Heils nur insofern bedarf, als das Christusgeschehen

---

[266] Marquardt, Christologie I, a.a.O. (Anm. 253), 302. Obwohl Marquardt der Meinung ist, dass die Kirche Anlass hätte, auf judenchristliche Theologie als einer Lehrmeisterin für die eigene Erneuerung zu hören (Prolegomena, a.a.O., Anm. 253, 392), befasst er sich in seiner Dogmatik (ab 1988) nicht mit den heute lebenden Judenchristen und ihrer Theologie. Dies ist auffällig, hat er doch in seinem 1983 veröffentlichten ‚dogmatischen Experiment' (vgl. Gegenwart, a.a.O., Anm. 252) sehr wohl die heute lebenden Judenchristen beachtet und in seine theologische Reflexion einbezogen. Doch in seinem späteren Werk behauptet er, das Judenchristentum würde heute empirisch praktisch keine Rolle mehr spielen (Christologie I, ebd., 302). Das trifft indessen nicht zu, wie die in der ‚International Hebrew Christian Alliance' organisierten Judenchristen und die ‚Messianischen Juden' in Israel zeigen.

[267] Marquardt, Eschatologie II, a.a.O. (Anm. 253), 157.

[268] Zum Missionsverständnis von Marquardt vgl. H. Wrogemann, Mission und Religion in der Systematischen Theologie der Gegenwart. Das Missionsverständnis deutschsprachiger protestantischer Dogmatiker im 20. Jahrhundert, Göttingen 1997, 241-274.

ihm ein friedliches Zusammenleben mit den *gojim* bringt. Dass Israel von anderen Völkern in Frieden gelassen werde und der einseitig von den Völkern provozierte Unfriede ein Ende habe: dies ist hier also mit ‚Frieden' gemeint. Für die christliche Mission heisst das nach Marquardt, dass sie nur auf die *gojim* gerichtet sein darf, denn als ‚Judenmission' ist sie nicht notwendig. Und sie darf sich nicht die Vereinigung der bekehrten *gojim* mit dem Volk Gottes zum Ziel machen; denn als Mit-Geführte Gottes und Weg-Genossen Israels kann und soll das ‚Mischvolk', das die zum christlichen Glauben bekehrten *gojim* verkörpern, „nicht zum jüdischen in-sider werden"[269]. Die christlichen *gojim* haben den Auftrag, ‚das Gesetz und die Propheten' sowie ‚die Schriften' in Gestalt eines ‚Evangeliums' unter die Völker zu bringen[270]. Um den Frieden zwischen Israel und den Völkern aufzurichten, ist Jesus Christus in die Welt gesandt worden, und im Zeichen seiner Sendung steht auch die christliche Mission, die bewirken soll, dass die *gojim* aufhören, sich als Feinde Israels zu gebärden und seine Vernichtung anzustreben. Das Sein und Wesen der Kirche erweist sich „in der *Sendung* aller Freundinnen und Freunde Jesu *unter die Völker*"[271]. Die Kirche begibt sich in den Dienst von Israels Mission unter den Völkern, die darin besteht, das Gotteslob unter ihnen zu wecken und ihren Blick auf Israel und die Taten, die Gott an ihm vollbracht hat, zu richten. Da Israel erst am Ende der Zeit den Tag erwartet, an dem die Völker zum Zion kommen werden, um mit ihm gemeinsam Gottes Weisung zu vernehmen und Gott anzube-

[269] Marquardt, Eschatologie II, a.a.O. (Anm. 253), 163. „Israel muss sich den Gojim immer wieder einmal frei gegenüberstellen, sich auf sich selbst zurückziehen, es kann keine Assimilations-Heiden gebrauchen. Und solange das Judentum jüdisch ist, ... wird es darauf bestehen, dass es Beziehung nur in Distanz bejahen kann, es also auch *keinen christlich-jüdischen Mischmasch* geben soll." (ebd.)

[270] Marquardt, Eschatologie II, a.a.O. (Anm. 253), 158f. Dieser Gedanke steht sachlich einem Vorschlag von Franz Rosenzweig nahe, der die Aufgabe der Juden darin sieht, den Willen Gottes modellhaft zu leben, während diejenige der Christen darin bestehe, das Zeugnis in Gestalt der Mission unter die Völker zu bringen; vgl. F. Rosenzweig, Der Stern der Erlösung, hg.v. R. Mayer, Den Haag, 4. Aufl. 1976, Teil III, 1.u.2. Buch, 331-422 (bes. 379).

[271] Ebd., 157.

ten, soll sich auch die Kirche diese endzeitliche Missionsperspektive zu eigen machen. Theologisch und geographisch gesehen ist Jerusalem bzw. Zion das Zentrum auch der christlichen Mission. Von dort geht sie aus und führt wieder dorthin zurück.

Was den christlichen Dialog mit anderen Religionen betrifft, besteht nach Marquardt der Auftrag darin, den Andersgläubigen mithilfe „eines frohen und befreienden, d.h. eines antiheidnischen Beispiels" zu begegnen und sich den Göttern und Gewalten entgegenzustellen, welche „die Menschen geistig, seelisch, politisch, theologisch verkrümmen"[272]. Mit dem dialogischen Prinzip der Anknüpfung kann er sich nicht anfreunden; sein religionstheologischer Ansatz geht davon aus, dass alle Religionen, welche die Differenz zwischen Israel und den Völkern (bzw. Israels Gott und den Gottheiten der *gojim*) verwischen, Heidentum verkörpern. Ziel des christlichen Dialogs sei es, die Andersgläubigen davon zu überzeugen, das Anderssein Israels gegenüber allen Religionen zu erkennen und zu wahren: *„Die Gojim sollen ihrem spezifisch Anderen, dem jedem einzelnen von ihnen Anderen, sollen Israel zugewendet werden."*[273]

Soweit zu Marquardts Sicht von Mission und Dialog. Seinen breit angelegten, eigenwilligen und provokativen Ansatz als Ganzes zu erörtern, ist hier nicht möglich. Ein paar Hinweise auf seine Verdienste und einige Problemanzeigen müssen genügen.

(1) Christliche Theologie dem Dialog mit dem Judentum und anderen Religionen auszusetzen, ist ein ebenso anspruchsvolles wie schmerzhaftes Unterfangen. Es gleicht dem im Grunde unmöglichen Versuch, in eine andere Identität zu schlüpfen und von aussen, aus dem Blickwinkel einer anderen Religion, die christliche Innenperspektive zu reproduzieren. Marquardt stellt sich der Schwierigkeit dieses Unterfangens uneingeschränkt und schonungslos, bereit, alle ‚Eigeninteressen' des Christentums gegenüber seiner Partnerreligion aufzugeben. Er praktiziert die in der Missionsgeschichte gelegentlich begegnende Umkehr *(metanoia)* zu den Andersgläubigen

---

[272] Ebd., 159.
[273] Ebd., 360.

und ihren Religionen, ohne dass er deshalb sein Christsein und seine Kirchenzugehörigkeit aufgeben möchte. So sehr seine Theologie dialogisch ist, so exklusiv ist sie allerdings zugleich in ihrer Ausrichtung auf den Dialog mit dem Judentum. Marquardt steht dafür ein, dass Israels Vorordnung vor allen Völkern sowohl vom Christentum als auch von allen anderen Religionsgemeinschaften eingehalten wird. Aus der von Marquardt eingenommenen ‚Israelperspektive' sind Unterschiede zwischen anderen Religionen gleichgültig, ihren spezifischen Zeugnissen von Gottes- und Wahrheitserkenntnis dreht Marquardt den Rücken zu, weil sein Blick ausschliesslich auf das Judentum gerichtet ist. Damit sei nicht gesagt, dass *eine* Person gleichzeitig alle möglichen Dialoge führen könnte und sollte – wer dies tut, läuft Gefahr, im Oberflächlichen stecken zu bleiben –, aber jede partikulare dialogische Theologie sollte für andere Dialoge zumindest anschlussfähig sein. Das gelingt nur, wenn die Partikularität und auch Kontextbedingtheit eines einzelnen Dialogs mit thematisiert und reflektiert wird. Die Anschlussfähigkeit ist nicht mehr gewährleistet, wenn man beispielsweise den christlich-jüdischen Dialog als *den* Dialog schlechhin begreift, der alle anderen Dialoge durch bestimmte inhaltliche Vorgaben festschreibt, statt ihn als einen unter vielen Dialogen zu verstehen, die zueinander teils in einem Ergänzungs-, teils in einem Spannungsverhältnis stehen. Dasselbe gilt umgekehrt auch für andere Dialoge und die Theologie der Religionen: Sie sollten ihrerseits für den christlich-jüdischen Dialog in seiner Besonderheit anschlussfähig sein.

(2) Interreligiöse Dialoge werden zum einen aufgenommen, um Fremdes zu verstehen und Trennendes zu überwinden, zum anderen dienen sie aber auch dazu, wechselseitig das Anderssein wahrzunehmen und es zu bewahren. Nähe und Distanz sind für den Dialog gleichermassen konstitutiv, und beidem wird Marquardt gerecht, wenn er im christlich-jüdischen Dialog der doppelten Gefahr der Ausgrenzung *und* der Vereinnahmung seines Gegenübers im Dialog entgegenwirkt. Um Ausgrenzungen zu überwinden, erinnert er die Christenheit an ihre ‚Pflicht zur Beziehung' in Gestalt des solidarischen Einstehens für die jüdischen Menschen, und um den Vereinnahmungen vorzubeugen, macht er sich für die Distanz stark, ohne welche dem Judentum das Recht auf Alterität genom-

men würde. Das gilt für das Judentum. Aber wie steht es in den verschiedenen interreligiösen Dialogen mit allen sonstigen Ansprüchen auf Einzigartigkeit und Besonderheit? In Marquardts Sicht können sie nur als Widerspruch zur Alterität dieses einen Volkes gedeutet werden; denn es widerspricht der Logik seines Dialogverständnisses, auch anderen Religionen das legitime Anderssein zuzugestehen. Marquardts Ausführungen laufen aus Gründen seiner Erwählungstheologie auf die These hinaus, einzig Israel habe Anspruch auf Alterität, weil unter allen Völkern dieses eine Volk wie kein anderes von Gott berufen und ausgesondert worden ist.

(3) In der Auslegung des Neuen Testaments versucht Marquardt, alles zu vermeiden, was für jüdische Ohren Anstoss erregen könnte. Er zeichnet aufgrund der frühesten neutestamentlichen Quellen ein nahezu widerspruchs- und spannungsfreies Bild vom Verhältnis zwischen Jesus, der Jesusbewegung und dem Judentum zur Zeit der christlichen Anfänge. Dadurch verschwinden zusammen mit den neutestamentlichen Antijudaismen auch die konfrontativen Momente der Auseinandersetzungen, in denen Jesus und sein Anhängerkreis gestanden haben (Röm 9-11)[274]. Hier fragt sich, ob zum Zwecke der Integration Jesu und der Jesusbewegung in das Frühjudentum nicht jede Alterität der christlichen Anfänge übertüncht wird. Vor allem aber: Wird nicht um der jüdisch-christlichen Verständigung willen zu vieles und zu wesentliches aus dem neutestamentlichen Zeugnis einfach weggebrochen[275]? Die Problematik dieses Eingriffs zeigt sich nicht zuletzt bei der Inkulturationstheologie in vielen Ländern des Südens und der interreligiösen Dialoge, in denen die Christenheit dort steht. Für sie sind zum einen gerade die Ausein-

---

[274] Zum neutestamentlichen Antijudaismus vgl. S. Vollenweider, Antijudaismus im Neuen Testament. Der Anfang einer unseligen Tradition, in: W. Dietrich / M. George / U. Luz (Hg.), Antijudaismus – christliche Erblast, Stuttgart/Berlin/Köln 1999, 40-55; U. Luz, Der Antijudaismus im Matthäusevangelium als historisches und theologisches Problem, in: EvTh 53/1993, 310-327.

[275] Vgl. vor allem die Auseinandersetzungen um die Adressaten der christlichen Mission auf dem Apostelkonzil, Act 15,1-34; Gal 2,1-10; ferner die Reflexion von Paulus über das jüdische ‚Nein' zu Jesus als dem Messias und darüber, dass die Gemeinde das jüdische Volk als Ganzes nicht hat für sich gewinnen können, Röm 9-11.

andersetzungen zwischen Jesus und seinen jüdischen Glaubensgenossen, zum anderen gerade die Kirche als Neuschöpfung aus Juden und Heiden (Gal 2,15-21; Eph 2,11-22) konstitutiv bei ihrer Klärung des Verhältnisses zu ihrer Mitwelt, wogegen das Verhältnis zum heute lebenden Judentum für sie mangels direkter Begegnungen im fernen Hintergrund steht[276].

(4) Ferner eine Bemerkung zur Deutung der christlichen Mission als Dienst an der Mission Israels unter den Völkern. Aggressive Judenmission und Zwangstaufen haben dem jüdischen Volk über lange Zeiten ein leidvolles Schicksal beschert. Marquardt will mit seiner Deutung von Ziel und Aufgabe christlicher Mission einen neuen Weg aufzeigen, der mit dem jüdischen Glauben im Einklang steht und dem Religionsfrieden dient. Durch den Versuch, das christliche Missionsverständnis in ein jüdisches Missionskonzept zu integrieren, brechen freilich an anderen Stellen neue Spannungen und Ungereimtheiten auf und stellen die christliche Theologie vor neue Probleme. *Erstens* steht Israel heute auch ohne christliche Vermittlung auf mannigfache Weise in direkter Verbindung zu den Andersgläubigen, und schon in biblischer Zeit hat es vor allem in der Diaspora seine Kontakte nach aussen stark erweitert. Es kannte die Konversion zum Judentum und zeigte ein vermehrtes Interesse am Heil der Völker, was sich in der Schriftauslegung niederschlug (Einleitung 2.2). Die Kirche mag sich als Helfershelferin von Israels Völkermission ansehen, jüdischerseits wird sie wohl eher als entbehrliches Phänomen erscheinen. Eine andere Ungereimtheit in Marquardts Missionsverständnis besteht, *zweitens*, darin, dass er in seinem späteren Werk die Existenz von Judenchristen in heutiger Zeit faktisch ausblendet bzw. die Konversion von jüdischen Glaubensgenossen zum Christentum in seinem Konzept nicht als eine nachvollziehbare Möglichkeit in Betracht zieht; denn

---

[276] In Asien hat, vermittelt durch den ÖRK, neuerdings ein Dialog zwischen den Minderheitenkirchen und jüdischen Gemeinden begonnen; in Afrika ist ebenfalls ein christlich-jüdischer Dialog in Gang gekommen. Die Tagesordnung des asiatischen Dialogs ist von der gemeinsamen Erfahrung von Christen und Juden, als kleine Minderheiten in andersreligiösen Gesellschaften zu leben, bestimmt; vgl. Ucko, People of God, a.a.O. (Anm. 258).

nach Marquardts Ausführungen zur Christologie, Soteriologie und Ekklesiologie dürften Menschen jüdischer Abstammung und jüdischen Glaubens eigentlich gar keinen Anlass haben, den christlichen Glauben anzunehmen, sich auf den Namen des dreieinigen Gottes taufen zu lassen und einer Kirche beizutreten. Schliesslich nimmt Marquardt, *drittens*, einen gespaltenen Missionsbegriff in Kauf, wenn er ‚Völkermission' befürwortet, aber ‚Judenmission' ablehnt. Vorausgesetzt, er stimmt zu, dass unter Mission nicht Nötigung zum Religionswechsel zu verstehen ist, sondern – in Karl Barths Worten gesagt – das Bekanntmachen des Werkes Christi gegenüber allen Völkern[277]: Mit welchen Gründen sollten Christen dies ausgerechnet ihren jüdischen Mitmenschen gegenüber verschweigen, aber allen übrigen Andersgläubigen und Religionslosen kundtun? Bestünde diese ‚Lösung' nicht aus einem Spiel mit verdecken Karten? Im übrigen dürfte die Zumutung der christlichen Mission aus der Sicht von Andersgläubigen und Religionslosen kaum weniger anstössig sein als aus der Sicht von Juden. Mit dieser Bemerkung sei nicht bestritten, dass zwischen Israel und der Kirche aufgrund des ungekündigten Bundes Gottes mit Israel eine besondere Beziehung besteht, deren Konsequenzen für das christliche Verständnis von Mission und Dialog es heute neu zu entdecken gilt. Nicht zuletzt dies ist der Sinn des derzeitigen Nachdenkens über die verschiedenen Dimensionen des Bundes Gottes mit den Menschen (Noah, Abraham, Mose/Sinai, Christus) und über die durch ihn eröffneten Beziehungen der verschiedenen Bundespartner Gottes untereinander (Judenheit, Christenheit, andere Glaubensgemeinschaften).

(5) Um die Spannung zwischen sachlicher Nähe und Distanz zwischen Judentum und Christentum aufzuheben, versucht Marquardt, christliche Theologie überwiegend mit den Augen jüdischer Menschen zu betreiben. Dadurch stimmen Adressat und Instanz, vor der er sich letztlich theologisch

---

[277] K. Barth, Kirchliche Dogmatik II/2, Zürich 1959, 282. An dieser Stelle geht Barth davon aus, dass das Volk der Juden in den *ethne* (allen Völkern) eingeschlossen ist. Vor allem aus sachlichen Gründen, aber auch in sprachlicher Hinsicht ist Barth darin zuzustimmen, den *ethne*-Begriff im Zusammenhang der Völkermission (Mt 28,19f.) in diesem Sinn zu fassen (Einleitung 2.3).

verantwortet, nicht mehr miteinander überein. So fallen die Kirchen der Ökumene als Bezugspunkt für die Rechenschaftlegung über den Glauben bei ihm nicht mehr ins Gewicht. Nimmt man sie aber ernst, ist über Gemeinsamkeit *und* Differenz zwischen jüdischem und christlichem Glauben zu sprechen. Letztere betrifft hauptsächlich das Verständnis von Christus und dasjenige von der Kirche als einer Gemeinschaft ‚aus Juden und Heiden'. Auf beides sollte die christliche Mission bezogen bleiben, und beides ist im interreligiösen Dialog offenzulegen.

(6) Trotz der bleibenden Differenz im Missions- und Dialogverständnis hat die Christenheit allen Grund, in dieser Hinsicht vom Judentum zu lernen. Aus den gemeinsamen Wurzeln in der Hebräischen Bibel heraus hat sich das Judentum durch seine ganze Geschichte hindurch in Fragen der Mission und der Religionsbegegnung damit begnügt, ‚Licht der Welt' und ‚Stadt auf dem Berge' sein zu wollen und durch seine Toraobservanz der Welt Gottes Willen und Taten modellhaft vorzuleben. Es verzichtet darauf, Andersgläubigen seine Religionsgemeinschaft aufzudrängen; es hält der Versuchung stand, Religionslose und religiös indifferente Menschen durch eine Mitgliedschaft, die nichts kostet, an sich zu binden. Ausserdem liegt es ihm im allgemeinen fern, denjenigen, die sich ihm nicht anschliessen, das ewige Heil abzusprechen. Vielmehr weiss es sich den Gottesfürchtigen und Gerechten in allen Religionen verbunden und betrachtet auch sie als ‚vor Gott gerecht'. Das jüdische Beispiel, zu dem es in Verständnis und Praxis der orthodoxen Mission bereits gewisse Parallelen gibt, könnte auch für die anderen Teile der Christenheit ein Modell sein, um sich von den immer noch nachwirkenden kolonialen und imperialen Denkweisen und Strukturen christlicher Mission zu verabschieden und zu jenen Wurzeln zurückzukehren, die es aufgrund der Hebräischen Bibel mit der Judenheit verbindet.

C BILANZ UND PERSPEKTIVEN

‚Religion' und Religionen in Europa

Die Begegnung mit den Religionen der Welt hat für die Christenheit an der Schwelle zum 21. Jahrhundert nichts an Brisanz und Aktualität eingebüsst. ‚Religion' spielt im Leben von Individuen nach wie vor – oder wieder neu – eine bemerkenswerte Rolle, und auch als Merkmal gesellschaftlichen Zusammenlebens ist sie weiterhin präsent. Ein Wandel ist indessen hinsichtlich der Erscheinungsformen von ‚Religion' zu verzeichnen. In etlichen Ländern Europas gibt es Anzeichen einer religiösen Pluralität. Sie äussert sich teils als Vielfalt innerhalb der grossen Volkskirchen, teils als konfessionelle Vielfalt innerhalb des Christentums oder als Vielfalt von Religionen und religionsähnlichen Gruppierungen. Selbst in Ländern, in denen – wie in der Schweiz – das Christentum nach wie vor die hauptsächliche Erscheinungsform von ‚Religion' ist, kann zurecht von einer religiösen Pluralisierung gesprochen werden. Manchen hat diese Entwicklung grosse Freiheiten in der Lebensgestaltung, vor allem in Ausbildung, Ehe, Familie, Beruf und Freizeit gebracht. Bei wichtigen Lebensentscheidungen werden sie nicht durch religiös motivierte soziale Kontrollen beeinträchtigt. Nicht immer wird freilich religiöse Pluralität als Freiraum erlebt; vielmehr wirkt sie sich in der Bevölkerung sehr unterschiedlich aus. Dazu vier Beispiele: (1) Sie kann zu *religiöser Indifferenz* führen. In diesem Fall begegnet eine zunehmende Gleichgültigkeit hinsichtlich der Frage, wie die eigene Religion und andere Religionen sich zueinander verhalten. Dieses Verhalten könnte man post-dialogische Mentalität nennen im Unterschied zur vor-dialogischen und anti-dialogischen Mentalität. (2) Religiöse Freiheiten können in der Bevölkerung zu einem *Vakuum an religiöser Orientierung* führen. Es äussert sich in einem vermehrten Bedarf an religiöser Begleitung sowie in der Suche nach religiöser Identitätsbildung. (3) Angesichts der Vielfalt von Mentalitäten und Verhaltensnormen erhält der *christliche Konfessionalismus* neuen Auftrieb. Er ist etwa daran zu erkennen, dass sich Kirchenmitglieder nach einer Instanz mit lehramtlichen Befugnissen sehnen. Man möchte mithilfe des kirchlichen Dienstrechts Andersdenkende in der eigenen Kirche disziplinieren. (4) Im Kontext der religiösen Vielfalt gedeiht aufs neue ein *religiöser Fundamentalismus.* Er zeigt sich als Hass auf alles religiös und kulturell Fremde sowie in der Bereitschaft zur Anwendung von psychischer und physischer Gewalt.

‚Religion' spielt zwar, wie gesagt, im Leben von Menschen in Europa auch weiterhin eine Rolle, aber die Religionen – allen voran die Volkskirchen – haben viel von ihrer einstigen Macht über ihre Mitglieder eingebüsst. Ein allmählicher Wandel im staatlichen Religionsrecht europäischer Länder hat in unterschiedlichem Mass zu einem Verlust von kircheneigenen Machtäusserungen geführt, d.h. Kirchen verloren ihre Sanktionsgewalt gegenüber ihren Mitgliedern in Bereichen des Zivilstandes (Scheidungsrecht), der Lebensführung (Partnerschaft ohne Trauschein), der religiösen Erziehung und Religionswahl (Recht auf Kirchenaustritt, ‚Sekten'beitritt, Religionswechsel und Religionslosigkeit). Im Zuge eines Mentalitätswandels in der Bevölkerung werden vor allem seit der zweiten Hälfte des 20. Jahrhunderts auch die lehrmässigen und ‚geistlichen' Sanktionsmöglichkeiten von Kirchen in europäischen Ländern schwächer. Eine weit verbreitete Meinung lässt sich im Satz zusammenfassen: Was meine Kirche von meinem Verhalten hält, kann mir egal sein; denn es hat keine Auswirkung auf meine berufliche und familiäre Lebenslage.

Christentum in der Begegnung mit ‚Religion' und Religionen in Europa

Wie ein neu entstehendes Koordinatensystem gibt die religiöse Pluralität den Rahmen vor, in dem in Europa die Frage nach der Begegnung des Christentums mit anderen Religionen bzw. verschiedenen Erscheinungsformen von ‚Religion' neu erörtert werden muss. Die Kirchen sind gefordert, ihren Standort im Neben- und Miteinander von verschiedenen Religionen und religionsneutralen Weltanschauungen zu bestimmen. Was die Kirchen inmitten der religiösen Vielfalt an Plausibilität eingebüsst haben, können sie nur dann wieder gewinnen, wenn sie ihr Verhältnis zu anderen Glaubensweisen auf eine neue Grundlage stellen und sich zugleich erneut auf ihren Grund und ihre Mitte besinnen. Der Begegnung mit anderen Religionen kommt in doppelter Hinsicht eine Schlüsselrolle zu – sowohl was die Beziehung der Kirchen zu anderen Glaubensgemeinschaften, als auch was ihr theologisches Selbstverständnis betrifft.

Mission und Dialog bilden zusammen ein Feld, auf dem das Christentum in die Begegnung mit ‚Religion' bzw. anderen Religionen eintritt. Freilich befassen sich auch andere Bereiche von Kirche und Theologie mit den Erscheinungsformen von ‚Religion' im säkularisierten Europa. Während beispielsweise die Kirchengeschichtsschreibung den historischen Voraussetzungen von pluralen Religionsformen nachgeht, befasst sich die Praktische Theologie und Kirchensoziologie mit religiösen Phänomenen in Kirche und Gesellschaft. Die Dogmatik bemüht sich im Dialog mit der Philosophie ‚der Moderne' um eine neue Plausibilität des christlichen Glaubens für kirchenferne, konfessionslose und interreligiös interessierte Menschen. Christliche Ethik wird angesichts einer angestrebten Ethik der Religionen reflektiert. Das Gebiet, auf dem Mission und Dialog hauptsächlich gefordert sind, ist der Austausch von Kirchen(gliedern) mit Menschen anderer Religionen und fremder Kulturen. Mission und Dialog reflektieren die Religionsbegegnung aus missions- und religionstheologischer Sicht und ziehen Folgerungen daraus für die kirchliche Praxis. Sie sind gewissermassen die Reflexion über die Aussenhaut der Kirche.

Mission und Dialog sind von einander zu unterscheiden, bilden aber zusammen ein Ganzes. Sie sind wechselnder Kritik und Würdigung unterworfen. Während für die einen das Zeitalter des Dialogs noch gar nicht angebrochen ist, möchten andere die Mission durch den Dialog ablösen und die Kirchen endlich ganz aus der Mission heraus halten; weitere bekunden inzwischen schon einen Überdruss am Dialog, und gleichzeitig denkt man in kirchenleitenden Ämtern angesichts der neuen Suche nach religiöser Orientierung wieder vermehrt über die missionarische Kirche nach. Die Ausführungen in diesem Studienheft zeigen im Ergebnis, dass Mission und Dialog *zusammen* die Austauschbeziehungen mit Andersgläubigen bearbeiten und zur Klärung des Verhältnisses zwischen Christentum und anderen Religionen beitragen. Durch die religiöse Pluralität kann sich heute praktisch niemand mehr dem Erfordernis entziehen, mit religiöser Fremdheit zu leben, sie verstehen zu lernen und grössere Fähigkeiten im Umgang mit ihr zu entwickeln. Von der Bevölkerung in europäischen Gesellschaften ist heute auf der Grundlage der Toleranz gegenüber Andersgläubigen und Andersdenkenden ein weiterer Schritt gefordert. „Es geht darum zu lernen, wie man das, was unser ist, als fremd, und das, was uns fremd ist, als unsriges betrachtet." (Maurice Merleau-Ponty).

Der Grund der Mission und des Dialogs

Die Einheit von Mission und Dialog gehört neben der Einheit, Heiligkeit und Katholizität zu den vier Kennzeichen der Kirche Jesu Christi. Zusammen verkörpern Mission und Dialog die *Apostolizität* der Kirche in ihrer doppelten Bedeutung von Rückbindung an das Glaubensvermächtnis der Apostel *und* Begegnung mit Menschen anderen Glaubens im Vollzug der Sendung. Wenn es richtig ist, dass Mission und Dialog zwei verschiedene Aspekte dieses Zusammenhangs beinhalten, drückt ‚*Mission*' das Element der Weitergabe des Evangeliums ‚an die Völker' und die Ausbreitung des christlichen Glaubens unter den Menschen aus. Sie geschieht auf höchst unterschiedliche Weise, je nach Situation derer, die in einer Begegnung aufeinander treffen. In der biblischen Überlieferung sind mehrere Konstellationen vorgeprägt. Erörtert wird etwa die Weitergabe des Evangeliums an Menschen, die darum bitten (Act 16,9), oder das Zeugnis gegenüber Zweiflern und Gleichgültigen; zudem werden die Jünger beraten, wenn sie auf Ablehnung stossen (Mt 10,14) oder in Verfolgungssituationen geraten. Den verschiedenen Konstellationen entsprechend kennt die biblische Überlieferung mehrere Formen und Leitbilder von Mission: die Wortverkündigung des Apostels, der als Fremder unter die Fremden geht; das Zeugnis der Tat (Solidarität mit den Schwachen) oder des stummen Leidens.

‚*Dialog*' drückt in erster Linie das Element des Fremdverstehens aus. ‚Allen alles werden' (1Kor 9) nennt Paulus die dialogische Seite seines Apostolats. Desgleichen ist im menschgewordenen Sohn, der sich selbst entäussert (Phil 2), das Fremdverstehen in der Religionsbegegnung vorgeprägt; im Geist der Selbstentäusserung gelingt es Mitgliedern der christlichen Gemeinden, die Gott-Mensch-Beziehung mit den Augen von Andersgläubigen zu sehen und sich in andere Sprachen und religiöse Traditionen hineinzudenken. Durch die interreligiöse Begegnung verändern sich beide Seiten, wobei der Perspektivenwechsel zugleich neue Aspekte des eigenen Glaubens entdecken lässt. Zeugnisse aus biblischer und altkirchlicher Zeit belegen, dass es die *apologia* bzw. Rechenschaftslegung über den christlichen Glauben mit den Möglichkeiten menschlicher Vernunft im Leben der Christenheit immer gegeben hat – sei es im akademischen Streitgespräch über verschiedene Glaubensweisen, sei es als Verteidigungsrede in gerichtlichen Anhörungen. Im Dialog ging und geht es bis heute darum, Entsprechungen, Verschiedenheiten und Gegensätze zwischen den Religionen zu benennen. Dabei ist unverkennbar, dass es ‚Dialog' im Sinn eines freien Diskurses unter Bedingungen von Rede- und Gewissensfreiheit in den Anfängen der Christenheit nur ansatzweise gegeben hat. Nach einer teils dialogfähigen, teils dialogarmen und über weite Strecken sogar dialogfeindlichen Geschichte des europäischen Christentums wird heute die Bedeutung des Dialogs für die Begegnung von verschiedenen Religionen wieder deutlicher erkannt.

Ökumene als Horizont der Religionsbegegnung

Mission und Dialog haben in den Gesprächen und Beziehungen der Kirchen im 20. Jahrhundert einen breiten Raum eingenommen. Schmerzhafte Loslösungsprozesse zwischen Missionskirchen im Süden und Missionswerken im Norden bestimmten die Stellungnahmen der ökumenischen Weltorganisationen wie auch der römisch-katholischen Weltkirche. Im ‚Jahrhundert der Ökumene' sind viele ökumenische Foren geschaffen worden, auf denen die Gleichzeitigkeit des Ungleichzeitigen im Bereich von Mission und Dialog reflektiert wird. So leben etwa in Indien Kirchen, die seit bald zweitausend Jahren existieren, Seite an Seite mit solchen der ersten Generation; aus der Kolonialmission hervorgegangene Kirchen in Afrika leben in der Nachbarschaft von ‚African Instituted Churches', die auf die Gründung afrikanischer Heilerinnen oder Propheten zurückgehen; in Lateinamerika sind fundamentalistische Massenbewegungen mit einem starken Expansionsdrang auf dem Vormarsch, während Basisgemeinden im Zeichen der Mission die Befreiung der Unterdrückten zu verwirklichen suchen. Südkoreanische Missionsbewegungen entfalten in Asien und Afrika eine propagandistische Glaubensausbreitung, während in Südkorea selbst *minjung*-Gemeinden ihren Missionsauftrag als sozialen Dienst unter den Armen erfüllen. – Kurz: Die Unterschiede und Gegensätze im Missions- und Dialogverständnis sind grösser kaum vorstellbar. Angesichts dieser Situation versuchen die Kirchen in den ökumenischen Stellungnahmen, sich auf gewisse Grundlinien zu verständigen. So halten sie beispielsweise an den Grundsätzen fest, dass Mission nicht an den Ortskirchen vorbei geschehen darf, das Abwerben von Kirchenmitgliedern (Proselytismus) zu unterlassen sei, Mission und Dialog zusammengehören. Die Ökumene ist als Forum für die Urteils- und Entscheidungsfindung der Kirchen und ihrer Mitglieder unverzichtbar geworden. Es gilt, die Ungleichzeitigkeiten auszuhalten, ja, in ihnen die legitime Vielfalt innerhalb der Christenheit wiederzuerkennen und sich dabei gleichwohl in wechselseitiger Ermahnung auf die in Christus gegebene Gemeinschaft verpflichten zu lassen. Dies alles wird heute und auch in Zukunft nur noch im Horizont der Ökumene gelingen.

Mission in verschiedenen Kontexten

In Europa ist derzeit zu beobachten, dass ‚Mission' als ekklesiologischer Begriff und kirchenpraktischer Vollzug höchst suspekt geworden ist. Nach einer verbreiteten Ansicht hat christliche Mission in einer religiös pluralen Gesellschaft nichts zu suchen, da sie angeblich mit dem religiösen Pluralismus als Mentalität bzw. als Verhaltensnorm nicht vereinbar ist. Der Missionsbegriff wird nach diesem Verständnis gleichgesetzt mit religiöser Propaganda, mit Überreden zum Religionswechsel, einem Eingriff in die Privatsphäre, mit Verabsolutierung des christlichen Standpunktes, Intoleranz gegenüber Andersläubigen und Religionslosen. Aufgrund dieses Vorverständnisses bzw. hartnäckigen Vorurteils stehen Praxis und Theorie der Mission unter einem apologetischen Rechtfertigungsdruck. Für Missionswerke ist es bittere Ironie, dass der Begriff ‚Mission' dabei ist, aus den Kirchen auszuwandern, aber in der Sprache der Diplomatie, der Politik und des Militärs unangefochten bleibt. Die sonst eher missionskritischen Medien schienen nichts dabei zu finden, als der Pressesprecher des NATO-Hauptquartiers in Brüssel die militärischen Schläge auf jugoslawisches Gebiet als ‚Mission' ausgab. Der Begriff ist also mehrfach belastet: durch die Kolonialmission, durch aggressiv auftretende fundamentalistische Missionsgesellschaften, aber auch durch seine heutige Verwendung im Zusammenhang militärischer, politischer und wirtschaftlicher Macht.

Für das von europäischen Kirchen mitgetragene Werk der Mission, das heute aufs engste mit Initiativen von Kirchen in Ländern des Südens verbunden ist, steht wegen derartiger Missionsblockaden vieles auf dem Spiel. Partnerkirchen in Asien, Afrika und Lateiamerika sehen darin einen Akt der Entsolidarisierung zu einer Zeit, in welcher der Abstand zwischen Arm und Reich weiter wächst. Die kontinuierlich rückläufige finanzielle Unterstützung von Projekten der Partnerkirchen gefährdet vielerorts eine unter schwierigen Bedingungen geleistete Aufbauarbeit und zerstört selbst die bescheidensten Hoffnungen auf eine bessere Zukunft. Die europäischen Kirchen haben in der Ökumene zudem einiges von ihrer spirituellen Glaubwürdigkeit eingebüsst. So jedenfalls sehen es Kirchen in der südlichen Hälfte der Erde, die in ihren Gesellschaften eine vitale missionarische Präsenz zeigen, aber mit Befremden feststellen, dass den Kirchen Europas diese Dimension kirchlicher Existenz in der eigenen Bevölkerung weitgehend fehlt. Umgekehrt werden von Europa aus die Ausdrucksformen missionarischen Denkens und Handelns in der ausserwestlichen Welt häufig skeptisch und mit wenig Verständnis beobachtet. Auf beiden Seiten wird nur ein intensives Bemühen um den Erfahrungs- und Gedankenaustausch Vorurteile abbauen helfen, um den Weg frei zu machen für eine gemeinsam verantwortete Mission.

Die Gestaltung von interreligiösen Beziehungen, Gesprächen und Projekten der Friedensarbeit hängt sehr davon ab, wie Menschen verschiedenen Glaubens zusammen leben und welchen Status die einzelnen Religionen in Gesellschaft und Staat haben. Die Vielfalt von Konstellationen ist fast grenzenlos, und dementsprechend vielfältig sind die Formen der Religionsbegegnung, der konkreten Aufgaben und Handlungsspielräume. Verlauf und Ergebnis von Religionsdialogen hängen nicht zuletzt davon ab, ob es sich um Schriftreligionen mit ausgestalteten Lehrbildungen handelt oder um Religionen mit mündlich tradierten Weisheiten und Verhaltensregeln. Religionen mit rechtlich geregelten Organisationsformen, Eintritts- und Austrittsregeln, Klerus, Lehramt und Laienstand werden einen anderen Zugang zum Dialog bevorzugen als Religionen mit offenen Strukturen, Gestalten und Lebensformen, welche die stufenlosen Übergänge zu anderen Religionen ebenso vorsehen wie die Verbindung von religiösen Elementen aus verschiedenen Religionen. Das Religionsgespräch hat sich als die klassische Form des Dialogs vor allem dort herausgebildet, wo Buchreligionen einander gegenüberstehen (Judentum, Christentum, Islam, Hinduismus, Buddhismus), während sich dort, wo das Christentum im Zuge seiner Ausbreitung auf mündlich tradierte Religionen gestossen ist, solche Lehrgespäche bis heute weitgehend fehlen. Das betrifft die in den afrikanischen Ethnien entstandenen ‚traditionalen' Religionen, desgleichen die Religionsformen von ethnischen Minderheiten in China, von marginalisierten Volksgruppen in Indien (Dalits und Adivasi), von Nachkommen der stark dezimierten Urbevölkerung und der afrikanischen Sklaven in Lateinamerika; in Gesellschaften mit einer ausgeprägten Geschlechtertrennung kann es auch die von Frauen entwickelten Religionsformen betreffen. Der christliche Dialog mit den Vertretern und vor allem Vertreterinnen all dieser Äusserungen religiösen Lebens hat erst begonnen.

Damit sei nicht gesagt, es gebe überhaupt keine Begegnungen. Der Variationenreichtum im Zusammenleben verschiedener religiöser Traditionen zeigt sich exemplarisch in Afrika. Hier begegnet ein vielfältiges Nebeneinander und Ineinander von Christentum, ‚traditionalen' Religionen und Islam – sei es als fliessendes Hinübergleiten einer ‚traditionalen' Religion ins Christentum bzw. in den Islam oder als Integration christlicher bzw. islamischer Elemente in Erstere. Schliesslich gibt es auch das konsequente Gegeneinander der verschiedenen Religionen und Kirchen, wenn sich z.B. ‚African Instituted Churches' mithilfe strenger Verhaltensregeln gegen das ‚Heidentum' abgrenzen und so ihre unverwechselbare Identität und Zugehörigkeit markieren. Ähnliches gilt in je besonderer Weise auch für Lateinamerika, Asien und selbst für Europa. – Diese Situation wirft Fragen auf, die den interreligiösen Dialog an seine derzeitigen Grenzen führt – oder wieder auf seine Anfänge zurückwirft.

Zukunft der Mission – Mission der Zukunft

Wird die christliche Mission im 21. Jahrhundert, empirisch betrachtet, überhaupt noch eine Zukunft haben? Mit Sicherheit, wenn man die dynamische Ausbreitung des Christentums in vielen Teilen der Welt bedenkt und nicht meint, mitteleuropäische Verhältnisse verallgemeinern zu können. Dass Mission als Werk der Kirche betrieben wird, steht ausser Frage; es kommt aber darauf an, wie sie gestaltet und auf den Grund der Mission bezogen wird. Werden sich die Grosskirchen ihren Missionsblockaden hingeben und das Feld der Mission überwiegend reaktionären und fundamentalistischen Kräften überlassen, um sich hinterher noch lauter über den Ungeist der Mission zu beklagen? Oder werden sie selbst glaubwürdige Alternativen dazu entwickeln und die Weitergabe des Glaubens als notwendiges Kennzeichen der Kirche erneut zur Darstellung bringen? Die Gleichzeitigkeit ungleichzeitiger Missionserfordernisse verbietet es, detaillierte Regeln für die künftige Mission ‚in sechs Kontinenten' aufzustellen. Doch nach allen bisherigen missionsgeschichtlichen Erfahrungen muss *ein* Grundsatz kontext- und situationsunabhängig gelten: der Verzicht auf Gewalt, Zwang, Nötigung und Indoktrination in Verbindung mit der Ausbreitung des Glaubens. Dies ist für die Mission gewissermassen das Doppelgebot der Liebe, in dem alle anderen Erfordernisse zusammengefasst sind.

An der Schwelle zum 21. Jahrhundert zeichnet sich in einigen europäischen Ländern ab, dass gegenläufig zur Missionsschelte ein neu artikuliertes Interesse am missionarischen Sachverstand besteht. Im kirchlichen, öffentlichen und universitären Raum ist eine Nachfrage nach Beiträgen aus missiologischer Sicht zu Problemen des Zusammenlebens mit Andersgläubigen in der Gesellschaft zu beobachten. Das Interesse hängt nicht zuletzt damit zusammen, dass für die einzelnen Mitglieder der Bevölkerung und die in ihr existierenden Gruppierungen die Notwendigkeit gewachsen ist, Auskunft zu geben über ihre handlungsleitenden Überzeugungen. Dies eröffnet den Kirchen neue Perspektiven für ihre missionarische Präsenz in der Gesellschaft. An den Kirchen liegt es, auf die religiöse Indifferenz, den Wunsch nach religiöser Orientierung, den christlichen Konfessionalismus und religiösen Fundamentalismus im Geist des biblischen Zeugnisses und in der je gebotenen Form zu antworten.

Zukunft des Dialogs – Dialog der Zukunft

Religiöse Pluralität weckt in der Bevölkerung die Sehnsucht nach Sicherheiten, eindeutigen Verhaltensnormen und klaren Abgrenzungen, was seinerseits dem religiösen und kulturellen Fundamentalismus Auftrieb gibt. Darin wird eine grosse Herausforderung für den Dialog der Zukunft bestehen. Weil es immer wieder vorkommt, dass Menschen von Intoleranz, angedrohter oder tatsächlicher Gewalt betroffen sind, besteht die dringlichste Aufgabe des Dialogs darin, die explosive Sprengkraft an den Bruchstellen der Religionen und Kulturen zu entschärfen. Wird es ihm gelingen, erste elementare Schritte einer Verständigung zu ermöglichen, wenn die teils religiös, teils kulturell bedingten Gegensätze in einer Gesellschaft aufeinander treffen? Viele der damit zusammenhängenden Probleme berühren das staatliche Religionsrecht: der Bau von religiösen Versammlungsgebäuden für verschiedene Religionsgemeinschaften, der Religionsunterricht in religiös stark gemischten Schulklassen, Fragen des Ehe-, Scheidungs- und Erziehungsrechts in religionsverschiedenen Ehen, Friedhöfe für religiöse Minderheiten. Diese und ähnliche Probleme können nur gelöst werden, wenn die am Dialog Beteiligten die anstehenden Rechtsfragen mit im Blick haben und mit den zuständigen Stellen zusammenarbeiten.

In der Völkergemeinschaft wird seit einigen Jahren die Verständigung über Prinzipien angestrebt, die für das Überleben der Menschheit, die Bewahrung der Natur und das Leben künftiger Generationen notwendig sind. Daran beteiligen sich auch Vertreter verschiedener Religionsgemeinschaften, wie z.B. die 1970 gegründete ‚Weltkonferenz der Religionen für den Frieden' zeigt. Wichtige Anstösse zu diesem Diskurs hat ferner H. Küng mit seinen Vorschlägen zum ‚Projekt Weltethos' gegeben, an die das Weltparlament der Religionen mit seiner ‚Eklärung zum Weltethos' (1993) anknüpfen konnte. Darin werden ‚vier Kulturen' erwähnt, für die es nach Ansicht des Weltparlaments in allen Weltreligionen Ansatzpunkte gibt: Gewaltlosigkeit und Ehrfurcht vor dem Leben, Solidarität und gerechte Wirtschaftsordnung, Toleranz und Leben in Wahrhaftigkeit sowie Gleichberechtigung und Partnerschaft von Mann und Frau. Es möchte darauf hin arbeiten, dass diese vier Kulturen in den Weltreligionen vermehrt Anerkennung finden. Eine entsprechende Gesetzgebung muss jedoch Sache des jeweiligen Staates bleiben, der bei Formulierungen des Rechts auf ein Höchstmass an weltanschaulicher und religiöser Zurückhaltung zu achten hat.

Den Dialogbemühungen der römisch-katholischen Kirche und des ÖRK ist des öfteren vorgehalten worden, sie würden den interreligiösen Dialog für die Ausbreitung des Christentums funktionalisieren. Demgegenüber plädieren einige Vertreter der pluralistischen Theologie der Religionen dafür, den Dialog von jeglichen ‚missionarischen Hintergedanken' zu befreien. Dies hat allerdings zur Folge, dass Religionen manchmal auf einen Torso reduziert und entleert werden, um störende Elemente aus der Begegnung heraus zu halten. Beides sollte das interreligiöse Gespräch in Zukunft vermeiden. Mission wird für künftige Dialoge ein unverzichtbares Thema sein, allerdings nur unter der Massgabe, dass die Missionsverständnisse aller beteiligten Religionsgemeinschaften miteinander ins Gespräch gebracht werden. Statt die ‚Konkurrenz der Totalperspektiven' (E. Herms) aus dem Dialog auszuklammern, sollte er sich öffnen für eine ‚pluralistische Theologie der Mission', d.h. er sollte die verschiedenen ‚Missions'verständnisse in den Religionen zum Gegenstand interreligiöser Dialoge machen.

Für die Zukunftsfähigkeit des Dialogs ist entscheidend, wie die Theologie der Religionen weiterentwickelt wird. Zweierlei gilt es zu beachten: Die einzelnen Dialoge dürfen sich gegenüber anderen nicht so weit verselbständigen, dass sie sich wechselseitig ausschliessen und einen Konflikt der Dialoge heraufbeschwören. Um den Religionsfrieden durch derartige Konflikte nicht aufs neue zu gefährden, gibt es Bemühungen, verschiedene Dialoge miteinander zu verknüpfen und deren Eigendynamik in einen übergreifenden Dialog einzubinden. Exemplarisch dafür ist der jüdisch-christlich-islamische Dialog, der vor allem das schwierige Zusammenleben dieser drei Religionen und Bevölkerungsgruppen im Nahen Osten zum Ausgangspunkt nimmt. Was die drei abrahamitischen Religionen miteinander verbindet, kann aber wiederum noch keine Basis sein für den Dialog mit dem Hinduismus oder Buddhismus – wie auch umgekehrt der religionstheologische Ansatz, der den christlich-hinduistischen Dialog ermöglicht, für das Gespräch mit Judentum und Islam noch keine tragfähige Grundlage hergibt. Die Basis für einen Dialog der Dialoge muss über das hinaus, was der ÖRK in den Leitlinien zum Dialog (1979) bereits formuliert hat, erweitert werden, damit man von einer ‚nachhaltigen' (sustainable) Theologie der Religionen sprechen kann, wie er es in seinen Überlegungen zum Dialog der Zukunft ausdrückt.

Welche gesellschaftlichen Entwicklungen die Tagesordnung des interreligiösen Dialogs bestimmen werden, wird sich nach der Jahrtausendwende zeigen. Neben dem erwähnten Fundamentalismus zeichnet sich schon heute eine weitere Herausforderung ab: die fortschreitende religiöse Pluralisierung. Den Religionsgesprächen ist der Boden unter den Füssen entzogen, wenn Religionen ihre gesellschaftlichen Konturen verlieren und sich in schwer fassbare, schnelllebige Strömungen auflösen. Mit einer diffusen Religiosität lässt sich kein Dialog führen, und eine Religions*begegnung* kommt gar nicht zustande, wenn das Gegenüber aus fliessenden Übergängen zwischen den Religionen besteht und sich in Mischformen aller Art verliert. Nicht dass der interreligiöse Dialog um seiner selbst willen in die Zukunft hinüber gerettet werden müsste. Es geht darum, ihn für die Suche nach religiöser Orientierung fruchtbar zu machen. Vielleicht besteht seine nächste Aufgabe darin, suchende Menschen erneut an die Religionen heranzuführen, was wiederum nur gelingen wird, wenn die missionarische Dimension des Dialogs zur Geltung kommt.

Die Ökumene braucht den interreligiösen Dialog, weil er sie zu den Andersgläubigen hin öffnet und davor bewahrt, nur um sich selbst besorgt zu sein. In der Ökumene der Kirchen hält das Gespräch mit den Religionen die Erinnerung an den ungekündigten Bund Gottes (Noahbund) mit dem ganzen Menschengeschlecht wach. Umgekehrt braucht der Dialog auch die Gemeinschaft von Kirchen, die sich in ihrem interreligiösen Engagement wechselseitig an ihre Grundlagen erinnern. Nur gemeinsam werden die Ökumene der Kirchen und ihr Dialog mit anderen Religionen eine Zukunft haben.

LITERATUR
(in Auswahl, Abkürzungen gemäss der Theologischen Realenzyklopädie)

Biblische Voraussetzungen

Ariarajah, S. W., Die Bibel und die Andersgläubigen, Frankfurt a. M., 1994.

Feldmeier, R. / Heckel. U. (Hg.), Die Heiden. Juden, Christen und das Problem des Fremden, Tübingen 1994.

Kertelge, K. (Hg.), Mission im Neuen Testament, Freiburg i. Br. 1982.

Mission

Papst Johannes Paul II., Enzyklika über die fortdauernde Gültigkeit des missionarischen Auftrags „Redemptoris Missio", Dezember 1990, hg. v. Sekretariat der Deutschen Bischofskonferenz, Bonn.

II. Vatikanisches Konzil, Dekret über die Missionstätigkeit der Kirchen „Ad Gentes" (1966), in: LThK Bd. 14, Freiburg i.Br. 1968, 9-125.

Wietzke, J. (Hg.), Mission erklärt. Ökumenische Dokumente von 1972 bis 1992, Leipzig 1993.

Dialog

II. Vatikanisches Konzil, Erklärung über das Verhältnis der Kirche zu den nichtchristlichen Religionen „Nostra Aetate" (1966), in: LthK Bd. 13, Freiburg i.Br. 1967, 405-487.

Päpstlicher Rat für den Interreligiösen Dialog/Kongregation für die Evangelisierung der Völker, Dialog und Verkündigung. Überlegungen und Orientierungen zum Interreligiösen Dialog und zur Verkündigung des Evangeliums Jesu Christi, 19. Mai 1991, hg. v. Sekretariat der Deutschen Bischofskonferenz, Bonn.

Ökumenischer Rat der Kirchen (Hg.), Leitlinien zum Dialog mit Menschen verschiedener Religionen und Ideologien, in: Evangelische Zentralstelle für Weltanschauungsfragen, Arbeitstexte Nr. 19, VI/79 (1979).

Baar Statement, in: Current Dialogue 19. Januar 1991, 47-51.

PERSONENREGISTER